A Practical Guide to the FX Markets

외환시장의 이해

김 애 영 저

청목출판사

머리말

1980년대 이후 세계적인 금융규제 완화추세에 따라 금융의 자유화 및 자본시장개방과 정보통신의 혁신적 발전에 힘입어 금융시장의 글로벌화 및 통합화현상이 가속화됨에 따라 국가간 자본이동이 활발하게 이루어지고 있다. 특히 1990년대의 세계적인 외환위기현상 이후 우리나라를 포함한 많은 나라들이 변동환율제도를 도입하고, 외환자유화가 진행됨에 따라 단기성 투기자본의 유출입은 각국의 주가, 이자율 및 환율의 변동성을 확대시키고 있다. 금융자산가격의 변동성 확대는 시장의 불안정성을 초래하기도 하지만 오히려 시장의 유동성을 증대시키는 요인이 되기도 한다. 외환시장의 예를 들면 1977년 전세계 외환시장의 하루 외환거래액이 50억 달러에 불과하였으나 2007년에는 3조 2100억 달러로 640배 이상 급증하였다. 우리나라 역시 1997년 외환위기 당시 19.3억 달러에 불과한 외환거래량은 꾸준히 증가하여 2007년에는 157억 달러로 10년 전의 비해 8배 이상 급증하면서 시장의 유동성이 크게 증대되고 있다.

외환거래의 급증현상으로 환율의 변동성은 더욱 확대되고 있으며, 그 결과로 대외거래비중이 높은 기업과 금융기관의 수익이 직·간접적으로 영향을 받고 있다. 이와 같이 외환시장에서 환율의 변동성이 확대됨에 따라 금융기관과 기업들은 환율변동에 따른 위험을 효율적으로 관리하고 더 나아가 이익창출의 기회로 활용할 수 있어야 치열한 경쟁에서 생존할 수 있다는 중요한 사실을 깨닫게 되었다.

그런데 외환시장을 위험헷지의 수단 뿐 아니라 이익창출기회로 활용하기 위해서는 무엇보다도 외환시장에 대한 구체적이고 전문적인 이해가 우선되어야 하며, 더 나아가 많은 전문 인력의 양성이 필요하다. 이러한 필요에 조금이나마 도움이 되고자 하는 간절한 마음에서 이 책을 집필하게 되었다.

이 책은 외환시장에서 거래되고 있는 선물환, 외환스왑, 통화선물, 통화옵션 등의 파생외환상품에 대한 구체적인 이해와 함께 기업들의 환위험관리에 대한 기본적인 지식과 활용방법을 제공하고자 한다. 특히 가장 효율적인 위험관리수단과 이익창출의 기회로 평가받고 있는 통화선물과 통화옵션의 내용은 개인들도 외환 뿐 아니라 주식이나 금리와 같은 다른 금융상품에도 얼마든지 활용할 수 있기 때문에 대외거래와 관계없는 독자들에게도 유용할 것으로 기대한다.

이 책은 저자가 대학에서 외환시장을 강의하면서 준비해온 강의 자료를 토대로 작성하였다. 가능하면 외환에 대한 공부를 처음 시작하는 독자들이 외환관련 기초지식을 쉽게 이해하고 습득할 수 있도록 복잡한 수리적 접근은 가급적 피하고 적절한 예제를 중심으로 내용을 쉽게 이해하는 데 중점을 두었다.

이 책은 한학기동안의 강의교재로 사용할 수 있도록 가능한 외환관련 내용만을 기초에서부터 깊이 있게 설명하려고 노력하였다. 이 책의 구성은 다음과 같다.

제 1 장은 국제금융환경의 변화와 외환시장의 성장배경에 대하여 설명하였다. 국제금융환경의 변화는 국제금융시장의 한 축을 형성하는 외환시장이 다른 금융시장에 비해 가장 큰 비중을 차지할 뿐 아니라 급성장하게 된 배경이 되고 있기 때문이다.

제 2 장은 외환 및 외환거래의 기초에 대하여 다룬다. 국가 간에 발생하는 모든 거래에 수반되는 지급결제는 국내거래와 다르기 때문에 국제거래에서 발생하는 외환의 기초, 외환거래의 메커니즘, 외환거래의 결과 발생하는 외환포지션 및 지급결제제도에 대하여 설명하였다.

제 3 장은 외환시장의 개념과 기능 및 특징을 설명하고, 외환시장의 참여자와 구조를 살펴본 후 세계 주요외환시장과 국내외환시장을 살펴보고자 하였다.

제 4 장은 환율의 개념과 환율의 표시방법, 환율의 종류에 대해서 설

명한 후 환율결정과정과 함께 환율변화에 영향을 미치는 요인들을 설명하였다. 또한 환율변동이 다른 경제변수에 미치는 영향을 살펴보고자 하였다.

제5장에서는 재정거래에 기초한 국제금융거래의 균형관계를 설명하는 국제평가관계를 다루었다. 즉 국제평가관계는 각국 간의 물가상승률과 이자율의 차이로 환율변화를 용이하게 예측할 수 있도록 하는 이론이며, 국제금융거래의 가장 기본적인 개념이므로 충분한 이해가 필요하다.

제6장은 모든 외환거래의 기본이 되는 현물환거래를 다룬다. 앞의 2~4장에서 산발적으로 다룬 내용과 중복되는 부분이 있지만 현물환거래의 틀 안에서 이해의 폭을 넓힐 수 있다는 판단에서 현물환거래의 개요와 현물환거래의 현황 등 현물환거래 실무와 관련된 내용을 다루었다.

제7장은 환율변동에 따른 위험을 회피하는 수단으로 외환거래에서 많이 활용되는 선물환거래를 다룬다. 선물환거래의 결제는 통화의 인수도가 이루어지는 만기에 이루어지기 때문에 계약 시에 현금흐름 없이 미래의 환율을 계약시점에 고정시킴으로써 미래의 환율변동에 상관없이 계획대로 자금을 운영할 수 있다는 장점이 있다.

제8장은 제7장에서 다룬 일방적인 선물환계약에서 발전된 외환스왑거래를 설명하였다. 외환스왑은 현물환과 선물환간의 스왑이나 선물환간의 스왑 등 외환매매의 형태를 취하고 있으나 실제로는 단기금융시장거래와 대체관계에 있다. 그러나 일방적인 선물환거래나 단기금융거래에 비해 신용위험이나 거래비용 면에서 비교우위에 있기 때문에 가장 많은 거래비중을 차지하고 있는 전통적 외환상품이다.

제9장에서 다루는 통화선물거래는 제7장에서 다룬 일방적인 선물환계약과 유사하나 정해진 장소에서 표준화된 상품이 거래되는 장내거래로 선물환과 다른 특징들이 있다. 따라서 통화선물거래의 의의와 특징 및 경제적 기능과 통화선물거래의 현황을 파악하고 통화선물의 가격결정이론을 설명한 후 통화선물거래가 어떻게 활용되는지를 예를 들이 설명하였다.

제10장은 통화옵션거래를 소개한다. 옵션은 앞에서 다룬 선물환, 선물, 스왑 등과 결합되어 다양한 상품개발이 가능하기 때문에 단순한 선물상품에 비해 폭넓은 헷징 및 투자기회를 제공하고 있다. 먼저 통화옵션의 개요에서는 통화옵션의 개념, 통화옵션거래의 특징과 종류, 통화옵션의 경제적 기능 및 통화옵션시장에 대하여 설명한 다음 가장 기본적인 통화옵션거래의 손익구조를 살펴본 후 통화옵션의 가격을 설명하였다. 먼저 옵션가격의 의의와 구성에 대하여 설명한 후 콜-풋-선물환 평가관계와 통화옵션가격에 영향을 미치는 요인들과 이들의 민감성에 대하여 살펴보았다. 마지막으로 다양한 통화옵션의 투자전략과 이에 따른 손익구조에 대하여 살펴보았다.

제11장은 이 책의 궁극적 목적인 환율변동에 따른 환위험관리에 대하여 설명한다. 먼저 환위험의 개념, 종류 및 측정방법을 설명한 후 환위험을 관리할 수 있는 전략들을 살펴보고자 하였다.

마지막으로 각 장마다 배운 내용에 대한 이해를 돕기 위하여 각 장의 끝에는 연습문제를 준비하였다. 이 연습문제들을 충분히 이해하면 외환관련 자격시험 준비에 많은 도움이 될 것으로 생각한다.

이 책을 집필하는 과정에서 가장 어려웠던 점은 외환관련 내용을 얼마만큼 포함해야 하는지와 내용의 난이도를 결정하는 일이었다. 이 책은 어디까지나 외환을 처음 공부하는 학부학생들이 한 학기동안 편안한 마음으로 외환을 이해할 수 있도록 가장 기본적인 내용을 소개하고자 노력하였다. 그리고 외환이론과 관련이 있으나 대학의 국제금융론에서 다루는 내용들은 이 책을 이해하는 데 무리가 없는 범위 내에서 중복을 피하기 위하여 과감히 생략하였다. 따라서 국제수지나 환율결정 등의 이론적인 내용에 관심 있는 독자들은 국제금융론을 따로 공부하기 바란다.

그동안 강의와 책집필에 도움이 되는 많은 문헌들을 참고하였으나 책을 집필하는 과정에서 아직도 부족하고 아쉬운 점이 많음을 절감하였다. 앞으로도 지속적으로 부족하고 아쉬운 점들을 수정・보완하면서 새로운 내용들을 제공할 계획이다.

이 책이 나오기까지 많은 분들의 도움이 있었다. 먼저 저자에게 교수의 길을 열어주신 남서울대학교 이재식 이사장님과 공정자 총장님께 진심으로 감사드린다. 두 분의 신실한 삶은 저자로 하여금 한 순간도 나태해지지 않도록 친히 본이 되어 주셨을 뿐 아니라 따뜻한 격려와 배려를 아끼지 않으셨다. 그리고 부족한 저자를 위해 끊임없이 기도로 후원해 주시는 부모님, 한결같은 사랑으로 옆에서 묵묵히 지켜주는 남편과 유진, 보라 두 딸들에게 감사의 마음을 전한다. 이 책의 출판을 위해 수고해 주신 청목출판사의 유성렬 사장님과 직원 분들께도 깊이 감사를 드린다.

끝으로 여화와 이레의 축복으로 오늘의 저자를 존재케 해주신 하나님께 모든 영광을 돌린다.

2008년 8월

김 애 영

차 례

제 1 장

국제금융환경의 변화와 외환시장의 성장배경

제 1 절　국제금융
제 2 절　국제금융환경의 변화
제 3 절　외환시장의 성장배경

산업화시대의 세계경제는 실물위주의 성장이 주도한 바 국제금융은 주로 국제무역과 기업의 생산활동에 필요한 자금을 원활하게 조달하여 실물경제성장을 뒷받침하는 역할을 담당하였다. 그러나 최근 들어 각국의 금융규제완화 및 자본시장개방과 정보통신의 혁신적 발전으로 국제금융은 실물경제성장의 보조적 역할보다는 금융자산의 효율적인 운용을 통하여 위험을 최소화하면서 수익을 극대화하려는 수단으로 더 많이 활용되고 있다.

본장은 제1절에서 국제금융의 의의와 국제금융시장의 구조에 대하여 살펴본 후 제2절은 국제금융환경의 변화에 대한 원인을 설명한다. 국제금융환경의 변화는 국제금융시장의 한축을 형성하는 외환시장이 다른 금융시장에 비해 가장 큰 비중을 차지할 뿐 아니라 급성장하게 된 배경이 되고 있다. 제3절은 국제금융시장 가운데 이 책에서 다루고자 하는 외환시장의 성장배경에 대하여 살펴보고자 한다.

1 chapter

국제금융환경의 변화와 외환시장의 성장배경

제 1 절 국제금융

1. 국제금융의 의의

금융이란 자금에 여유가 있는 흑자경제주체(자급공급자)로부터 자금이 부족한 적자경제주체(자금수요자)로의 자금의 융통을 말한다. 국제금융(international finance)이란 이러한 자금의 융통이 국내에서만 이루어지는 것이 아니라 국경을 넘어 국가 간에 이루어지는 현상을 의미한다. 즉 국제금융은 국제무역에 따른 대금결제, 해외투자와 해외차입에 따른 자본이동 등으로 인해 외환, 주식, 채권 등 금융자산의 이동이 국가 간에 발생하는 현상을 말한다.

산업화시대의 세계경제는 실물위주의 성장이 주도하였다고 해도 과언이 아니다. 따라서 국제금융은 전통적으로 국제무역과 기업의 생산활동에 필요한 자금을 원활하게 조달하여 실물경제성장을 뒷받침하는 역할을 담당하였다. 즉 국제금융은 무역 및 해외투자 등에 수반하여 나타나는 국가간 거래의 사후적 결제를 조정하는 기능(accommodative function)을 수행함으로써 국제거래가 원활하게 이루어지도록 하였다.

그러나 최근에는 세계적 추세로 자리 잡은 각국의 금융규제완화 및 자본시장개방과 정보통신기술의 혁신적 발전에 힘입어 금융시장의 글로벌화, 통합화현상이 가속화됨에 따라 국제금융의 역할도 달라지고 있다. 오늘날의 국제금융은 실물경제의 성장을 뒷받침하는 보조역할보다는 실물경제와 무관하게 금융자산의 효율적인 운용을 통하여 위험을 최소화하면서 수익을 극대화하려는 수단으로 더 많이 활용되고 있다. 즉 국가간 자본이동이 급증하면서 이자율 및 환율의 변동이 심화됨에 따라 국제금융은 위험분산의 기회를 제공할 뿐 아니라 새로운 이익을 창출할 수 있는 기회를 제공하고 있다. 한편 국제금융은 유로금융시장과 같이 국내의 금융규제를 피하는 중요한 수단이 되기도 한다.

이와 같이 국제금융의 역할이 확대되고 필요성이 강조되고 있지만 국제금융은 국내금융과 달리 환율변동에 따라 보유하고 있는 외화자산이나 부채의 가치가 변동하는 환위험과 외국의 외환제도 및 규제의 변화로 인하여 금융자산이 동결되거나 송금이 제한되는 등의 국가위험(sovereign risk)을 수반하기도 한다.

2. 국제금융시장의 구조

국제금융시장(international financial market)이란 국가간 장・단기 자금을 효율적으로 연계시키는 국제금융이 이루어지는 시장기구(market mechanism)를 말한다. 따라서 국제금융시장은 런던이나 뉴욕 국제금융시장과 같은 구체적 장소를 지칭하거나, 전신이나 전화 등을 통해 자금의 수요자와 공급자를 연결시켜 주는 기구 및 시스템 등의 추상적 개념을 의미하기도 한다.

국제금융시장은 [그림 1-1]에서 보는 바와 같이 각국의 역내금융시장, 역외시장 그리고 이들 금융시장 간 거래를 연계시키는 외환시장으로 구성되어 있다. 국제금융시장의 주요 참가자로는 은행을 포함한 금융중개기관(financial intermediaries), 기업, 정부, 중앙은행 그리고 국제금융기구인 국제통화기금(International Monetary Fund: IMF), 세계은행(International Bank for Reconstruction and Development: IBRD), 아시아개발은행(Asian Development Bank: ADB), 국제결제은행(Bank for International Settlement: BIS) 등이 있다.

[그림 1-1] 국제금융시장의 구조

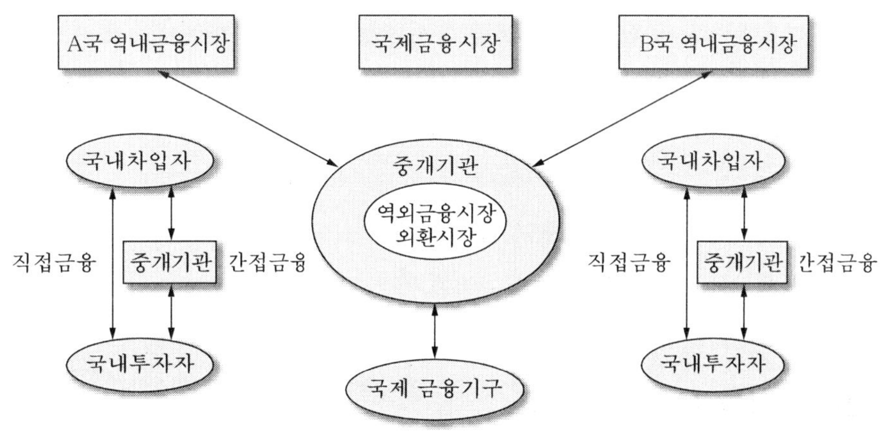

역내금융시장(onshore financial market)이란 각국 내에서 자국통화표시의 금융자산 및 부채가 거래되는 국내금융시장이다. 역외금융시장(offshore financial market)은 자국통화표시 금융자산이 국외에서 거래되는 시장으로 대표적인 예로 유로금융시장(euro financial market)을 들 수 있다.

금융시장은 만기에 따라 만기가 1년 미만의 금융자산이 거래되는 단기금융시장(money market)과 1년 이상의 금융자산이 거래되는 자본시장(capital market)으로 구분된다. 국내자금시장과 유로통화시장(euro-currency market)은 단기금융시장의 대표적인 예이며, 주식 및, 유로채권시장(eurobond market), 유로신용대출시장(eurocredit market)은 자본시장의 예이다.

한편 금융기관의 중개여부에 따라 직접금융과 간접금융으로 구분할 수 있다. 직접금융은 자금의 수요자와 공급자간에 직접거래가 이루어진다. 즉 자금의 수요자인 기업이 발행한 주식 또는 채권을 자금의 공급자가 매입하는 형태의 거래이다. 간접금융은 자금의 공급자가 은행 등 금융기관에 예금하면 금융기관은 이 자금을 수요자에게 대출하는 형태의 거래이다. 따라서 주식시장과 채권시장은 직접금융시장의 대표적인 예이며, 신용시장(credit market)은 간접금융시장의 대표적인 예이다.

외환시장은 서로 다른 통화의 매매가 지속적으로 이루어지는 시장이다. 각국의 금융시장과 역외금융시장은 이자율을 매개변수로 서로 다른 통화표시의 대차거래가 이루어지는 신용시장인데 비하여 외환시장은 환율을 매개변수로 하여 대차거래 및 무역거래 등에 필요한 외환의 지불수단이 거래되는 시장이다. 따라서 각국간 금융시장이나 역외시장에서 서로 다른 통화표시의 대차거래는 외환시장에서 외환의 매매거래와 연계됨으로써 원활하게 이루어진다.

제 2 절 국제금융환경의 변화

1970년대 초반 이후 금융거래의 국제화가 진전되면서 외환시장을 포함하는 국제금융시장은 양적 팽창은 물론 질적으로 고도화되는 변화를 거듭하고 있다. 이러한 변화는 세계경제와 국제금융제도의 구조적 변화의 결과이다. 이와 같이 국제금융환경의 변화를 초래한 요인들을 살펴보면 다음과 같다.

1. 국제통화제도의 변화

국제금융제도(International Financial System)란 국가 간 재화와 자본의 이동에 따른 금융결제의 체계를 규정하는 제도, 규정, 관례, 질서의 틀을 지칭한다. 국제금융제도의 핵심은 국제통화제도이다. 따라서 국제통화제도(International Monetary System)가 어떻게 변천해 왔는지를 살펴봄으로써 국제금융환경의 변화를 이해하고자 한다.

국제통화제도란 세계 주요 국가들이 채택하고 있는 국제결제수단과 환율에 관한 법적, 제도적 틀을 의미한다. 국제통화제도의 주요기능은 각국간의 국제수지문제 즉 대외불균형문제를 세계전체의 입장에서 조정하고 국제결제수단으로 사용되는 국제유동성을 적절히 공급하는 것이다. 국제통화제도는 1880년경 국제결제수단으로 금이 사용되던 금본위제도가 도입된 이래 현재의 변동환율제도에 이르기까지 많은 변화를 겪어 왔다. 이를 간단히 설명하면 다음과 같다.

(1) 금본위제도

19세기 초 영국이 나폴레옹전쟁 후 금본위(gold standard)제도를 도입한 이래 유럽의 많은 나라들 역시 영국을 따라 금 또는 은본위제도를 도입하였다. 미국은 1878년에 정부가 시민전쟁(Civil War) 동안 발행한 지폐(greenbacks)를 금으로 교환해 줌으로써 사실상 금본위제도를 도입하였다. 고정환율로 불리는 금본위제도에는 3가지 게임의 규칙(rules of games)이 있다.

첫째, 각국 정부는 자국통화의 금평가(gold parity)를 설정해야 한다. 즉 각국이 일정량의 금을 자국통화로 표시하고 국가 간의 상대적인 가치 즉 환율을 고정시키는 제도이다. 예를 들어 미국의 1달러는 금 1/10온스에 해당하며, 영국의 1파운드는 금 1/5온스에 해당한다면 파운드와 달러의 환율은 £1=U$2가 된다. 이와 같이 세계경제는 금본위제도 하에서 각국의 통화를 금의 일정량에 고정시킨 후 이를 바탕으로 두 통화간의 교환비율인 환율이 결정되는 고정환율제도를 운영하였다. 이 제도의 가장 큰 이점은 환율변동에 따르는 불확실성을 제거시킴으로써 세계무역을 촉진할 수 있었다는 사실이다.

둘째, 정부가 발행한 지폐는 요구가 있을 경우 언제든지 금과 교환될 수 있어야 한다. 이는 각국의 통화량이 금보유량에 의하여 결정되어야 함을 의미한다. 따라서 통화량은 당국이 보유하고 있는 금 보유량에 엄격하게 연계되어 있기 때문에 무역을 통한 금 유출입 또는 새로운 금광의 발견에 영향을 받을 뿐 통화당국은 독자적인 통화정책을 수행할 수 없음을 의미한다.

셋째, 국제수지 흑자나 적자 등의 대외불균형이 자동으로 조절되어야 한다. 이는 정부가 금의 국가간 자유로운 이동 (수출입)을 보장할 뿐 아니라 금의 유출입에 따라 국내통화량이 자동으로 조절됨을 의미한다.

그러나 제 1차 세계대전의 발발로 금의 이동이 금지되고, 전쟁당사국들이 금보유량과 연계하지 않은 채 전비충당을 위한 정부지출 증대와 이에 필요한 지폐의 남발로 금태환이 정지됨에 따라 금본위제도는 붕괴되고 변동환율이 지배적이었다. 특히 주요국들이 세계시장에서 경쟁력을 확보하기 위하여 인위적으로 자국통화의 가치를 경쟁적으로 하락시킴으로써 각국들은 심각한 인플레이션을 겪었다. 이에 대한 해결책으로 제1차 세계대전 이후 영국을 중심으로 물가안정을 위하여 다시 금본위제도로 복귀하려는 움직임이 있었으나 금부족과 1929년에 시작된 세계 대공황으로 무산되고 말았다.

(2) 브레튼 우즈체제와 고정환율제도

제2차 세계대전이 끝날 무렵인 1944년 7월, 44개국의 대표들이 미국의 뉴햄프셔주에 있는 브레튼 우즈(Bretton Woods)에 모여서 전후에 세계무역과 경제성장을 도모하기 위한 새로운 국제통화제도(international monetary system)를 창안하였다.

새로운 제도는 경쟁적인 통화가치 하락을 방지하기 위하여 각국의 통화가치를 미국 달러화에 고정시키는 한편 미국 달러화는 금 1온스당 35달러에 고정시키고, 요구에 따라 달러를 금으로 교환해 주는 금환본위(gold exchange standard)제도를 도입하였다. 한편 각국의 중앙은행은 대외준비금(international reserves)으로 보유한 달러자산의 매매를 통하여 고정환율을 유지하였다. 이것이 브레튼 우즈체제의 핵심이다.

다시 말하자면 브레튼 우즈체제 하에서 미국의 달러화는 준비통화(reserve currency)로서 각국의 대외준비금으로 사용되었을 뿐 아니라 국제유동성이 되었다. 따라서 세계경제의 성장에 따라 국제유동성인 미국달러화에 대한 수요도 증가하였다. 즉 미국은 실물경제의 원활한 국제거래를 뒷받침하기 위하여 국제금융시장에 지속적으로 달러를 공급하게 되었다. 그 결과 국제금융시장에서 달러화가치는 고평가되었고 금 1온스당 35달러를 유지하기가 사실상 어렵게 되자 1971년 8월 닉슨대통령은 달러의 금태환 정지를 선언함으로써 사실상 브레튼 우즈체제는 붕괴되었다. 이후 달러화의 가치는 주요 선진국들의 노력에도 불구하고 계속 하락하였으며 마침내 1973년에 주요선진국들은 브레튼우즈체제 하에서의 고정환율제도를 포기하고 변동환율제도를 채택하기로 합의하게 되었다.

(3) 변동환율제도

변동환율제도의 도입 이후 선진국들의 환율이 큰 폭으로 변동하기 시작하자 중앙은행들은 이러한 환율변동을 막기 위하여 외환시장에 개입하였다. 도입 초기에는 흑자국들은 자국의 통화가치 상승을 막기 위하여 외환시장에서 자국통화를 팔고 대외준비금을 쌓아 갔다. 반면에 적자국들은 통화가치 하락을 원치 않았기 때문에 외환시장에서 대외준비금으로 그들의 통화를 매입하였다. 이와 같이 당시의 국제통화제도는 환율을 일정 수준에서 안정시키고자 하는 정부의 개입으로 고정환율제도와 변동환율제도의 혼합인 관리통화제도였다. 즉 시장세력에 따라 환율이 변동하지만 시장세력은 중앙은행의 개입으로 왜곡되어 있었고, 유럽의 많은 국가들은 여전히 그들의 통화를 다른 통화에 고정시키고 있었다.

그러나 국제자본이동의 규모가 커짐에 따라 환율안정을 위한 정부의 외환시장개입이 어렵게 되자 직접적인 개입이 줄어들면서 환율은 시장의 힘에 의해 움직이고 있다. 최근에는 자본자유화로 금융시장이 글로벌화 되어감에 따라 단기투기성자금(hot money)의 유출입으로 환율변동의 불안정성이 커지고 있다. 이러한 현상은 국제무역에 장애요인으로 작용할 뿐 아니라 국제금융위기의 빌미를 제공하면서 세계경제를 위축시키는 결과를 초래하기도 한다.

2. 세계적인 금융자유화 추세

1980년대 이후 세계 각국들 사이에 금융거래에 대한 정부의 통제와 규제를 완화하거나 철폐하려는 금융규제완화(deregulation)를 통한 금융자유화(financial liberalization) 현상이 보편화되었다.

은행산업은 그 특성상 공공성과 외부성이 높아 시장실패의 가능성이 크기 때문에 정도의 차이는 있으나 각국정부는 일반적으로 3P로 불리는 이자율(price), 영업지역(place), 업무분야(product) 등에서 규제를 실시해 왔다. 대표적인 예로써 미국의 경우 1980년까지 Regulation Q에 의해 예금금리의 상한을 규제하였으며, 지점설치의 주간(州間)규제 및 은행의 증권업무 금지 등을 들 수 있다. 이러한 규제들이 은행과 비은행금융기관사이에 이자율 차이를 확대시키는 원인을 제공함에 따라 은행으로부터 심각한 자금이탈현상이 발생하였다. 그 결과 은행들은 대출재원의 확보를 위해 규제금리를 피하고 시장금리와 연동하는 MMC(money market certificates)와 같은 새로운 금융상품을 개발하기 시작하였으며 정부차원의 규제완화가 이를 뒷받침하게 되었다.

영국의 경우 1986년 10월 금융서비스법(Financial Services Act)을 제정하여 소위 말하는 '금융 빅뱅'을 단행함으로써 세계의 자본이 영국으로 집중하는 세계 최대의 금융수출국이 되었다.[1] 일본 역시 1996년

1) 금융빅뱅의 주요내용은 증권매매 위탁수수료 자유화, 은행과 증권업간 장벽철폐, 증권거래소 가입자격의 완전 자유화, 외국 금융기관의 자유로운 참여허용, 새로운 매매시장의 채택, 대형은행들의 증권회사 소유허용 등이다. 영국은 증권시장의 기능을 활성화하고 증권회사의 경쟁력을 높이기 위한 대개혁을 단행함으로써 금융자본의 집중과 거대화 현상이 급속도로 진행됨으로써 세계 최대의 국제금융시장의 위상을 유지하고 있다.

11월 자유화, 공정화, 국제화를 금융개혁의 목표로 세우고 일본식 빅뱅을 단행하였다.

이와 같이 주요 선진국들을 중심으로 한 금융혁신, 금융규제완화, 자본시장 개방 등으로 금융의 글로벌화가 실물부문에 비해 훨씬 빠른 속도로 진행되고 있다.

3. 저축과 투자의 국제화

제 2차 세계대전 이후 세계경제는 고정환율제도와 GATT체제를 중심으로 자유무역이 활성화됨에 따라 안정적인 경제성장을 누리게 되었다. 특히 무역규모의 증가에 따른 무역금융이 확대되었다. 그러나 1970년대에 2차례 석유파동, 원자재 가격 폭등 등으로 세계 각국들 사이에 국제수지 불균형이 심화되고 이를 보전하기 위한 대규모 국제적 자금이동이 발생하였다. 특히 유가폭등으로 막대한 오일달러를 벌어들인 석유수출국(OPEC)들이 국제금융시장에서 주요한 자금 공급원으로 등장하기 시작하였다.

1980년대 이후 세계 각국의 금융규제 완화와 자본자유화, 변동환율제도로의 전환에 따라 국가 간 자본이동이 자유로워지고 경제성장에 따른 부의 축적으로 개인과 기업의 투자는 위험을 최소화한 채 이익을 극대화하기 위하여 국경을 넘어 새로운 방법으로 분산투자하는 추세가 확산되기 시작하였다. 이러한 투자수요에 효율적으로 부응하고자 국제투자기관들을 중심으로 예컨대 자산담보부증권(asset-backed securities)의 발행과 같이 자산의 증권화를 통해 수익성과 유동성이 높은 다양한 금융상품을 개발함으로써 투자의 기관화와 국제화가 촉진되었다.

특히 1990년대 이후 브라질, 러시아, 인도, 중국(BRICS) 등으로의 세계자본유입이 급증하고 있으며, WTO체제 하에 세계화와 유럽연합(EU)과 북미자유무역협정(NAFTA) 등으로 대표되는 지역주의가 병존하는 국제무역환경에서 해외투자와 국제무역의 자유화가 확대되고 심화됨에 따라 자본이동이 대규모로 이루어지고 있다.

4. 정보통신기술의 혁신

세계경제의 통합현상은 컴퓨터의 발달과 정보처리기술(IT)의 혁신으로 가속화되고 있다. 컴퓨터와 인터넷의 보급으로 시장정보가 전세계에 실시간으로 전파되어 누구나 저렴한 비용으로 정보를 획득하고 시장에 접근하기가 용이해졌다. 그 결과 과거에는 상상할 수 없을 정도의 신속성과 신뢰성을 바탕으로 하는 금융거래가 이루어짐에 따라 금융시장의 효율성이 증대되어 양적, 질적 성장을 가능케 한다.

한편 정보통신기술의 진보에 따른 고성능 컴퓨터의 개발은 혁신적인 새로운 금융수단과 선물, 옵션, 스왑 등 파생상품의 개발을 가능케 할 뿐 아니라 이들의 금융거래비용을 크게 감소시켜 줌으로써 투자자들에게 다양한 투자기회를 제공해 주고 있다.

5. 금융위기 가능성의 증대

앞에서 언급한 정보통신기술의 혁신, 금융 및 자본자유화로 세계금융시장이 빠른 속도로 통합(globalization)됨에 따라 각국 금융시장의 상호의존성이 심화되고 있다. 그 결과 주요 선진국들의 정책변화가 여타 국가들의 금융시장에 즉각적으로 파급되는 금융의 동조화(synchronization)현상으로 이어지고 있다. 특히 환율과 이자율 변동에 따른 헤지펀드의 투기성 자본이동은 다시 이들의 급격한 변동을 초래하게 되고 그 결과 금융구조가 취약한 국가가 금융위기에 쉽게 노출될 뿐 아니라 이러한 금융위기는 다른 국가에도 쉽게 전염되는 되는 현상이 발생하고 있다. 1994년 멕시코와 1997년 동아시아 국가들이 경험한 외환·금융위기는 대규모 투기성 자금의 급격한 유출입이 초래하는 금융위기가 한 나라에만 국한되는 것이 아니라 다른 나라에까지 전파되는 전형적인 사례를 보여주고 있다.

제3절 외환시장의 성장배경

국제금융시장은 변동환율제도의 도입, 금융 및 자본자유화, 저축과 투자의 국제화, 기술혁신 등의 상호작용이 역동적이고 시너지효과를 수반함으로써 양적인 성장과 함께 통합과 효율성 증대를 통한 질적인 성장을 지속하고 있다.

이와 같이 국제금융환경의 변화에 따라 외환거래는 급속히 증가하고 있다. 외환시장은 과거에 은행 중심에서 투자회사, 연기금, 헷지펀드, 기업 등의 참여로 확대되고 있다. 외환시장의 기능 또한 다양화되어 종전의 수출입자들을 대상으로 하는 결제서비스에서 해외투자와 자본이동의 거대한 자금을 다루는 등 그 범위가 확대되고 있다.

외환시장에서 거래되는 외환의 규모는 거래소에서 거래되는 통화선물과 통화선물에 대한 옵션을 제외하고는 일반적으로 분산되어 수행되고 있기 때문에 주식시장처럼 직접적으로 정확하게 측정할 수는 없다. 하지만 국제결제은행이 3년 주기로 발표하는 자료에 의하면 전통적 외환시장에서 거래하는 외환의 하루 평균거래량은 [그림 1-2]에서 보는 바와 같이 1973년 이후 급성장하고 있다. 하루 거래량(turnover)이 1977년에 50억 달러에 불과하였으나 1989년에는 6200억 달러, 1992년에는 8800억 달러, 1995년 1조 1,500억 달러, 1998년 1조 6500억 달러, 2004년 1조 9700천억 달러, 2007년 3조 2100억 달러에 달하고 있다. 단기간에 외환시장이 급성장을 하게 된 배경은 다음과 같다.

[그림 1-2] 외환의 일일평균 거래량

(단위: 억 달러)

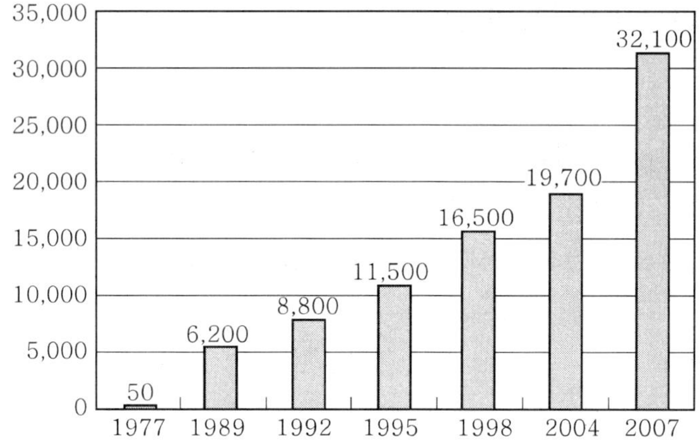

1. 환율변동

1973년 브레튼 우즈체제의 붕괴로 미국, 일본, 서독 등 선진국들이 고정환율제도를 포기하고 변동환율제도를 도입함에 따라 외환시장에서 환율의 변동폭이 확대되기 시작하였다. 고정환율제도 하에서 환율은 안정적이기 때문에 외환거래는 주로 무역이나 해외투자와 관련한 거래대금을 매매하기 위한 수단에 불과하였다.

그러나 변동환율제도 하에서 환율이 시장에서 결정되고 큰 폭으로 변동하기 시작하면서부터 외환거래는 환율변동에 따른 손실을 회피하거나 이익을 창출하기위한 거래 등으로 확대되었다. 즉 환율변동에 따른 위험을 최소화하려는 거래에서부터 환율변동을 이익창출의 기회로 활용하려는 거래에 이르기까지 그 범위가 확대되면서 유동성이 풍부한 시장으로 성장하게 되었다. 이와 같이 환율의 변동성은 거래를 위한 필수조건으로 양적 성장의 주요원인이 되었다.

2. 이자율변동

제2차 세계대전 이후에 많은 나라들은 전후복구와 개발수요에 필요한 재원조달을 위해 저금리정책을 실시하였다. 그 결과 1960년대까지 세계경제는 유례없는 지속적인 경제성장을 이루며 완전고용을 달성하게 되었다. 그러나 장기간의 저금리정책으로 인한 통화량증가가 세계경제에 인플레이션압력으로 작용하는 가운데 1970년대의 원유와 원자재 가격의 폭등은 인플레이션과 경기침체가 동시에 발생하는 스태그플레이션(stagflation)의 원인이 되었다.

이에 따라 1980년대에 주요국의 통화정책이 성장위주의 저금리정책에서 물가안정을 위한 통화량 중심정책으로 전환되면서 엄격한 통화관리가 이루어졌으며, 그 결과 이자율이 급격하게 변동하기 시작하였다. 자본은 수익률이 낮은 곳에서 높은 곳으로 이동한다. 국가 간 자본이동에 따른 수익률은 이자율과 환율에 의존한다. 따라서 환율과 함께 이자율의 변동이 심할수록 국가간 자본이동이 활발히 이루어지며, 이는 외환거래의 양적확대로 이어진다. 특히 1980년대 이후 주요 선진국들을 중심으로 한 각국의 금융규제완화와 자본거래의 자유화 추세로 국가간 자본이동이 증대되면서 세계금융시장의 통합을 가속화시키고 이에 따라 각국경제의 상호 의존성은 심화되어 가고 있다.

3. 기업(business)의 세계화

1990년대 이후 공산주의의 붕괴, 정보통신기술의 혁신, 동남아시아와 남아메리카의 경제성장으로 경제의 세계화가 가속화되면서 세계기업들은 유례없는 경쟁에 직면하고 있다. 특히 세계무역의 자유화와 금융의 규제완화 추세로 세계시장에서 기업들의 경쟁이 심화되어 감에 따라 기업들은 새로운 시장개척과 저렴한 원자재와 노동을 찾아 전세계적으로 경영활동을 확대하고 있다. 이와 같이 기업들의 해외생산이나 서비스가 보편화됨에 따라 외환거래규모도 확대되고 있다.

기업의 국제적 경영활동이 직면하는 문제들 가운데 환율변동은 기업들에게 막대한 수익 또는 손실을 초래할 수 있다. 즉 해외에서 생산이나 판매를 통한 이익이 불리한 환율변동결과 상쇄되거나 반대로 영업활동에서의 손실이 유리한 환율변동결과 이익으로 전환될 수 있기 때문에 많은 기업들이 해외영업활동의 수익률을 증가시키기 위하여 외환거래를 적극적으로 활용하고 있다. 특히 환율변동과 관련하여 적절한 외환관리는 단순한 판매수익과 비교할 수 없을 정도의 높은 수익률을 허용하기 때문에 많은 기업들은 환율변동을 위험을 최소화하려는 헷징뿐 아니라 이익창출의 기회로 활용하기 위하여 적극적으로 외환거래에 참여하고 있다.

4. 자산으로서의 외환

고정환율제도 하에서 외환은 무역거래의 결제수단으로서 기업들에게 거래비용으로 인식되었다. 그러나 변동환율제도가 도입된 이후에는 외환이 투자대상인 자산(asset)으로 인식되면서 외환의 가격인 환율변동을 이윤창출의 기회로 활용하려는 적극적인 시장참여자들이 증가하고 있다. 헷지펀드와 연기금펀드의 자산구성 가운데 외환의 비중이 증가하고 있다는 사실이 이를 증명한다.

특히 고성능 컴퓨터의 개발과 신속하고 저렴한 정보처리능력은 다양한 외환파생상품의 개발과 함께 정교한 투자기법을 가능케 하였다. 예컨대 이론적 근거는 확립되었으나 계산시간과 처리비용 때문에 거래에 실제로 활용할 수 없었던 선물, 옵션 등 파생금융상품들이 컴퓨터와 정보통신기술(IT)의 혁신으로 가능하게 되었다. 통화선물, 통화옵션과 같은 새롭고 다양한 파생외환상품의 등장은 환율변동에 따른 위험과 이익을 적절하게 관리하고자 하는 투자자들에게 투자의 기회를 제공함으로써 외환거래의 양적, 질적 성장을 촉진시킨다. 특히 통화옵션상품은 환율의 변동성이 크지 않은 조건 하에서도 이윤을 가능케 하는 유일한 투자수단으로 인정받아 외환거래의 양적, 질적 성장을 주도하고 있다.

5. 컴퓨터와 정보통신기술의 혁신

전통적으로 외환거래는 주로 전화나 텔렉스로 수행되었으나 두 기계는 한 번에 가능한 거래상대자가 한 명 또는 두 명에 불과하고 속도가 느리며 실수가 많이 발생하였다. 그러나 1980년대 후반, 컴퓨터와 정보통신기술(IT)의 혁신적인 발전으로 외환거래에 자동거래시스템이 도입되기 시작하였다. 그 결과 이전에 비해 컴퓨터를 이용한 거래시스템과 매칭시스템은 브로커시장을 전자적으로 복제하면서 동시에 세계에 있는 모든 참여자를 연결한다. 이와 같이 거래제도가 시장참여자들을 일대 일 기준으로 연결하는 컴퓨터 온라인체계에서는 동시에 많은 시장참여자들과 거래를 수행할 수 있으며, 빠르고 정확할 뿐 아니라 참여자들이 그들이 수행하는 거래를 실시간으로 확인할 수 있으므로 더욱 안전하다. 그리고 최근에 개발된 소프트웨어들은 모든 종류의 차트를 만들어 정교한 기술적 분석을 가능하게 하며 약간의 비용으로 거래자들에게 신속하게 제공한다.

이와 같이 컴퓨터와 통신의 발달은 외환거래의 신속성, 정확성, 안전성 등을 보장함으로써 외환의 양적 성장을 초래하는 데 중요한 역할을 했다.

연 습 문 제

1. 다음 문장을 읽고 옳고그름을 밝히고, 그 이유를 설명하라.
   (1) 유로통화시장(eurocurrency market)은 역외시장인 동시에 간접금융시장이다.
   (2) 유로채(euro bond)는 통화표시 발행국 이외의 지역에서 거래되므로 규제가 심하다.
   (3) 19세기 말에 금본위제도가 원활하게 기능했던 이유는 국제수지의 자동조정기능이 작동되었기 때문이다.
   (4) 브레튼 우즈체제가 붕괴된 이유 중 하나는 미국의 경상수지적자의 누적이다.
   (5) 자산담보부 증권은 자산의 증권화의 일환으로 발행된 금융상품이다.

2. 국제금융환경의 변화에 대해 설명하라.

3. 금본위제도의 특징에 대해 설명하라.

4. 브레튼 우즈체제의 붕괴원인에 대해 설명하라.

5. 정보통신기술의 혁신이 외환시장에 미친 영향에 대해 설명하라.

6. 외환시장이 양적으로 성장하게 된 배경에 대해 설명하라.

제 2 장

외환 및 외환거래의 기초

모든 나라들이 하나의 공통통화를 사용한다면 외환도, 환율도 외환시장도 존재하지 않을 것이다. 그러나 대부분의 나라들은 서로 다른 통화를 사용하고 있으며, 자국통화에 대한 통제권을 갖고 있다. 그런데 국가간에 발생하는 모든 거래에 수반되는 지급결제에 각국의 통화를 직접 사용할 수 없는 경우가 대부분이다. 국가간 거래에서의 지급결제는 거래 당사자간에 합의한 결제수단과 지급방법으로 이루어지는 것이 일반적이다.

본 장은 제1절에서 국제거래에서 발생하는 외환의 개념과 종류 그리고 특성을 포함하는 외환의 기초를 다룬다. 제2절에서는 외환거래를 취급하는 환거래계약취결은행, 그리고 외환거래의 메커니즘에 대하여 살펴본 후 외환거래의 형태를 다양한 기준에 따라 구분하여 설명한다. 제3절에서는 외환거래의 결과로 발생하는 외환포지션에 대하여 설명한다. 외환포지션은 환율변동에 따른 환위험관리 차원에서 매우 중요한 개념이지만 본장에서 먼저 다루고자 한다. 마지막으로 제4절은 국제외환시장에서 보편적으로 사용되고 있는 외환거래에 따른 지급결제제도를 다룬다.

2
chapter

외환 및 외환거래의 기초

제 1 절 외환의 기초

1. 외환의 개념

세계 각국에 흩어져 있는 사람들은 자국상품 뿐 아니라 다른 나라에서 만든 상품을 소비하며, 여행이나 투자를 위하여 국경을 넘어 다른 나라를 찾기도 한다. 일반적으로 경제거래의 매개수단으로 화폐(또는 통화)가 사용된다. 그런데 각국은 서로 다른 화폐를 사용할 뿐 아니라 멀리 떨어져있다. 국가간 거래에서 발생하는 국제결제에는 일반적으로 외국의 은행권(현금)을 직접 사용하지 않는다. 왜냐하면 현금수송에 따르는 거래비용은 물론 분실이나 도난의 위험이 있기 때문이다.

이와 같이 멀리 떨어져 있는 사람들 사이에 발생한 거래의 자금결제를 위하여 사용되는 신용수단을 환(exchange)이라고 한다. 즉 환이란 멀리 떨어져 있는 사람들끼리 거래한 결과로 발생한 자금결세를 위하여 직접 현금을 지급하는 대신에 제 3 자인 은행을 이용하여 어음이나 증서를 통해 지급을 위탁하는 방식이다.

환은 국내에 있는 거래당사자간에 사용하는 내국환과 거주자와 비거주자 사이의 경제거래에 사용되는 외국환(foreign exchange: FX) 또는 (줄여서) 외환으로 구분한다. 여기서 거주자와 비거주자의 구분은 국적과는 관계없이 일정기간을 거주하고 있거나 또는 거주할 의사가 있는지 여부 및 경제적으로 밀접한 관계를 가지고 있는지 여부에 따라 구분된다.[1] 따라서 외환이란 거주자와 비거주자 사이에 대외결제수단으로 사용할 수 있는 일체의 외국통화표시 청구권을 의미한다.

우리나라의 외국환거래법 제 3 조 11항에 의하면 "외국환"이란 대외지급수단·외화증권 및 외화채권을 말한다. 동법 제 3 조 4항에 의하면 "대외지급수단"이라 함은 외국통화, 외국통화로 표시된 지급수단, 기타 표시통화에 관계없이 외국에서 사용할 수 있는 지급수단을 말한다. 대외지급수단의 구체적인 예는 정부지폐, 은행권, 주화, 수표, 우편환, 신용장, 환어음 등이 있다. 구체적인 개념의 외환 중에서 은행예치금이 대외지급수단으로 가장 많이 사용되므로 일반적으로 외환은 외화표시 은행예치금을 의미하기도 한다.

외환(foreign exchange: FX)은 앞에서 언급한 대외지급수단, 외화증권 및 외화채권 등의 구체적인 개념 이외에도 서로 다른 통화의 교환행위를 의미하는 추상적인 개념으로 사용되기도 한다. 예컨대 한국기업이 미국에 투자하거나 원유를 수입할 경우 또는 우리가 미국에 여행을 가려면 우선 대외지불수단으로 원화를 미국달러화나 달러표시 어음이나 수표 등으로 교환해야 한다. 한국의 입장에서 달러(외국통화)로 표시된 은행권이나 수표, 외환어음 등은 구체적인 외환이며 원화를 달러로 교환하는 행위는 추상적인 의미의 외환이다. 이와 같이 외환이란

1) 거주자는 원칙적으로 대한민국 내에 주소를 둔 개인과 대한민국내에 주된 사무소를 둔 법인을 말하며 비거주자는 거주자외의 개인 및 법인으로 예컨대, 외국에 있는 영업소 및 이에 근무하고 있는 국민, 2년 이상 외국에 체재하고 있거나 2년 이상 외국에 체재할 목적으로 출국한 국민, 국내에 있는 외국정부의 공관과 이에 근무하고 있는 외국인 등을 말한다.

단어는 두 가지 의미를 내포하고 있기 때문에 혼동을 방지하기 위하여 추상적 의미의 외환은 외환거래(FX transaction)로 구분하여 사용하기도 한다.

그러나 이 책에서 설명하는 외환거래는 대부분이 은행간에 이루어지는 외국통화표시 은행예금의 교환형태이다. 예를 들어 한 은행이 다른 은행과 엔을 사기 위하여 달러를 팔기로 동의한다면 두 은행사이에 엔 은행예금과 달러 은행예금이 교환될 것이다. 즉 외환은 외국통화로 표시된 은행잔고(bank balance)를 의미한다.

2. 외환의 종류

외환은 거래당사자가 은행에게 지급을 위탁하는 방식에 따라 송금환(remittance)과 추심환(collection)이 있으며, 외환의 발행이나 수취하는 형식에 따라 당발환(outward exchange)과 타발환(inward exchange)으로 구분한다.

송금환은 채무자가 거래은행에게 자신을 대신하여 외국의 채권자에게 지급을 위탁함으로써 대차를 청산하는 방법이며, 추심환은 채권자가 거래은행에게 자신을 대신하여 외국의 채무자로부터 채권을 수취하도록 자신의 채권을 양도 또는 위탁하는 방법이다.

한편 당발환은 거주자의 위탁에 의하여 자금을 보내거나 지급 받기 위하여 국내 외국환은행이 외국에 있는 은행에 대하여 발행한 외환을 말하며, 지급위탁방식에 따라 당발송금환(outward remittance)과 당발추심환(outward collection)으로 구분된다.

반대로 타발환은 외국에 있는 은행이 국내에 있는 거주자에게 자금을 보내거나 지급받기 위하여 자신의 은행에 대하여 발행한 외환으로, 지급위탁방식에 따라 타발송금환(inward remittance)과 타발추심환(inward collection)으로 구분된다.

[그림 2-1] 송금환의 원리

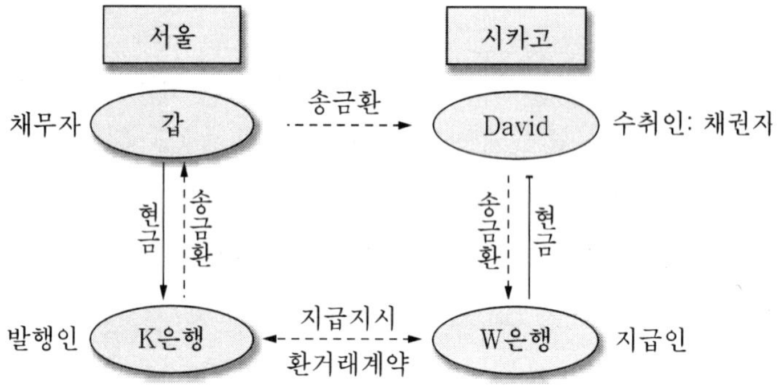

· 송금수표(demand draft: D/D): 수표, 환어음

[그림 2-1]은 당발송금환의 원리를 보여주고 있다. 예를 들어 서울에 있는 갑이 미국 시카고에 있는 데이비드에게 1만 달러의 채무를 변제하고자 한다. 이 경우에 갑은 서울에 있는 K은행에 만 달러에 해당하는 원화를 예치한 후 미국 시카고에 있는 데이비드에게 만 달러 송금을 의뢰한다. K은행은 갑에게 송금환을 보냄과 동시에 미국 시카고에 있는 환거래계약취결은행인 W은행의 자기계정에서 만 달러를 데이비드에게 지급을 지시한다. 한편 갑은 K은행이 발행한 송금환을 데이비드에게 보내고, 데이비드는 W은행에게 이 송금환을 제시한 후 만 달러를 수취함으로써 갑과 데이비드 사이에 채무관계는 청산된다.

다음 [그림 2-2]는 당발추심환의 원리를 보여주고 있다. 예를 들어 이번에는 반대로 시카고에 있는 데이비드가 서울에 있는 갑에게 미화 1만 달러의 채무를 변제한다고 하자. 이 경우에 미국 시카고에 있는 데이비드는 W은행에 만 달러를 예치한 후 갑에게 만 달러 송금을 의뢰한다. W은행은 데이비드에게 송금환을 보냄과 동시에 한국의 K은행에 있는 자기계정에서 만 달러에 해당하는 원화금액을 갑에게 지급하도록 지시한다. 한편 갑은 데이비드가 보낸 지급지시서를 K은행에 제시한 후 만 달러에 해당하는 원화금액을 수취함으로써 갑과 데이비드

[그림 2-2] 추심환의 원리

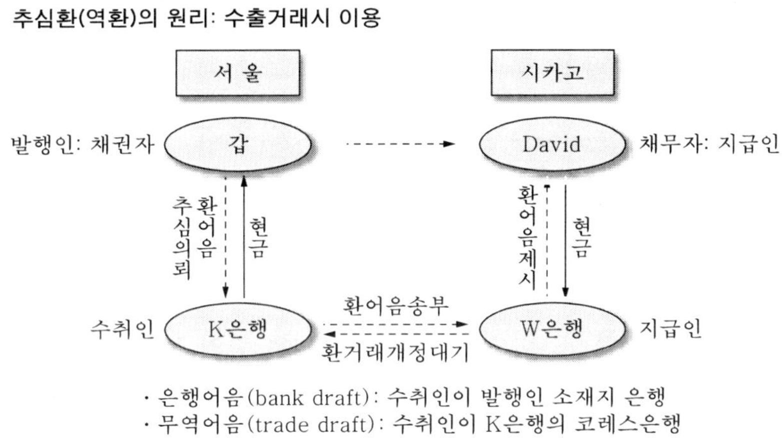

사이에 채무관계는 청산된다.

3. 외환의 특성

외환은 서로 다른 통화를 사용하는 국가 간에 발생하는 무역과 자본거래를 위한 자금결제 및 자금이동을 가능케 하는 포괄적인 수단으로 다음과 같은 특성이 있다.

첫째, 모든 국가의 통화가 국제결제나 국제자금이동에 사용되는 것은 아니다. 국가 간의 자금결제나 자금이동에 사용되는 외환을 국제통화(international currency)라고 한다. 따라서 국제통화의 기능은 국내통화와 마찬가지로 민간부문의 국가간 거래에서 회계단위와 지불수단 그리고 가치저장의 기능을 수행한다. 이외에도 국내통화와는 달리 정부차원에서는 자국의 통화가치를 측정하는 기준통화, 통화가치의 안정을 위하여 외환시장에 개입하는 개입통화 그리고 국가간 지급준비의 기능을 수행하는 대외지급수단의 역할을 한다. 그러므로 국제통화는 국가간 결제수단으로서 교환성, 유동성, 안정성 등의 조건을 갖추어야 한다. 이러한 기능을 수행하는 국제통화를 기축통화 또는 국제매개통화(international

[표 2-1] 국제통화의 기능

기능	민간부문	통화당국
가치척도	계약통화	기준 및 매개통화
교환수단	거래통화	개입통화
가치저장수단	자산통화	지급준비통화

key or vehicle currency)라고도 한다. 국제금융거래에서 주로 사용되는 국제통화에는 미국 달러, 일본 엔, 영국 파운드, EU의 유로화, 스위스 프랑 등이 있다.

둘째, 외환은 [그림 2-3]에서 보는 바와 같이 외환시장을 통하여 국내자금시장과 국제금융시장을 상호 연결하는 역할을 한다. 구체적인 예를 들어 설명하면 다음과 같다. 국내에서 양도성 예금증서(CD)에 투자하고 있는 투자자가 미국의 재무성증권(treasury bill: TB)에 투자하려고 한다면 이 투자자는 먼저 보유하고 있는 CD를 국내 자금시장에서 처분하고 받은 원화를 외환시장에서 달러로 교환한 후 미국의 금융시장에서 TB를 매입하면 된다. 또는 국내 한 은행이 일본은행으로부터 엔화자금을 차입하여 국내에 투자하고자 한다면 외환시장에서 차입한 엔화를 매도하고 원화를 매입한 후 국내자금시장에 투자할 수 있다.

[그림 2-3] 외환시장과 자금시장의 연계

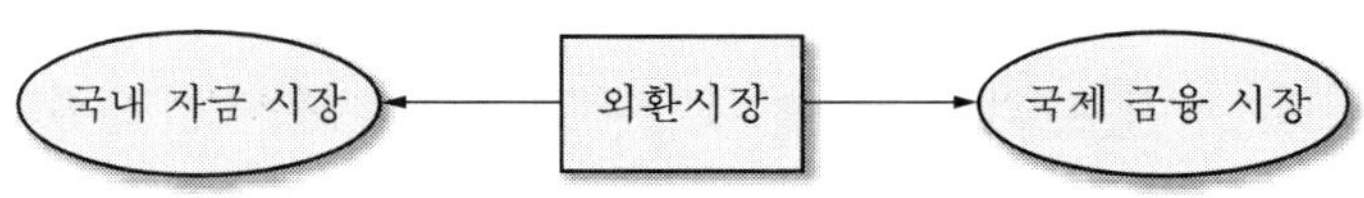

그런데 국내자금시장과 국제금융시장에서는 이자율수준에 따라 자금을 조달·운용하는데 반하여 외환시장에서는 환율에 따라 외환거래가 이루어진다. 이러한 외환거래는 이자율과 환율의 변동을 초래하며, 이자율과 환율변동에 따른 위험을 외환위험(또는 줄여서 환위험)이라고 한다.

셋째, 외환은 국가 간에 무역거래와 금융거래로 인하여 발생한 채권·채무를 결제할 때 사용되며, 대표적인 외환으로 외국환어음(draft or bill of exchange)을 들 수 있다. 외국환어음은 현금이 아니면서 국제결제기능을 가능케 하는 대표적인 신용수단으로 환어음의 당사자 중 한사람 이상이 비거주자이며, 환어음의 발행지나 지급지가 외국통화로 표시되어 있는 어음이다.

제 2 절 외환거래의 메커니즘과 종류

외환거래란 앞에서 설명한 바와 같이 서로 다른 통화의 교환행위이다. 세계의 여행자들은 상당한 외환거래를 초래한다. 여행객들은 여행경비를 위하여 자국통화를 여행국의 통화로 교환해야 한다. 이러한 대다수 여행객들의 소규모 거래를 합하면 상당한 현금흐름이 된다. 세계 각처에 있는 투자자들 역시 작든 크든 계속 투자기회를 찾고 있다. 증권이나 부동산, 은행예금이든 어떠한 국제투자도 자국통화를 투자대상국의 통화로 교환하는 외환을 통해야 한다. 뿐만 아니라 국내에서 국산 휴대폰을 구입하였더라도 부품이 미국이나 일본에서 수입되었다면 부품의 수입대금을 지불하기 위한 외환이 이미 실행된 것이다. 이와 같이 대부분의 경우 생산의 한 단계나 그 이상에서 외환거래의 흔적이 깊숙이 배어 있다.

1. 환거래계약취결은행

외환거래는 거주자와 비거주자간에 발생한 국제거래의 결제를 위하여 은행이 고객의 요구에 따라 외화표시 환어음이나 수표 또는 전신환이나 우편환 등과 같은 외환을 발행하여 지급하는 행위이다. 이와 같이 외환을 매매하거나 발행하여 국가간에 발생한 금전대차에 대한 대위지급수단의 송금과 추심 그리고 이에 따르는 업무를 외국환업무라고 하며 이를 담당하는 금융기관을 외국환은행이라고 한다.

외국환은행들은 고객의 요구나 자체의 외환거래를 위하여 해외에 은행지점이나 사무소를 설치해야 한다. 그러나 국내은행이 외국의 은행업에 진입하는 데에는 초기에 막대한 비용과 위험이 따른다. 이러한 비용과 위험을 줄이기 위하여 국내은행이 외국의 은행업에 직접 진출하는 대신 외국에 있는 은행과 환거래계약(correspondent contract)을 체결한다. 이러한 은행을 환거래계약취결은행(correspondent bank) 또는 간단히 환거래은행(코레스은행)이라고 한다. 그리고 대부분의 외환거래 및 자금거래의 결제는 현금이나 수표로 이루어지는 대신에 외국환은행들이 세계 주요국의 환거래은행에 개설한 계정을 통하여 이루어진다.

국내 외국환은행이 코레스계약을 체결한 은행에 외환거래를 수행하기 위하여 보유하고 있는 외환계정은 Nostro Account(Our Account)와 Vostro Account(Your Account) 형태의 국제계정이다.[2] Nostro Account는 코레스은행에 개설되어 있는 국내은행의 외화계정으로 상대국통화나 제3국통화로 된 지급에 대하여 차기(借記: 인출)하는데 사용한다. 한편 Vostro Account는 국내은행과 코레스계약을 체결한 외국은행의 계정으로 자국통화로 되어 있고 자국통화로 된 지급에 대하여 대기(貸記: 예금)하는데 사용된다. 예를 들면 미국에 있는 뉴욕은행이 엔화 결제를 위하여 동경은행에 nostro a/c(동경은행 입장에서는 vostro a/c가 됨)를 개설하며, 동경은행은 미국 달러화 결제를 위하여 뉴욕은행에 nostro a/c(뉴욕은행 입장에서는 vostro a/c가 됨)를 개설할 수 있다.

일반적으로 nostro a/c에는 이자가 지급되지 않기 때문에 은행들은 nostro a/c의 잔액을 가능한 최소한으로 유지하고자 한다. 그러나 nostro a/c에 잔액부족(overdraft: OD)이 발생하면 벌금으로 높은 이자를 부담하게 되므로 잔액부족사태가 발생하지 않도록 주의해야 한다. 반면에 vostro a/c를 관리하는 은행은 관리하는데 비용이 발생하므로 이를 충당하기 위하여 일정수준 이상의 잔고를 유지해 줄 것을 요구하

2) Nostro 및 Vostro는 라틴어로 각각 ours 및 yours를 의미한다.

기도 한다.

2. 외환거래의 메커니즘

거주자와 비거주자간에 발생한 국제거래의 결제를 위한 외환거래는 환거래계약취결은행을 통하여 이루어진다. 이러한 외환거래가 어떻게 이루어지는지 다음과 같은 예를 들어 살펴보기로 하자. 한국의 K상사는 미국에 있는 U사로부터 1만 달러어치 쇠고기를 수입하고 그 대금을 달러로 지급하기로 했다. K상사와 미국의 U상사간에 수입대금결제는 당사자 간에 직접 이루어지는 것이 아니라 [그림 2-4]에서 보는 바와 같이 두 회사의 거래은행 간에 외환거래로 이루어진다.

[그림 2-4] 외환거래의 메커니즘

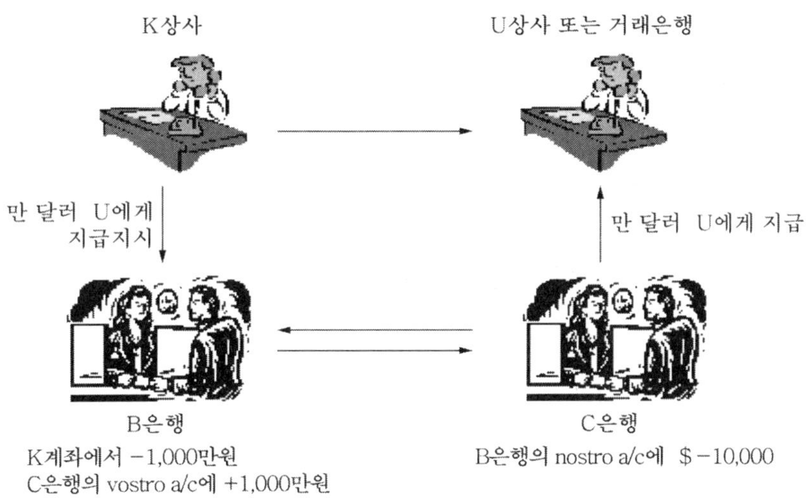

먼저 한국의 K상사는 거래은행인 B은행에게 U사에게 1만 달러 지급을 지시한다. K상사의 지급지시에 따라 B은행은 미국에 있는 C은행(코레스은행)에 보유하고 있는 B은행의 nostro account에서 1만 달러를 차기하여 U상사의 거래은행계정으로 지급을 지시한다. 그러면 미국의 C

은행은 B은행의 외화계정(nostro account)에서 만 달러를 차기하여 U사의 은행계좌에 이체한다. 다음으로 B은행은 K상사의 예금계정에서 만 달러에 해당하는 원화, 예컨대 환율이 달러당 1000원이라면 1000만 원만을 B은행에 있는 C은행의 원화계정(vostro account)에 이체 · 대기(예치)함으로써 대금결제가 종료된다.

위의 예에서 살펴본 외환거래는 은행 간 국제이체를 의미한다. 즉 국내은행이 외국에 있는 코레스은행의 예치금계정인 nostro account에서 차기(인출)하여 거래상대방의 계정에 대기(예치)하도록 지시하는 지시서이다. 이러한 지시서가 종래에는 텔렉스를 통한 전신환, 우편환, 수표 등으로 전달되었는데 최근에는 장거리 통신망인 SWIFT(Society for Worldwide Interbank Financial Telecommunication)을 통하여 대부분 대체되고 있다. 그리고 국가간 거래에서 발행하는 채권 · 채무에 대한 지급은 은행의 계정기입을 통하여 수행된다.

3. 외환거래의 종류

외환거래는 외환의 매매로 그 성격에 따라 다양하게 구분할 수 있다.

(1) 대고객거래와 은행간 거래

외환거래는 거래당사자에 따라 대고객거래와 은행간 거래로 구분한다. 대고객거래란 문자 그대로 은행들이 개인이나 기업, 정부 등 고객의 위탁을 받아 수행하는 외환거래를 말한다. 일반적으로 대고객거래의 거래규모는 소규모로 당일결제가 이루어진다. 예를 들어 미국여행을 위하여 은행에 가서 달러를 매입하거나 수출대금으로 받은 엔화를 원화로 교환하는 것 등은 대고객거래의 예이다.

은행은 대고객거래 이외에도 은행간 외환거래를 수행한다. 은행간 거래는 보통 수백만 달러에 달하는 대규모 거래로 고객과의 외환거래를 원활하게 수행하기 위하여 또는 은행자체의 필요에 따라 이루어진다.

예를 들면 한 국내은행이 보유하고 있는 특정외화의 예치금잔고가 감소하면 이 은행은 고객들의 지급요청에 부응하기 위하여 부족분을 매입할 것이며, 반대로 이 외화의 잔고가 증가하면 매도할 것이다. 또는 은행이 특정외화를 보유하고 있거나 미래 특정시점에 특정외화가 필요한 경우 이 통화의 환율변동에 따른 위험을 헷지하기 위하여 선물환거래를 하기도 한다. 외환거래의 대부분은 은행간 거래로 이루어지고 있으며, 환율은 은행간 거래에서 거래되는 특정통화의 수요와 공급에 따라 결정된다.

(2) 은행간 직접거래와 브로커 경유거래

은행간 거래는 다시 은행간 직접거래와 브로커 경유거래로 구분할 수 있다. 은행간 직접거래는 거래당사자인 두 은행이 직접 거래하므로 거래성립 시 거래비용을 절약할 수 있는 장점이 있다. 그러나 거래가 성립되지 않을 경우에는 자신의 포지션을 서로 상대방에게 노출시킴으로써 손실을 초래할 수 있다. 따라서 은행간 직접거래는 거래은행간에 상호 신뢰와 협력을 바탕으로 이루어져야 한다.

한편 브로커 경유거래는 문자 그대로 거래당사자간 직접거래가 아니라 중간브로커에게 자신의 거래를 위임하는 거래이다. 브로커 경유거래는 일정율의 수수료를 지불하기는 하지만 거래당사자의 포지션이나 매매규모를 거래상대방에게 노출시키지 않고서 브로커를 통하여 자신에게 가장 유리한 거래를 성립시킬 수 있다는 장점이 있기 때문에 거래비중이 꾸준히 증가하고 있다. 특히 브로커들은 자신의 계정에 외환포지션을 보유하고 있지 않기 때문에 환위험에 노출되지 않을 뿐 아니라 최신 전자·통신장비로 연결된 세계 주요외환시장으로부터 수집한 신속하고 정확한 정보를 바탕으로 거래성립률을 높일 뿐 아니라 거래비용을 최소화하고 있다. 따라서 브로커경유거래를 이용하는 입장에서는 인력, 장비, 시간을 절약할 수 있다는 장점이 있다.

(3) 거래소거래와 장외거래

외환거래는 시장형태에 따라 거래소거래와 장외거래로 구분할 수 있다. 거래소거래(exchange floor trading)란 매일 일정한 시간에 일정한 장소에서 표준화된 외환의 거래를 말한다. 거래소거래는 거래통화별로 정해진 거래단위와 시장참가자들이 경매방식의 호가(open outcry)로 형성된 가격에 의하여 매매가 이루어진다.

장외거래란 거래소와 같은 집중된 특정장소가 아닌 각 외환은행의 딜링룸에서 전화나 텔렉스, 팩스 등에 의하여 거래 당사자 사이에 이루어지는 외환거래로 점두거래(over-the-counter transaction)라고도 한다. 외환거래의 대부분은 장외거래로 이루어지고 있다.

(4) 현물환거래와 파생외환거래

「외국환거래법시행령」 제8조에서는 외환거래를 계약형태에 따라 현물환 거래와 파생외환거래로 구분한다. 먼저 현물환거래(spot exchange transaction)란 계약체결 후 2영업일 이내에 현물의 수도결제가 이루어지는 거래로 외환거래에서 가장 기본이 되는 거래이다. 한편 파생외환거래란 현물환의 가치변동으로부터 파생된 상품으로 선물환거래, 스왑거래, 통화선물거래와 옵션거래로 세분할 수 있다.

선물환거래(forward transaction)란 장외거래로 계약체결 후 2 영업일을 경과한 특정일에 현물의 수도결제가 이루어지는 거래로 일주일, 1개월, 2개월, 3개월, 6개월, 1년물이 일반적이다. 그리고 스왑거래(swap transaction)란 현물환거래와 선물환거래 또는 서로 다른 선물환거래사이의 거래가 동시에 그리고 반대방향으로 이루어지는 외환거래를 말한다.

통화선물(currency futures)거래는 선물환거래와 같이 계약체결 후 2 영업일을 경과한 미래의 특정시점에 계약이행이 완료되는 거래이지만 선물환거래와 다른 점은 표준화된 외환거래가 이루어지는 거래소거래이다.

통화옵션(currency options)이란 일정기간 내에 일정량의 통화를 미리 정해진 가격으로 사거나 팔 수 있는 계약상의 권리이며, 통화옵션거래란 이러한 권리의 매매를 의미한다.

앞에서 설명한 현물환거래와 선물환거래 스왑거래를 전통적 외환거래라고 하며, 통화선물과 통화옵션거래를 파생외환거래라고 한다.[3] 이에 대한 자세한 내용은 뒤에 있는 해당 장에서 설명된다.

(5) 헷지거래, 차익거래, 투기거래

외환거래는 시장참여자의 거래동기에 따라 헷지거래, 차익거래, 투기거래로 구분할 수 있다. 먼저 헷지(hedge)거래는 뒤에서 자세히 설명하겠지만 환율변동에 따라 현재 보유하고 있거나 장래에 보유하게 될 외환포지션의 가치변동으로 발생하는 위험을 최소화하기 위한 거래를 의미한다. 한편 차익(arbitrage)거래는 단순히 시장간의 가격차이를 이용하여 무위험수익을 노리는 거래이다. 이에 비하여 환투기(speculation)거래는 환율변동에 따른 위험을 담보로 시세차익을 노리는 거래이다.

제3절 외환포지션

1. 외환포지션의 정의

외환포지션(foreign exchange position)은 통화별로 외화표시자산에서 외화표시부채를 차감 또는 외화매입액에서 외화매도액을 차감한 순외화표시자산으로 정의한다. 여기에서 자산과 부채는 대차대조표 상에 있는 자산, 부채 뿐 아니라 미래에 지급할 것과 수취할 것까지 포함한 자

3) 선물환과 외환스왑은 파상외환상품인 통화선물과 통화옵션 이전부터 거래되고 있었다는 의미에서 일반적으로 전통적 외환거래의 범주에 포함되기도 한다.

산과 부채이다.

외화표시자산이 외화표시부채보다 크거나 또는 외화매입액이 외화매도액보다 큰 경우를 매입초과포지션(over-bought position)이라고 하며, 반대로 외화표시자산이 외화표시부채보다 작거나 또는 외화매입액이 외화매도액보다 작은 경우를 매도초과포지션(over-sold position)이라고 한다. 이와 같이 통화별 외화표시자산과 외화표시부채가 같지 않은 매입초과포지션과 매도초과포지션을 오픈포지션(open position)이라고 하며 통화별 외화표시자산과 외화표시부채가 같은 경우를 스퀘어포지션(square position)이라고 한다.

2. 외환포지션의 유형

(1) 매입초과포지션과 매도초과포지션

매입초과포지션은 받을 외환이 지급할 외환보다 많기 때문에 환율이 상승하면 환차익이 발생하지만 반대로 환율이 하락하게 되면 환차손을 겪게 된다. 예를 들어 은행이 USD 100만 달러를 1000원에 산 경우 환율이 상승하여 1050원이 되었다면 5천만 달러의 환차익이 발생하지만 반대로 환율이 950원으로 하락하면 5천만 달러의 환차손을 입게 된다.

은행에서 발생하는 거래 중에 수출환어음 매입대금의 원화지급, 타발송금대금의 원화지급, 외화예금의 원화지급, 외화현찰매입, 외화대출이자, 외화수납 등은 외화매입거래에 해당한다.

매도초과포지션은 받을 외환이 지급할 외환보다 작기 때문에 환율이 하락하면 환차익이 발생하지만 반대로 환율이 상승하게 되면 환차손을 겪게 된다. 예를 들어 은행이 USD 100만 달러를 1000원에 매도했다가 1050원에 되사는 경우 환율상승으로 5천만 달러의 환차손이 발생하지만 반대로 950원에 되사는 경우 환율하락으로 5천만 달러의 환차익을 보게 된다.

은행에서 발생하는 거래 중에 수입환어음 매입대금을 달러로 지급,

당발송금 대금의 달러지급, 차관의 원금상환, 외화현찰매도, 외화대출상환, 여행자수표매도, 외화예금이자 및 차관이자 외화지급 등과 같이 숏 포지션을 발생하는 외화매도거래에 해당한다.

(2) 현금 포지션, 현물환 포지션, 선물환 포지션, 종합포지션

외환포지션은 기간에 따라 현금 포지션, 현물환 포지션, 선물환 포지션, 종합포지션으로 구분할 수 있다. 먼저 현금 포지션(cash position)은 모든 외환거래에 대한 자금의 인수도가 종결된 외환매입액과 외환매도액의 차액으로서 언제든지 사용이 가능한 포지션을 말한다. 현물환 포지션(spot position)은 현물환거래에 의한 외환매입액과 외환매도액의 차이이며, 선물환 포지션(forward position)은 선물환거래로 발생한 외환매입액과 외환매도액의 차이를 말한다.

종합 포지션(overall position)은 현금포지션, 현물환포지션, 선물환포지션을 모두 합하여 산출한 외환매입액과 외환매도액의 차액을 말한다. 환율변동에 노출되어 있는 외국환은행이나 기업의 경우에는 종합포지션을 관리하는 것이 중요하다.

3. 외환포지션 관리의 목적

외환거래는 외환포지션의 증감을 의미하며 외환포지션이 중요한 이유는 매입초과포지션이나 매도초과포지션의 경우 받을 외환과 지급할 외환이 같지 않으므로 환율변동에 따른 위험에 노출될 가능성이 높기 때문이다. 이와 같이 외환포지션은 각 통화별 환위험관리를 위한 기초자료가 되며 외환매매의 손익을 구체적으로 산출하거나 통화별 외화자금의 과부족을 조절하기 위한 자료로 사용된다. 외국환은행들이 외환의 매입초과 또는 매도초과로 인한 손실을 예방하기 위해 적절한 양의 외화를 사고파는데 이를 포지션 관리제도라고 한다.

외환포지션관리는 은행이 보유하는 외환포지션을 일정한도 내로 규제하는 것을 말한다. 원칙적으로 은행들의 포지션관리는 환율변동에 따른 위험을 회피할 수 있는 방법으로 스퀘어 포지션을 유지하는 것이다. 우리나라의 경우 외환관리법은 현물환을 기준으로 매입초과 또는 매도초과 포지션이 자기자본의 5% 또는 800만 달러를 넘지 못하도록 규정하고 있다.

포지션 관리의 목적은 첫째, 은행의 건전경영 등을 유도하기 위함이며 둘째, 외환의 과도한 국내 유출입을 통제함으로써 환투기를 방지하고 셋째, 국내유동성을 조절하기 위해 도입되고 있다.

제 4 절 외환거래의 지급결제제도

일반적으로 지급(payment)은 거래에서 발생하는 비용지불을 위하여 지급수단을 넘겨주는 행위를 의미하며, 결제(settlement)는 지급인과 수취인간의 자금이체과정을 의미한다. 예를 들어 고객이 백화점에서 물건을 산 후 신용카드로 지불한다면 카드를 백화점 직원에게 제시할 때 지급행위가 발생하며, 백화점의 은행계좌에 대금이 이체되었을 때 결제가 이루어진다. 만일 고객이 현금으로 물건을 산다면 지급과 결제는 동시에 이루어진다.

최근에는 지급수단 및 결제시스템의 전자화 등으로 지급과 결제를 엄격히 구분하기가 어렵기 때문에 이를 포괄하여 지급결제라는 용어를 사용하기도 한다.

이러한 지급결제를 가능하게 하는 지급수단, 참가기관, 운영조직, 규칙 및 절차, 표준, 기술적 수단(하드웨어 및 소프트웨어)으로 구성되는 하부구조(infrastructure)를 지급결제제도(payment systems)라고 한다. 외환거래에서 사용되는 지급결제제도에는 SWIFT, CHIPS, Fed Wire 등이 있다.

1. SWIFT

SWIFT는 Society for World-wide Interbank Financial Telecommunication의 약자로서 외국환은행의 국가간 자금결제업무를 수행하기 위하여 조직한 범세계적 금융통신시스템이다. SWIFT는 1973년에 브뤼셀에서 15개국 239개 은행의 공동출자로 설립되었는데, 2001년 12월 현재 194개국 7000여 개 은행을 연결하며, 일평균 60조 달러 이상의 지급 메시지를 처리하고 있다. SWIFT는 현재 회원기관들이 전세계에서 사무실을 운영하지만 벨기에 법을 적용받고 있다.

SWIFT는 전통적인 통신수단인 텔렉스를 대체하고 있는데, SWIFT는 표준양식을 사용함으로써 국제은행간의 자금대체지시송달을 신속·정확하게 처리할 수 있고 통신의 안전성을 높일 수 있으며, 외국은행과 이루어지는 외환거래, 대출 및 예치금거래, 외국의 거래은행에 있는 계정잔액(Nostro Account) 및 대차내역을 쉽게 확인할 수 있다. 이밖에 송금 및 추심업무와 신용장개설, 화환어음 통지업무도 신속하게 처리되고 CHIPS와 같은 다른 결제시스템과의 자동접속이 가능하다는 점도 SWIFT의 장점이다.

2. CHIPS

CHIPS(Clearing House Interbank Payments System)는 미국에서 가장 오래된 뉴욕어음교환소(New York Clearing House)의 자회사로서 민간이 운영하는 실시간 최종결제제도이다.[4] CHIPS는 뉴욕어음교환소가 1970년 4월에 도입한 컴퓨터 온라인시스템을 이용한 은행간 자동결

4) 뉴욕어음교환소는 미국에서 가장 오래되고 규모가 가장 큰 어음교환소이며, 주로 수표의 교환을 간단화하고 지불제도의 효율성을 개선하는데 그 목적이 있었다. 특히 1913년 연방준비제도가 설립되기 전에는 통화변동성을 안정화시키고 공황기에 통화제도를 지지하는 역할을 담당하기도 하였다.

제시스템으로 은행간 자금이체에 혁신적인 기여를 하였다.[5)]

특히 CHIPS는 민간기구로 고객의 요구에 신속하게 움직이는 최대의 결제시스템이다. CHIPS는 2003년 6월 말 현재 하루 평균 1조 3천억 달러 이상의 자금을 이체하고 있으며, 25만 건의 거래를 정산결제하고 있다. 이러한 수치는 CHIPS가 처음 도입된 1970년에 하루평균 30억 달러, 약 3000건에 비하여 놀라운 성장임에 틀림없다. 또한 CHIPS는 세계 각국을 이동하는 미국 달러지급의 95%를 다루고 있다.

CHIPS 가맹은행(Participant)수는 1970년 9개 은행에서 1985년 142개로 최고를 기록한 후 감소하기 시작하여 2002년 이후는 54개의 세계 주요은행들이 속해 있다. 가맹은행별로 고유번호 (Routing Number)가 주어지며, 가맹은행들은 컴퓨터터미널 또는 이에 연결된 전화를 통하여 지급지시 내용을 투입하여 상대은행에 발송하고, 수신된 내용은 지급지시서로 인정되어 은행간 자금이체가 즉각적으로 이루어진다.

CHIPS는 1981년 10월부터 종래의 익일결제(next-day settlement)체제로부터 당일결제(same-day settlement)체제로 이행하였다. CHIPS는 지속적인 기술혁신을 통하여 고객들에게 안전성과 신속성을 제공하고 있는데 2001년에는 EDI(electronic data interchange)를 설치하여 CHIPS 지급거래에 대한 송금정보를 제공하고 있다.

3. Fed Wire[6)]

Fed Wire는 미국의 연방준비위원회, 미국 재무성을 연결하는 전자이체제도(electronic transfer system)로 자금이체의 중심신경조직(central nervous system)이라고 불린다. Fed Wire는 미국의 연방준비은행이 운영하며, 참가은행들이 중앙은행 화폐로 최종결제 할 수 있는 실시간 총

5) CHIPS가 도입되기 전에는 지불수단은 주로 수표발행에 의하여 이루어졌으며 이 수표들은 뉴욕어음교환소에서 교환되어 다음 날 Fed funds로 결제되었다.

6) 자세한 내용은 http://www.federalreserve.gov/paymentsystems/coreprinciples/default.htm참조.

액결제(real-time gross settlement: RTGS)제도이다. 참가은행은 연방은행에 계좌를 보유하고 있는 미국내 예금기관과 외국은행 지점들로서 약 9500개의 참가은행들에게 9자리의 고유번호가 부여되는데 이를 "Fed Routing Number"라 하며 ABA (American Bankers Association) 번호와 일치한다.

통신기술의 획기적인 발전에 따라 연방준비은행은 안전성과 자동화 수준을 향상시키기 위하여 초기에 전화선에서 텔렉스로 그리고 컴퓨터에서 통신망으로 Fed Wire를 개선하여 왔다.

Fed Wire 자금이체는 FEDNET을 통한 온라인이나 전화로 가능하며 Fed Wire의 영업시간은 공휴일을 제외한 월요일부터 금요일까지 동경 표준시간으로 오전 12시 30분부터 오후 6시 30분까지이지만 제3자 이체는 5시 30분까지 가능하다.

참가은행간 Fed Wire를 통하여 이체되는 자금은 2000년에 일평균 43만건에 약 1조 5천억 달러에 이르고 있다. 참가은행은 지역연방준비은행에 연결된 단말기를 통하여 다른 참가은행과 직접 자금을 수수할 수 있다.

Fed Wire의 특징은 첫째, 개별거래 시마다 결제가 이루어짐으로써 결제위험이 없다는 것이며 둘째, 알래스카와 하와이를 포함한 미국 전 지역에 위치한 12,000여 개의 은행과 자금결제가 가능하다는 점이다. 또한 결제위험관리 측면에 있어서도 상호신용한도와 전체신용한도만을 적용하여 결제위험을 관리하고 있다.

연 습 문 제

1. 다음 문장을 읽고 옳고 그름을 밝히고, 그 이유를 설명하라.
   (1) 외환과 내국환은 공간적으로 떨어져 있는 채권자와 채무자사이에 채권, 채무를 결제하기 위하여 은행이라는 중개기관을 이용한다는 점에서 같다.
   (2) 내국환거래와 달리 외환거래는 환율변동으로 환위험이 발생한다.
   (3) 일반적으로 신용장은 대외지급수단이 아니다.
   (4) 송금환은 채무자가 거래은행에게 자신을 대신하여 외국의 채권자에게 지급을 위탁함으로써 대차를 청산하는 방법이다.
   (5) 타발환이란 거주자의 위탁에 의하여 자금을 보내거나 지급받기 위하여 국내 외국환은행이 외국에 있는 은행에 대하여 발행한 외환을 말한다.
   (6) 다른 사정이 같다면 환율의 변동폭이 클수록 외환거래는 활성화된다.
   (7) 외환은 국내자금시장과 국제금융시장을 연결해 주는 역할을 한다.
   (8) 모든 외환결제는 다른 금융상품과 마찬가지로 2영업일에 이루어진다.
   (9) 외환시장에서 재정거래는 주로 무역업자에 의해 이루어지고 있다.
   (10) 투기거래란 환율변동에 따른 위험을 담보로 시세차익을 노리는 거래이므로 시장발전을 저해하는 요인이다.
   (11) 한 기업이 달러매도초과포지션을 보유하고 있는 경우에 달러가치가 상승하면 이익이 발생한다.
   (12) 환율변화에 따른 위험을 회피할 수 있는 방법 중 하나가 외환포지션을 스퀘어 포지션으로 유지하는 것이다.
   (13) SWIFT는 외국환은행의 국가간 자금결제업무를 수행하기 위하여 조직한 범세계적 금융통신시스템이다.

2. 다음 용어에 대하여 설명하라.
   (1) 당발송금환과 당발추심환

(2) 타발송금환과 타발추심환
(3) 환취결은행(correspondence bank)
(4) nostro 계정과 vostro계정
(5) 거래소거래와 장외거래
(6) 현물환거래와 파생외환거래
(7) 헷지거래, 재정거래, 투기거래
(8) 외환포지션
(9) SWIFT, CHIPS, Fed Wire

제 3 장

외환시장

외환시장은 비교적 단기의 외환이 거래되는 시장이다. 외환시장이 존재하는 이유는 각국이 자신의 통화를 보유하고 통제하려는 주권을 유지하기로 동의하였기 때문이다. 만일 세계에 있는 모든 나라가 하나의 공통통화를 사용한다면 외환 및 환율의 개념이나 외환시장도 존재하지 않을 것이다. 예를 들어 국내에 있는 한 수입업자가 미국에서 100만 달러어치의 밀을 수입하고 그 대금을 달러로 지불하기로 했다고 하자. 수입업자는 수입대금을 마련하기 위하여 먼저 원화를 달러로 바꿔야 한다.

이와 같이 외환시장은 한 통화를 다른 통화로 바꾸는 곳이며, 국가 간에 자금이동이 이루어지는 수단이기도 하다. 외환시장이란 무엇보다도 100만 달러를 바꾸기 위하여 얼마만큼의 원화가 필요한지 즉 두 통화사이의 교환비율인 환율이 결정되는 곳이기도 하다.

제1절에서는 외환시장의 개념과 기능 및 특징을 설명하고 제2절에서는 외환시장의 참여자와 구조를 살펴본다. 제3절은 외환시장의 유형에 대하여 설명하고 제4절에서는 세계 주요외환시장과 국내외환시장을 살펴보기로 한다.

3 chapter

외환시장

제 1 절 외환시장의 개념, 기능 및 특징

1. 외환시장의 개념

외환시장이란 넓은 의미로 외화(foreign currency) 및 외화표시 금융증서의 거래를 수행하는 모든 기관과 수단을 말한다. 따라서 외환시장이란 외환의 수요자와 공급자가 직접 참여하여 외환 매매가 이루어지는 은행과 기업 내에 있는 외환딜링룸과 같은 구체적인 장소뿐 아니라 외환의 매입자와 매도자, 그리고 이들의 매매를 지원하는 딜러와 브로커들을 연결하는 통신망을 통하여 거래가 이루어지는 메커니즘 또는 시스템을 포함한다. 이와 같이 외환시장은 장소와 시간을 초월하여 존재한다.

외환시장에서 거래되는 외환은 주로 외화예금이며, 외화(현금)거래는 여행자나 불법거래자의 경우에 한하여 제한적으로 이루어진다. 한편 변동환율제도로 이행되기 이전에는 외환시장에서의 외환거래는 무역이나 자본거래의 지불을 위한 실수요거래 위주였으나 최근에는 외환도 주식이나 채권과 같이 하나의 투자대상으로 그 성격이 변화되어 거래되고 있다. WTO가 발표한 2007년 전세계 상품과 서비스 교역규모는 연간 약 33조 달러인데 비해 BIS가 발표한 자료에 의하면 2007년 4월 기준 전세계 외환시장에서 거래되는 외환규모는 하루 평균 3조 2100억 달러(연간 약 800조 달러)로 추정된다. 따라서 실수요 목적의 외환거래는 전체 외환거래의 약 4%에 불과하다.

세계 주요 국제외환시장은 외환거래실(FX trading room)을 운영하며, 이는 전자·통신정보망으로 연결되어 있다. 전문적인 외환딜러나 브로커는 위성이나 통신을 통하여 전송된 정보를 비디오 모니터를 통하여 외환시세를 알게 되고 전화, 팩스, 텔렉스, 또는 개인용 컴퓨터의 인터넷을 통하여 서로 거래하기도 한다. 국제은행들은 이외에도 비은행기관의 외환거래부서와 국제외환시장과 연결되어 있는 비디오 모니터를 통하여 외환매매에 참여할 수 있다. 최근에는 세계 어느 곳에서나 이용할 수 있는 직접통화서비스(direct dialing telephone service)가 도입됨에 따라 외환거래를 위하여 단순히 전화를 걸기만 하면 된다.

외환거래 관련 정보를 제공하는 주요기관으로 1969년부터 환율정보를 제공하는 telerate, 1973년부터 환율서비스를 개시한 AP-DJ Reuters, 국제원자재와 주식, 외환에 대한 가격정보를 제공하는 Qurtron사의 Qurtron screen 등이 있다.

2. 외환시장의 기능

외환시장의 기능은 첫째, 한 통화에서 다른 통화로 구매력을 이전시켜 준다. 예를 들면 국내기업이 미국에서 쇠고기를 수입하고 대금을 달러로 지급한다면 이 기업은 원화로 수입대금에 해당하는 달러를 매입해야 한다. 이는 기업이 원화로 국내에서 다른 상품을 구매할 수 있는 구매력을 포기하고 대신 미국에서 구매력을 행사한 것이다. 이러한 구매력 이전은 일반적으로 환거래를 체결한 국제은행의 예금계정에 예치된 예치금의 국제이체를 통하여 이루어지며, 이러한 국제이체가 바로 외환거래이다.

둘째, 외환시장은 외환의 수요와 공급에 따라 환율이 결정되는 곳이며, 환율변동에 따라 외환의 수요와 공급이 조절되는 역할을 수행한다. 예를 들어 서울외환시장에서 달러수요가 증가하면 달러가치가 상승하여 원/달러환율이 상승할 것이다. 이러한 원화환율의 상승은 미국시장에서 우리나라 상품의 가격경쟁력을 강화시켜 수출이 증가하고 수입은 감소할 것이다. 그 결과 서울 외환시장에 달러공급이 상대적으로 증가하므로 다시 환율조정이 이루어지게 될 것이다.

셋째, 외환시장은 국가간에 상품 및 자본의 국제거래가 자유로울수록 환율조정을 통하여 이들의 국가간 가격을 일치시키는 역할을 한다. 만일 국가간에 상품의 가격차이가 크다면 가격이 싼 곳에서 매입하여 비싼 곳에 매도함으로써 차익을 누리고자 하는 재정(arbitrage)거래가 발생하므로 결국에는 가격차이가 사라지게 될 것이다.

넷째, 외환시장은 통화선물이나 통화옵션 등 다양한 외환파생상품을 헷징과 투기의 수단으로 제공한다. 외환시장은 외환의 실수요자들에게 환율변동에 따른 위험을 회피하거나 단순히 환율변동을 이용하여 이익을 얻고자 하는 투기자들에게 투자의 기회를 제공한다. 특히 1990년대에는 국가간 자본이동에 대한 규제완화와 IT혁명으로 남미와 아시아지역의 외환시장이 국제투기자본의 공략대상이 되어 외환위기를 겪기도 하였다.

3. 외환시장의 특징

(1) 해가 지지 않는 시장

외환시장은 전세계적 망(worldwide network)으로 연결되어 있어 시간과 공간을 초월하여 24시간 외환거래가 이루어지는 범세계적 시장

(global market)이다. [그림 3-1]은 세계 주요외환시장의 거래시간대를 나타내고 있다. 극동지역을 기준으로 하루 중 가장 먼저 거래가 시작되는 시장 순으로 열거하면 웰링턴 · 시드니 → 도쿄→홍콩 · 싱가포르 → 바레인 → 프랑크푸르트 · 쮜리히 → 런던 → 뉴욕 → 시카고 → 샌프란시스코 · L. A. 순이다.

세계에 분산되어 있는 외환시장들은 영업시간이 일부 겹치기 때문에 외환은 실제로 24시간 외환시장에서 거래되고 있다. 그림에서 보면 유럽의 오후가 미국 동부의 오전으로 거래규모가 가장 큰 런던과 뉴욕시장이 동시에 개장되므로 가장 많은 외환이 거래된다. 따라서 유동성이 풍부하므로 대규모 거래에 적당하며 이 시간대를 deepest time이라고 한다. 반면에 LA에서 영업이 끝날 즈음에 시드니, 도쿄, 홍콩시장이 개장되므로 외환거래량이 상대적으로 적다. 이 시간대를 thinest time이라고 한다. 이 시간대는 상대적으로 적은 양의 외환을 움직여 환율에 영향을 주고자 하는 투기자나 중앙은행 등이 많이 이용한다.

[그림 3-1] 세계 주요외환시장의 거래시간

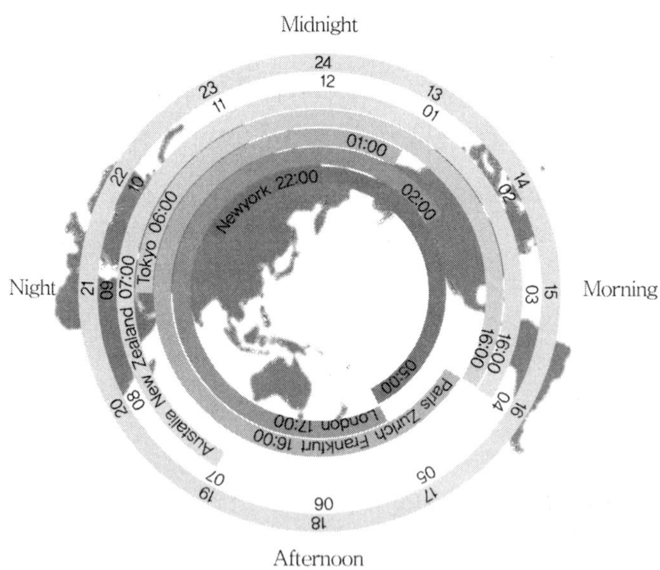

한편 외환이 24시간 거래된다는 것은 환율이 24시간동안 지속적으로 움직이고 변한다는 의미이다. 이는 외환관리자의 외환위험에 대한 노출시간이 길어짐을 의미하므로 외환관리의 필요성이 증대되고 있다.

(2) 범세계적으로 통합된 시장

외환시장이 범세계적으로 통합된 시장(globally integrated market)이란 두 통화가 서로 다른 시장에서 거래되더라도 두 통화의 환율은 같아야 함을 의미한다. 만일 시장 간에 동일한 환율이 다르게 고시된다면 환율이 낮은 곳에서 매입하여 높은 곳에 매도함으로써 무위험 수익을 얻으려는 재정거래로 시장간 환율차이는 사라지게 될 것이다.

국제외환시장은 정보·통신기술의 발전에 힘입어 전세계적 망(worldwide network)으로 연결되어 있어 모든 정보가 동시에 확산됨에 따라 시장조성자(market maker)간에 정보교환과 가격경쟁이 치열한 시장이다. 뿐 만 아니라 24시간 외환거래가 가능하고 거래비용이 매우 낮기 때문에 재정거래의 기회가 좀처럼 발생하지 않는다. 예를 들어 뉴욕시장에서 달러/엔환율은 108.05이고 동경에서는 108.00이라고 하자. 거래비용이 무시할 정도로 작다면 사람들이 동경에서 달러로 엔을 매입하여 뉴욕에 팔면 달러 당 약 0.05엔의 차익을 얻을 수 있다. 그러나 이러한 차익기회는 오래 지속될 수 없다. 왜냐하면 동경시장에서 엔의 수요가 증가하므로 엔화가 108.00 이상으로 오르는 한편 뉴욕에서는 엔공급이 증가하므로 108.05 이하로 하락하여 마침내 두 시장에서 환율이 같아지면 재정거래는 사라지게 되기 때문이다.

(3) 은행간 거래비중이 높은 시장

외환거래는 개인이나 기업 등의 실수요자를 대상으로 하는 대고객거래보다는 거래단위가 수백만 달러에 달하는 은행간 또는 은행과 비은행 금융기관간 거래비중이 75~80%를 차지하는 시장이다. 그리고 이러한 은행간 거래는 주로 장외거래로 이루어지고 있다.

[표 3-1]을 보면 대규모 거래에 해당하는 은행간 거래 비중이 여전히 가장 높지만 그 비중은 점차 감소하여 2007년에 42.8%를 기록하였다. 이에 비해 은행과 비은행 금융기관간 거래비중은 꾸준히 증가하여 2007년에는 40.1%로 은행간 거래 비중과의 차이가 2.7%에 불과하다. 이와 같이 비은행 금융기관과의 거래가 크게 증가한 현상은 전자중개의 비중이 증가하면서 은행간 현물환 거래는 감소한 반면 연기금 등 자산관리회사와의 거래가 증가한데 기인한 것으로 보인다.

대고객거래비중은 1992년 17.7%에서 점차 감소하여 2001년에는 13.3%를 기록한 후 다시 증가하기 시작하여 2007년에는 17.1%를 기록하였다. 이러한 현상은 외환거래가 주로 무역거래의 지불수단으로 사용되는 대고객 거래는 총외환거래의 약4%에 불과하고, 대부분이 해외여행이나 환율변동에 따른 위험을 방지하기 위한 헤지나 단기 이윤추구를 위한 투기적 목적으로 거래되고 있기 때문이다.

[표 3-1] 거래상대방별 외환거래 비중추이

(단위: %)

구분	1992	1995	1998	2001	2004	2007
은행간 거래	69.9	64.0	63.6	58.7	53.3	42.8
은행과 비은행 금융기관간 거래	12.4	20.2	19.5	28.0	32.6	40.1
대고객거래	17.7	15.7	16.9	13.3	14.0	17.1

자료: 국제결제은행

(4) 달러화 거래비중이 높은 시장

[표 3-2]를 보면 세계외환거래에 개입된 통화 중 미국 달러화가 차지하는 비중은 약 90%이다. 이러한 현상은 미국 달러가 자본시장에서 투자통화(investment currency)로, 많은 중앙은행들의 준비통화(reserve currency)로, 국제상품시장에서 거래통화(transaction currency)로, 국제계약에서 청구통화(invoice currency)로 그리고 외환시장에서 환율안정을 위한 개입통화(intervention currency)로 실질적인 역할을 하고 있기

때문이다.

외환시장에서 미국 달러의 거래비중이 높은 또 하나의 이유는 달러화가 외환거래에서 중개통화 또는 기축통화(key currency)의 역할을 하고 있기 때문이다. 즉 외환시장에서 달러가 개입되지 않은 두 통화사이의 외환거래는 두 통화간의 직접거래보다는 달러를 매개로 하는 거래가 일반적이다.[1] 예를 들면 한 딜러가 원화로 태국의 바트화를 매입하고자 한다고 하자. 이 딜러는 외환시장에서 직접 원화를 팔고 바트화를 매입하는 대신 먼저 원화로 달러를 매입한 다음 달러화로 다시 바트화를 매입하는 달러를 매개로 두 단계 거래를 더 선호한다. 그 이유는 원/바트화시장보다 원/달러, 바트/달러 시장의 거래가 활발하고 유동성이 더 풍부하기 때문이다.

[표 3-2] 개별 통화별 전통적 외환상품 거래비중

(단위: %)

구분	1989	1992	1995	1998	2001	2004	2007
미국 달러화	90.0	82.0	83.3	87.3	90.4	88.7	86.3
유로화[1]	33.0	55.2	59.7	52.5	37.6	36.9	37.0
일본 엔화	27.0	23.4	24.1	20.2	22.7	20.2	16.5
영국 파운드화	15.0	13.6	9.4	11.0	13.2	16.9	15.0
스위스 프랑화	10.0	8.4	7.3	7.1	6.1	6.0	6.8
기타	25.0	17.4	16.2	21.9	30.0	31.3	38.4
계	200.0	200.0	200.0	200.0	200.0	200.0	200.0

주: 1) 2001년 유로화가 본격적으로 통용되기 이전에는 독일 마르크, 프랑스 프랑 등 유로지역통화의 비중을 합한 것임.

자료: 국제결제은행

외환관리차원에서도 기축통화의 사용은 은행과 여타 외환시장 참여자들이 필요한 외환을 직접 보유하고 관리하는 대신 기축통화인 달러로 관리범위를 제한할 수 있다. 이외에도 기축통화의 사용으로 다자간 거래에서 다룰 환율의 수가 대폭 감소한다. 만일 10개의 통화와 거래를

1) 유로화가 통용되기 시작하기 전까지 독인의 마르크화도 유럽지역에서 기축통화로 사용되었으나 유로화가 통용되기 시작한 이후에는 외환시장에서 유로화 거래비중이 대폭 감소하였다.

할 경우 달러를 매개로 하면 9개의 환율이면 되는데 매개통화가 없다면 45개의 환율이 존재한다. 이와 같이 매개통화의 사용은 보유 및 관리통화의 수를 줄여주는 대신 유동성을 더욱 풍부하게 해주는 장점이 있다.

(5) 세계 최대 규모의 시장

정보통신의 혁명과 자본거래에 대한 규제완화로 외환거래비용이 감소함에 따라 외환시장의 거래규모는 금융시장 중에서 세계 최대로 추정되고 있다. 국제결제은행(BIS)에서 3년마다 발표하는 국제 외환시장의 거래규모에 대한 자료에 의하면 2007년 하루 평균 전통적 외환상품 거래규모는 3조 2천억 달러를 초과하는 유동성이 풍부한 시장이다. 이는 1998년 1조 6천억 달러에 비하여 거의 배가 증가한 수치이다.

이와 같이 외환거래가 주식이나 채권 등에 비해 거래규모가 큰 이유는 고객과의 초기 외환거래는 몇 배의 추가적인 외환거래를 수반하기 때문이다. 예를 들면 고객과의 거래에서 달러의 외환포지션이 오픈이 되면 딜러는 리스크 관리차원에서 오픈포지션을 헷지하거나 또는 포지션을 관리하기 위하여 또 다른 외환거래를 하기 때문에 거래규모는 커지게 된다.

제 2 절 외환시장의 구조

1. 외환시장의 참여자

원칙적으로 한 나라의 통화를 다른 나라의 통화로 바꾸려는 사람은 누구든지 외환시장의 참여자이다. 따라서 외환시장 참여자들은 상업은행과 외환중개인, 개인이나 기업과 같은 고객 그리고 중앙은행 등이 있다.

(1) 상업은행

세계적인 네트워크로 연결되어 있는 은행들은 외환시장에서 시장조성자(Market Maker)로서 주도적인 역할을 한다. 은행은 외환시장에서 자기계산으로 직접 외환거래를 하는 딜러(dealer)나 다른 은행의 외환거래를 중개해 주는 브로커(broker)로 참여하지만 딜러와 브로커의 역할을 병행하기도 한다. 특히 이들은 자국통화를 취급하는데 상대적으로 유리하다. 예를 들면 미국 달러에 대한 파운드 거래가 가장 많이 이루어지는 곳은 런던이며, 엔화는 동경, 스위스 프랑화는 취리히이다.

상업은행은 외환시장에서의 역할에 따라 크게 시장주도자(market leader)와 시장추종자(market follower)로 구분한다. 시장주도자는 경제동향, 자신의 외화 포지션, 외환수급전망 등 제 요인을 고려하여 자신의 위험과 책임하에 환율을 고시한다. 이러한 은행을 환율고시은행(quoting bank)이라고 한다. 이에 비해 시장추종자는 시장주도자의 고시환율을 참조하여 환율을 고시하는데 주로 전화로 환율을 조회한다고 하여 calling bank라고 하며, 고객의 거래요청에 제한적으로 응하거나 또는 자신의 필요에 따라 외환거래를 수행하는 은행을 말한다.

각 은행에는 외환거래실(dealing room)이 있으며, 딜러들은 이곳에서 주요 은행들이 제시하는 환율들을 보여주는 스크린을 보면서 다른 은행들과 전화로 거래한다. 일반적으로 딜러들은 통화별로 전문화 되어 있으며, 각 은행의 딜러들은 신용을 바탕으로 거래를 한다.

외환시장에서 은행의 주요업무는 첫째, 자신이 고시한 환율에 따라 고객의 중개자로 외환시장에 참여한다. 이 경우에 은행은 고객에게 최대한의 서비스를 제공해야 한다. 최대한의 서비스란 고객들이 전화나 텔렉스 등을 이용하여 은행과 언제든지 연결될 수 있는 용이한 접근성(easy accessibility), 경제상황에 대한 믿을만한 자문, 경쟁적인 환율제시, 어디서든 고객이 요구하는 거래를 성사시킬 수 있는 능력 등을 의미한다.

둘째, 은행 자신의 내부적 수요 및 자산운용을 목적으로 하는 포지션 관리를 위하여 외환시장에 참여한다. 은행은 고객의 주문에 부응하기 위하여 외환의 일정 재고를 유지하고자 한다. 그러나 고객과의 거래가 종료될 때마다 통화의 재고가 변한다. 따라서 은행은 은행간 외환거래를 통하여 각 통화의 적정재고를 유지하기 위하여 외환포지션을 조정하거나 환위험을 회피하기도 한다. 그 결과 은행들은 외환시장에서 외환매매의 주도적 역할을 하며 거래량 기준으로 볼 때 가장 큰 비중을 차지한다.

셋째, 앞의 두 목적을 수행하면서 은행의 이익을 도모하는 것이다. 외환거래에서 은행의 이윤은 환율차이, 거래수수료와 일시적인 자금운용수익에서 나온다. 일시적인 자금운용 수익이란 은행이 자금을 외환으로 바꾸려는 고객으로부터 예금을 받을 때에 발생한다. 즉 은행이 고객으로부터 예금을 받아서 고객의 계정에 요구하는 외환을 넣는 데에 보통 1-2일이 걸린다. 은행은 이 1-2일 동안 고객의 예금을 활용할 수 있으며 예금활용에 따라 수익이 발생한다.

(2) 고객

외환시장에 참여하는 고객은 외환거래의 실수요자로 기업, 정부, 개인 등을 포함한다. 개인들의 외환시장 참여는 주로 중개자를 통한 거래가 일반적이다. 예컨대 기업은 주로 수출 및 수입에 따른 외환거래, 직접투자 시 필요한 투자국 통화표시 자본의 차입 및 대출, 혹은 환위험을 회피하기 위하여 외환거래에 참여한다. 그리고 환투기자를 제외한 개인은 대부분 실수요에 따라 외환시장에 참여하지만 환투기자들은 단순히 환율변동에 따른 수익을 얻기 위하여 하루에도 수조 달러에 달하는 외환거래를 하고 있다.

(3) 외환중개인

외환중개인(foreign exchange broker)은 자신의 외환포지션 없이 은행간 외환거래를 중개하고, 그 대가로 중개수수료(brokerage commission)를 얻는 자를 말한다. 즉 브로커의 업무는 은행들이 제시하는 매입률과 매도율을 알아내어 다른 은행들에게 가격정보를 제공해 주고, 거래가 이루어지도록 주선할 뿐 주선한 거래에 대하여 금전적 책임을 지지 않는다. 그리고 브로커는 주선한 거래에 대하여 수수료를 받는데 매입자와 매도자가 각각 수수료의 반을 부담한다. 외환거래에서 외환중개인을 이용하는 장점은 비록 수수료를 지불하지만 대신 거래와 관련된 정보와 유리한 환율고시를 얻는데 필요한 시간과 노력을 절약할 수 있으며 거래자의 노출을 피할 수 있다는 점이다. 우리나라에서는 현재 금융결제원 자금중개실이 중개인 역할을 담당하고 있다.

(4) 중앙은행

각국의 중앙은행은 다음과 같은 임무를 수행하기 위하여 외환시장에 참여한다. 첫째, 급격한 환율변동을 방지하고 자국통화가치의 안정을 위하여 외환시장에 개입한다. 예를 들어 외환시장에서 환율이 하락세에 있으면 동 외환을 매입하여 하락세를 완화하거나 멈추게 하며, 반대로 환율이 상승세에 있으면 동 외환을 매각하여 상승세를 완화하거나 멈추게 한다. 이러한 중앙은행의 외환시장 개입은 환율 움직임을 인위적으로 역행시키려는 풍세저항적(leaning against the wind) 정책이다. 이러한 정책목적은 환율변동폭을 완화시킴으로써 환율변동에 따르는 위험을 축소시켜 국제거래를 촉진하려는 데에 있다. 변동환율제를 채택하고 있는 나라들은 대부분 풍세저항적 개입정책을 수행하고 있다.

둘째, 중앙은행은 은행의 은행으로서 금융기관들이 대외거래과정에서 외환이 부족할 경우 보유외환을 공급하는 최종대부자(lender of last resort)로써 역할을 수행한다. 이와 같이 중앙은행은 외환보유고를 사용하여 은행과 외환거래를 수행하기도 한다.

셋째, 국제수지 불균형을 시정하기 위해 환율에 영향을 미칠 목적으로 외환시상에 개입한다. 예를 들어 국제수지적자의 누적을 완화하기 위하여 외환시장에서 외환을 매입함으로써 자국의 통화가치를 하락시키거나 반대로 국제수지흑자를 축소하기 위하여 외환시장에서 외환을 매도하면 자국의 통화가치는 상승하게 될 것이다. 중앙은행이 외환시장에 개입할 경우에는 세 가지 변수 즉 외환보유고, 국내통화공급, 환율 등을 고려해야 한다. 만일 국내경제여건상 자국의 통화가치 상승을 원치 않는다면 중앙은행은 외환시장에서 외환을 매입하게 될 것이다. 이러한 개입은 중앙은행의 외환보유를 증가시키는 동시에 물가상승을 유발할 수 있다. 이러한 의미에서 중앙은행의 외환시장 개입은 비자발적 공개시장정책(involuntary open market operation)이라고 할 수 있다.[2)] 따라서 중앙은행이 외환시장에 대한 개입정책을 사용할 경우에는 한 나라 경제의 전반적인 전략과 조화를 이루도록 하는 것이 필요하다. 넷째, 중앙은행은 정부의 은행으로 정부의 외환거래를 대신하거나 다른 중앙은행들과의 거래, IMF 또는 세계은행 등과 같은 국제기구와의 거래를 수행한다.

2. 외환시장의 구조

전통적으로 외환시장은 [그림 3-2]에서 보는 바와 같이 외환을 거래하는 당사자에 따라 은행간 시장과 대고객시장으로 구성되어 있다. 은행간 시장은 고객들에게 외환서비스를 제공하거나 자체의 외화자금을 운용하는 대형은행들 간에 대규모 외환거래가 이루어지는 도매시장(wholesale market)에 해당한다. 신문이나 방송에서 발표하는 환율은 바로 은행간 시장에서 결정된 환율을 말하며, 일반적으로 외환시장 하면 은행간 시장을 의미한다. 은행간 거래는 주로 최첨단 통신시설을 갖춘 외환거래실(dealing 또는 trading room)에서 중개인이나 금융기관들과 이루어진다.

한편 대고객시장은 개인이나 기업들과 외국환은행 사이에서 외환이

2) Riehl, Heinz & Rita M. Rodriguez, Foreign Exchange Markets, p.17, McGraw-Hill Book Company, 1977.

거래되는 시장으로 소규모로 이루어지는 소매시장(retail market)에 해당한다. 대고객시장에서 거래되는 외환은 주로 현금(cash)인 외국은행권, 여행자수표(traveler's check), 은행수표, 자금지시서(money order), 전신환(telegram transfer), 각종 외환어음(draft 또는 bill of exchange) 등이다. 이중 일반 개인은 현금이나 여행자수표, 전신환 등을 많이 이용하며 기업들은 수출입거래 등에 따라 발생하는 각종 외환어음을 많이 이용하고 있다. 그리고 대고객거래에 적용되는 환율은 은행간 시장에서 결정된 환율에 수수료를 더한 환율로 외환의 종류 및 은행에 따라 서로 다르다.

[그림 3-2] 은행간시장과 대고객시장

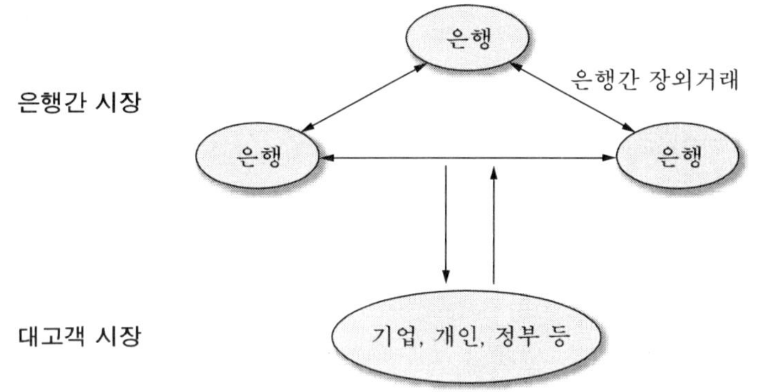

제 3 절 외환시장의 유형

1. 전통적 외환시장과 파생외환시장

외환시장은 전통적 외환시장과 파생외환시장으로 크게 구분할 수 있다. 전통적인 외환시장은 현물환거래가 이루어지는 현물시장과 선물환거래가 이루어지는 선물환시장으로 구별한다. 그리고 현물환거래와 선물환거래 또는 만기와 거래방향이 서로 다른 두 개의 선물환거래가 동시에 이루어지는 외환스왑시장이 있다.

파생외환시장은 현물환이 기초자산이고, 이를 근거로 만들어진 통화선물과 통화옵션이 거래되는 시장으로 크게 구분할 수 있다. 파생외환시장은 1980년대 이후 세계금융시장의 통합과 금융거래의 자유화 추세가 진전됨에 따라 국제자본의 단기이동이 증대되고, 환율변동예측이 어렵게 됨을 반영하여 급성장하고 있다.

우리나라는 1999년 4월 선물거래소를 개장하여 원/달러 선물과 옵션거래를 시작하였다.

2. 장외시장과 거래소시장

장외시장(over-the-counter market)은 시장참여자들의 매매가 집중되는 특정장소가 존재하지 않으며, 거래 당사자들의 요구에 따라 표준화되어 있지 않은 상품을 직접 거래하는 시장이다. 반면에 거래소시장은 정해진 시간에 표준화된 상품을 거래소에 모여 거래하는 시장이다.

외환시장에서는 고객의 요구에 따라 다양한 통화가 거래되므로 대부분의 외환거래는 특정장소가 아니라 브로커를 경유하거나 거래 당사자들이 직접 전화나 텔렉스 등을 이용하는 장외시장에서 이루어지고 있으며, 통화선물이나 일부 통화옵션만이 정해진 시간에 표준화된 상품을 거래하는 거래소시장에서 거래되고 있다.

3. 역내시장과 역외시장

역내시장(onshore market)은 법정통화가 본국에서 거래되는 시장을 의미한다. 이에 비해 역외시장(offshore market)이란 유로시장과 동의어로 특정통화가 법정통화국인 본국이 아닌 다른 나라에 있는 금융기관에서 거래되는 시장이다. 1996년부터 홍콩과 싱가포르에서 거래되는 역외 원-달러 차액결제 선물환(non-deliverable forward: NDF)시장이 대표적인 예이다.

제 4 절 세계 주요외환시장과 우리나라의 외환시장

1. 세계 주요외환시장

외환시장은 정보통신기술의 혁신에 따라 급격히 변화하고 있다. 은행간 거래는 전화, 텔렉스 등을 이용한 직접거래로부터 전자거래시스템으로, 상대적으로 흩어져 있는 시장구조로부터 집중적인 시장구조로 그리고 다양한 거래통화로부터 유로화의 도입 이후 소수의 통화거래로 변화되고 있다.

국제결제은행(BIS)이 3년마다 실시하는 서베이자료에 의하면 [표 3-3]에서 보는 바와 같이 2001년을 제외하고는 외환거래액은 큰 폭의 증가세를 나타내고 있다. 특히 2007년 4월 현재 하루 평균 전세계 외환거래액은 약 3조 2100억 달러로 1989년의 5900억 달러에 비해 5.4배 이상 그리고 2004년에 비해 약 69%의 증가율을 기록하고 있다. 이는 주식과 소득을 대체하는 자산으로서 외환에 대한 관심이 커지고 있음을 반영하는 것으로 현물환에 비해 외환스왑과 선물환의 거래규모가 각각 80%, 73%로 상대적으로 크게 증가한데 기인한다.

한편 2001년에 외환거래규모가 감소한 주원인은 첫째, 유로화의 도입이다. 유로화 거래비중이 유로화 도입 이전의 독일 마르크화 거래비중보다 높지만 EMS간 거래가 사라짐으로써 전체 외환거래규모가 감소한 것이다. 둘째, 은행간 현물시장에서 전자브로커(electronic broker)의 역할이 증대함에 따라 거래규모가 감소되었다. 셋째, 은행산업의 합병이다. 이는 BIS에 보고하는 은행의 수가 1995년 2417개에서 2001년에는 1945개로 2007년에는 1260개로 감소한 사실로 확인할 수 있다.

[표 3-3] 전통적 외환거래의 일평균 외환거래액

(단위: 10억 달러)

구분	1989	1992	1995	1998	2001	2004	2007
현물환 거래	317	394	494	568	387	631	1,005
선물환 거래	27	58	97	128	131	209	362
외환스왑거래	190	324	546	734	656	954	1,714
추정오차	56	44	53	60	26	106	129
합계	590	820	1,190	1,490	1,200	1,900	3,210

자료: BIS

외환의 일일평균 거래액으로 본 주요외환시장은 [표 3-4]에서 보는 바와 같이 영국이 가장 큰 규모의 시장이며 미국이 그 뒤를 잇고 있다. 영국과 미국시장이 전체 거래액의 약 50%를 차지하고 있으며 상위 10개국의 외환거래규모가 전체 규모의 약 85%를 차지하고 있다.

[표 3-4] 거래지역별 전통적 외환상품거래 비중

(단위 : %)

순위 및 국가	1989	1992	1995	1998	2001	2004	2007
1 영국	25.6	27.0	29.5	32.5	31.2	31.0	34.1
2 미국	16.0	15.5	15.5	17.9	15.7	19.2	16.6
3 일본	15.5	11.2	10.2	6.9	9.1	8.2	6.0
4 싱가포르	7.7	6.9	6.7	7.1	6.2	5.2	5.8
5 독일		5.1	4.8	4.8	5.5	4.8	2.5
6 스위스	7.8	6.1	5.5	4.2	4.4	3.3	6.1
7 홍콩	6.8	5.6	5.7	4.0	4.1	4.2	4.4
8 호주	4.0	2.7	2.5	2.4	3.2	4.2	4.3
9 프랑스	3.2	3.1	3.7	3.7	3.0	2.6	3.0
10 캐나다	2.1	2.0	1.9	1.9	2.6	2.2	1.5
상위 10개국 소계	88.7	85.2	86.0	85.4	85.1	84.9	84.3
기타국 소계	11.3	14.8	14.0	14.6	14.9	15.1	15.7

자료: BIS

(1) 런던외환시장

런던외환시장은 점두거래에 의한 장외은행간시장이 대부분이다. 특히

1979년 10월 외환관리제도가 철폐되면서 은행간 직접거래가 허용되었지만 외환거래의 대부분은 브로커를 통하여 이루어진다. 런던외환시장에는 예금은행, 종합금융회사, 할인금융회사, 외국은행의 현지법인은행, 대리점이나 지점 등 700여개의 금융기관이 외환거래 당사자로서 딜러나 브로커로 활동하고 있다. 개장시간은 월요일부터 금요일까지 오전 9시에서 5시까지이다.

런던외환시장은 [표 3-4]에서 보는 바와 같이 전통적으로 세계 최대의 국제외환시장으로서 확고한 위치를 차지하고 있는데 그 이유는 다음과 같다.

첫째, 17세기 런던이 세계무역의 중심지가 된 이래 오늘날까지 발전하면서 외환거래에 대한 기술적인 경험이 축적되어 있으며, 우수한 인재가 풍부하므로 다른 국가에 비하여 경쟁우위에 있기 때문이다.

둘째, 런던의 지리적 이점이다. 런던의 시간대는 아시아, 중동지역과 미주지역의 중간대에 위치하고 있기 때문에 런던외환시장은 전세계 외환시장을 연결하는 가교역할을 하고 있다. 특히 런던외환시장은 런던과 뉴욕의 시차로 런던의 오후 12시 30분에 뉴욕의 외환시장이 개장하므로 런던외환시장의 오후는 세계에서 외환이 가장 많이 거래되는 시간이다.

셋째, 국제금융의 중심지로 유로통화의 외환거래가 활발하다.

(2) 뉴욕외환시장

뉴욕외환시장은 런던에 이어 두 번째로 규모가 큰 국제외환시장이다. 런던외환시장과 마찬가지로 점두거래에 의한 장외 은행간시장이 대부분이다. 뉴욕외환시장의 규모는 런던의 1/2에 불과한데 그 이유는 다음과 같다.

첫째, 미국은 영국에 비하여 국내 상품 및 금융시장 규모가 방대하므로 금융의 해외의존도가 낮기 때문이다.

둘째, 달러화가 기축통화이기 때문에 외환의 수요가 크지 않을 뿐 아니라 환율변동에 크게 영향을 받지 않으며, 미국은 외환관리를 하지 않는 유일한 국가이기도 하다.

2. 우리나라의 외환시장

우리나라의 외환시장은 미국 달러화와 엔화의 현물환 및 선물환거래, 미 달러화 외환스왑거래가 이루어지는 제한적 시장이다.3) 여기서 제한적이라 함은 달러나 엔화의 원화에 대한 거래 및 결제가 우리나라를 떠나서는 이루어 질 수 없음을 의미한다. 즉 NDF를 제외한 현물환 및 선물환 거래가 국내 외환시장을 벗어나서는 거래가 이루어질 수 없는 지역시장(local market)이며, 국제외환시장처럼 시장조성자(market maker)도 없는 실정이다.

외환시장은 거래당사자에 따라 외국환은행과 고객사이에 외환거래가 이루어지는 대고객 시장과 외국환은행간에 외환거래가 이루어지는 은행간 시장으로 구성되어 있다. 은행간 시장에는 2008년 3월 현재 국내은행 16개와 외국은행 국내지점 33개를 포함한 56개의 금융기관과 6개의 중개회사가 참가하고 있으나 시장규모가 상대적으로 적어서 소수 메이저 은행에 의해서 좌우되고 있다. 은행간 시장은 서울외국환중개회사와 한국자금중개회사가 브로커역할을 수행하는 장내거래가 대부분이고 은행간 전화를 통하여 직접 거래하는 점두거래는 약 5%미만에 불과하다. 대고객 시장은 개인, 기업, 정부가 외국환은행과 수출입이나 해외송금, 투자 등에 수반하는 외환의 매매가 이루어지는 시장이다.

거래통화는 달러화로 최저거래금액은 1백만 달러이며 거래단위는 50만 달러의 배수 그리고 거래주문가의 단위금액은 10전이다.

우리나라 외환시장에서 거래되는 하루 평균 은행간 총거래규모는 [그림 3-3]에서 보는 바와 같이 최근 들어 급증하고 있다. 은행간 거래

3) 서울외환시장에서 엔화는 96년 10월에 거래되기 시작되었으며, 최저 거래금액은 1천만엔이며, 거래단위는 1천만엔의 배수이다.

규모는 1999년 4월에 실시된 제1단계 외환자유화 조치로 실수요거래 원칙이 폐지된 이후 급증하여 1998년 10.9억 달러에 비해 1999년에 23.8억 달러를 기록한 후 2007년에는 157억 달러를 기록하였다. 외환거래 중 현물환 비중이 세계평균인 33%에 비하여 높은 편이지만 최근 들어 선물환과 외환스왑의 거래비중이 급증하면서 2007년에는 이들이 47.5%를 차지하고 있다. 이 가운데 선물환은 1주일물부터 1년물까지의 거래가 이루어지지만 현재는 해외 NDF 시장 및 SWAP 시장에 밀려 거래가 활성화 되지못하고 대부분이 외환스왑거래이다.

[그림 3-3] 은행간 거래규모 추이

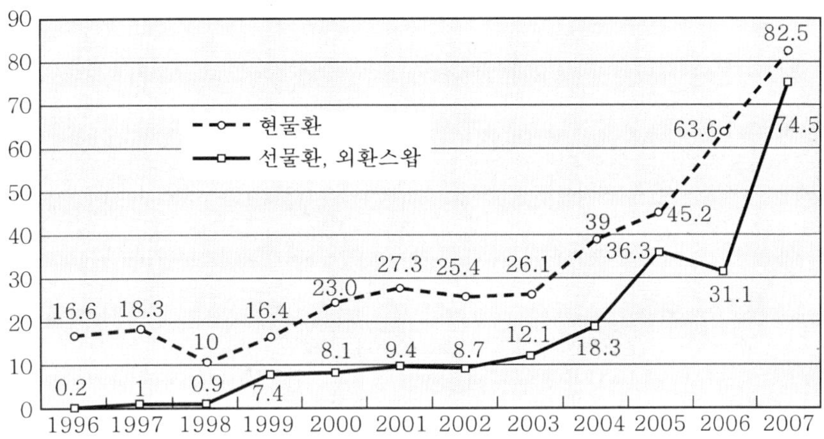

[표 3-5]를 보면 BIS가 발표한 2007년 4월 기준 일평균 외환거래규모는 영국이 13,590억 달러로 1위를 기록하고 있으며 서울외환시장은 330억 달러로 영국의 약 2.4%로 세계 18위이며 원화의 거래비중은 14위를 기록하고 있다. 이와 같이 우리나라의 외환시장은 경제규모에 비하여 충분한 발전이 이루어지지 않고 있다. 그 이유 중 하나가 외환시장과 국내자금시장과의 연계가 미흡하기 때문이다. 외환시장이 발달하기 위해서는 환위험 헷지거래가 원활하게 이루어지도록 외환시장과 자금시장이 다양한 파생금융상품 거래를 통하여 밀접하게 연계되어야 한다. 그러나 국내금융시장이 아직 선진국수준으로 발달하지 못하여 두

시장간의 연계성이 미흡한 실정이다.

[표 3-5] 2007년 4월 기준 일평균 외환거래 순위

국가	거래규모 (억 달러)
1. 영국	13,590
2. 미국	6,640
3. 스위스	2,420
4. 일본	2,380
5. 중국	2,310
18. 한국	330

연 습 문 제

1. 다음 문장을 읽고 옳고 그름을 밝히고, 그 이유를 설명하라.
   (1) 모든 국가들이 단일통화를 사용하더라도 외환시장은 필요할 것이다.
   (2) 일반적으로 외환시장은 거래소라는 일정한 장소에서 거래되는 시장이다.
   (3) 역외금융이란 외국환은행이 비거주자로부터 외화자금을 조달하여 비거주자를 상대로 운용하는 거래이다.
   (4) 외환시장에서 달러화 거래비중이 가장 높은 이유는 달러화가 개입통화(intervention currency)이기 때문이다.
   (5) 외환시장이 해가 지지 않는 시장인 이유는 전세계에 흩어져 있는 외환시장이 전세계적 망worldwide network)으로 연결되어 있기 때문이다.
   (6) 외환시장은 환율조정을 통하여 재화와 서비스의 국가간 가격을 일치시키는 역할을 한다.
   (7) 중앙은행이 환율상승을 억제하기 위하여 외환을 매도하는 경우 국내 인플레이션을 유발할 가능성이 크다.
   (8) 달러화에 대한 원화의 거래 및 결제가 뉴욕외환시장에서도 이루어진다.

2. 외환시장의 경제적 기능에 대하여 설명하라.

3. 외환딜러(dealer)와 외환브로커(broker)의 차이점을 설명하라.

4. 국제금융시장에서 외환시장의 거래비중이 가장 큰 이유는 무엇인가?

5. 중앙은행의 풍세저항적(leaning against the wind) 개입정책에 대하여 설명하라.

제 4 장

환율 및 환율결정

제 1 절　환율
제 2 절　환율결정에 영향을 주는 요인
제 3 절　환율변동이 경제에 미치는 영향

오늘날 대부분의 경제행위는 국제거래와 결부되어 있으며 모든 국제거래는 환율의 개입을 통하여 이루어진다. 따라서 모든 신문이나 방송은 예외없이 환율을 고시하고 있으며 많은 사람들은 환율의 움직임을 주시하고 있다. 제 1장에서 언급하였듯이 외환은 일반상품과 마찬가지로 하나의 금융상품이요, 환율은 바로 외환의 가격이자, 자국통화의 대외가치를 나타낸다. 따라서 변동환율제도 하에서 환율은 여느 상품과 마찬가지로 외환의 수요와 공급에 의해 결정된다. 그리고 환율의 변화는 다시 외환의 수요 및 공급의 변화를 초래한다.

본장은 제 1절에서 환율의 개념과 환율의 표시방법, 환율의 종류에 대해서 설명한 후 제 2절은 환율결정과정과 함께 환율변화에 영향을 미치는 요인 즉 외환의 수요와 공급에 영향을 미치는 요인들을 살펴보고자 한다. 또한 환율은 거시경제지표 중의 하나로 환율의 변화는 다른 경제변수들의 변화를 초래하기도 한다. 따라서 제 3절에서는 환율변동이 다른 경제변수에 미치는 영향을 살펴보고자 한다.

4
chapter

환율 및 환율결정

제 1 절 환율

1. 환율의 개념

우리가 국내에서 물건을 사거나 여행을 하거나 혹은 저축이나 투자를 할 경우에는 국내통화인 원화를 사용하면 된다. 하지만 해외에 여행을 가거나 해외에서 물건을 살 때에는 원화 대신 해당국의 통화를 사용해야 한다. 우리 기업이 해외에 상품을 수출하고 받은 대금이 외국통화라면 이를 국내에서 사용하기 위하여 먼저 국내통화로 교환해야 한다. 이 경우에 당면하는 문제는 두 통화사이의 교환비율이다.

환율(foreign exchange rate)이란 일정시점에 서로 다른 두 통화사이의 교환비율이다. 국제외환시장에서 각국의 통화는 원유나 옥수수와 같이 하나의 상품처럼 거래되고 있다. 따라서 서로 다른 두 통화사이의 환율은 정부의 개입이 없다면 일반상품의 가격결정원리와 마찬가지로 외환의 수요와 공급에 따라 결정된다.[1] 즉 국제원유시장에서 원유가격이 원유에 대한 수요와 공급에 의해 결정되듯이 서울외환시장에서 원-달러 환율은 달러에 대한 수요와 공급에 따라 결정된다. 이 경우에 미국 달러는 원유와 같이 하나의 상품이다. 즉 원/달러 환율이 1000원이라면 1달러라는 상품의 가격이 1000원임을 의미한다. 달리 표현하면 환율은 두 통화사이의 상대가격으로 기회비용의 개념이기도 하다. 1달러를 얻기 위해서 1000원을 지불해야 한다.

환율은 한 나라 통화의 대외가치를 표시한다. 예를 들어 원/달러환율이 1040원이라면 1달러의 가치가 1040원임을 의미하거나 또는 1원의 가치가 1/1040달러임을 의미한다. 원유가격이 배럴당 U$140에서 U$150으로 오르면 원유의 가치는 배럴당 10달러 상승한 것이다. 마찬가지로 원/달러 환율이 1000원에서 1050원으로 상승하면 달러가치는 원화에 비해 50원만큼 상승(appreciation)하지만 원화가치는 달러에 대하여 상대적으로 하락(depreciation)한다. 이때 원화가치의 하락율은 5%이다. 반대로 원/달러 환율이 1000원에서 950원으로 하락하면 1달러를 얻기 위하여 950원만 지불하면 되므로 달러가치는 원화에 대하여 50원 또는 5% 하락하고, 반대로 원화가치는 달러에 대하여 5% 상승한다.

환율은 각국의 정치, 경제, 사회 등의 변화에 따라 매일매일 수시로 변동하고 있는데 환율변동은 한 나라 통화의 대외가치가 변동되는 것을 의미한다. 통화가치가 올라가는 통화를 강세통화라고 하며, 반대로 통화가치가 떨어지는 통화를 약세통화라고 한다.

1) 환율이 어떻게 결정되는냐에 따라 변동환율제도와 고정환율제도가 있다. 변동환율제도 하에서만이 환율은 외환시장에서 외환의 수요와 공급에 따라 결정된다.

2. 환율의 표시방법

(1) 기준통화와 가변통화

국제 외환시장에서 각국의 통화는 원유나 옥수수와 같은 상품과 마찬가지로 하나의 상품으로 거래된다. 그러나 일반 상품의 경우에는 상품가격을 일정 통화의 가치로 표시하면 되나, 환율의 경우에는 어느 통화가 상품이 되고 어느 통화가 가치를 표시하는 통화가 되는가에 따라 환율의 표시방법이 달라진다.

외환시장에서 거래되고 있는 통화가 2개라면 두 통화 사이의 환율은 1개가 존재하지만 통화가 10개 이상 되면 각 통화 사이에 존재하는 환율은 몇 개나 될까? 어림잡아도 환율은 통화개수보다 훨씬 많을 것임을 쉽게 짐작할 수 있을 것이다. N개의 나라가 서로 다른 통화를 사용할 경우 각국 통화사이의 환율이 얼마나 될지를 구하기 위해 공식을 사용하면 정확히 N(N-1)/2개가 된다. 이와 같이 각국들이 외환시장에서 거래되는 모든 통화의 환율을 필요로 한다면 결정해야 할 환율이 통화 개수 이상 존재하게 되어 혼란만 가중될 것이다. 따라서 이러한 불편과 혼란을 줄이기 위하여 국제외환시장에서는 기준통화를 정하고 기준통화에 대한 각 통화의 환율을 구함으로써 환율을 (N-1)개로 줄이고, 나머지는 (N-1)개의 환율로부터 계산하여 사용하고 있다.

예컨대 국제원유시장에서 원유 1배럴당 가격이 U$140라고 하자. 이때 원유에 해당하는 것이 기준통화(fixed 또는 reference currency)이고, U$140은 가변통화(variable 또는 quoted currency)에 해당한다. 그리고 140이라는 숫자는 시장상황에 따라 언제든지 변할 수 있는 환율에 해당한다고 할 수 있다.

국제 외환시장에서 환율표시는 관행상 '/'를 사이에 두고 '/'의 왼쪽에는 기준통화를, '/'의 오른쪽에는 가변통화의 순서로 표시한다. 예를 들어 USD/JPY=107.90라고 하면, 기준통화 USD 1단위가 가변통화 JPY

107.90과 교환된다는 의미이다. 기준통화는 환율고시에서 기준이 되는 통화로 보통 미 달러 1단위가 기준이 되며 상대통화는 가변통화 또는 피고시통화가 된다. 그러나 전통적으로 영국을 포함한 영국계 통화 즉 호주, 뉴질랜드, 남아프리카 공화국 등의 환율표시에서는 £/U$ 또는 AU$/U$와 같이 미국 달러가 항상 피고시통화가 된다.

엔/달러환율이 USD/JPY=107.90에서 108.40, 108.50으로 수치가 올라가면 원유가격이 오르는 것과 마찬가지로 기준통화인 USD가 강세(JPY 약세)임을 나타내고, 반대로 환율이 하락하면 기준통화인 USD가 약세(JPY 강세)임을 나타낸다.

(2) 직접표시법과 간접표시법

환율을 표시할 때 자국통화와 외국통화 중 어느 통화를 기준으로 하느냐에 따라 직접표시법(direct quotation)과 간접표시법(indirect quotation)으로 구분할 수 있다. 먼저 직접표시법은 외국통화를 기준으로 외국통화 1단위와 교환되는 자국통화의 양으로 환율을 표시하며 이를 지급계정표시법(giving quotation) 또는 자국통화표시법이라고도 한다. 예를 들어 독일에서 미국 1달러의 환율은 €0.6305, 일본에서 1유로의 환율은 ¥167.42, 미국에서 일본 엔의 환율은 U$0.009371과 같이 표시하는 것이 이에 해당한다.[2)]

이에 반하여 간접표시법은 환율을 자국통화 1단위와 교환되는 외국통화의 양으로 표시하므로, 이를 수취계정표시법(receiving quotation) 또는 외국통화표시법이라고도 한다. 앞의 예를 다시 들면 독일에서 미국 달러와의 환율을 간접표시법으로 나타내면 €1=U$1.5861, 일본에서 유로와의 환율은 ¥100=€0.5973, 미국에서 일본 엔과의 환율은 U$1=¥106.71이 된다. 즉 간접표시법의 환율은 직접표시법 환율의 역수이다. 또는 자국통화표시환율과 외국통화표시환율은 서로 역수관계에

2) 일본 엔의 경우에는 기준단위가 1엔이 아니라 100엔이다. 따라서 한국 내에서 엔과 원화의 환율을 자국통화표시법으로 나타내면 JPY100= ₩1000.0이 된다.

있다. 따라서 한국 내에서 달러-원, 엔-원의 환율을 각각 외국통화표시법으로 나타내면 ₩1＝U＄1/1000, ₩1＝¥0.11이 된다.

대부분의 나라들은 자국내 외환거래에서 환율을 나타내는데 직접표시법을 사용하고 있다. 그러나 예외적으로 영국과 과거에 영국령이었던 국가들 내에서는 간접표시법을 사용한다. 그 이유는 1971년에 영국의 화폐제도가 십진법으로 변경되기 이전까지는 영국의 파운드를 기준으로 환율을 표시하는 간접표시법이 더 편리했기 때문이다. 이러한 관행은 영국 이외에도 호주, 뉴질랜드, 남아프리카공화국 등에서 지금까지도 지속되고 있다. 예를 들면 영국이나 호주에서는 £1＝U＄1.9700, AU＄1＝U＄0.95와 같이 나타낸다.

(3) 미국식 표시방법과 유럽식 표시방법

미국식 표시법(American terms)은 미국 내에서 은행과 고객 사이에 사용하는 환율표시방법이다. 즉 미국입장에서 기준통화로 외국통화를 사용하여 외국통화 1단위와 교환되는 달러의 양으로 표시하는 자국통화표시법을 말한다. 미국과 영국을 포함한 영국계 국가들의 환율은 미국식 표시법을 사용한다.[3]

한편 유럽식 표시방법(European terms)은 기준통화로 미국 달러를 사용한다. 즉 미 달러 1단위를 기준으로 각국의 환율을 표시하는 방법이다. 이는 미 달러화가 세계에서 기축통화의 역할을 담당하면서부터 국제외환거래의 대부분이 미 달러화와의 매매거래를 통하여 이루어지는 데에서 기인한 것이다. 유럽식 표시방법은 각국의 입장에서 보면 자국통화표시법 또는 지불계정표시법이 되지만, 미국의 입장에서 보면 외국통화표시법이며, 수취계정표시법이 된다.

미국과 영국계 나라를 제외한 세계 대부분의 국가들은 자국통화의 대외환율표시법으로 유럽식 표시법을 사용하고 있다. 그리고 미국식이

---

3) 영국계 국가들의 환율은 이들 국가의 통화 1단위와 교환되는 달러의 양으로 표시한다는 의미에서 미국식 표시법이라고 한다. 예를 들면 £1＝U＄1.5, AU＄1＝U＄0.6857 등과 같이 표시한다.

든 유럽식이든 환율표기에 있어 공통점은 환율이 미 달러화와의 교환 비율이라는 사실이다.

3. 환율의 종류

(1) 매입률과 매도율

매입률(bid rate)이란 환율고시은행(quoting bank)이 기준통화를 매입하는 환율이며, 반대로 매도율(offered 또는 asked rate)이란 환율고시은행이 기준통화를 매도하는 환율을 말한다. [표 4-1]에서 보는 바와 같이 국제외환시장에서 매입률이 매도율보다 낮으며, 관례상 매입률과 매도율 순으로 동시에 고시되며, 이를 양방향가격(two-way prices)이라고 한다.

[표 4-1] 현물환율의 고시 예

	매입률(BID)	매도율(ASK)
USD/KRW	1045.17	1054.21
USD/JPY	106.68	106.72
EUR/USD	1.1711	1.1716
GBP/USD	1.4142	1.4149

예를 들어 [표 4-1]에서 USD/JPY의 경우 환율고시은행이 달러를 살 경우에는 달러 당 106.68엔에 사며, 달러를 파는 경우에는 106.72에 판다. 한편 고객은 반대로 달러를 106.68엔에 팔지만 매입할 때에는 106.72엔을 지불한다. 즉 환율고시은행은 기준통화를 싸게 사서 비싸게 팔지만 고객은 반대로 기준통화를 비싸게 사고 싸게 판다.

(2) 스프레드

스프레드(spread 또는 bid-offer margin)란 외환의 매도율과 매입률의 차이를 말하며, 이는 환율고시은행의 외환거래에 따른 수수료 및 수입의 원천이 된다. 따라서 스프레드가 클수록 외환고시자에게 유리하고 고객에게는 불리하다.

외환시장에서 스프레드는 좁을수록 가격경쟁력이 높으며, 주로 해당 통화의 유동성(liquidity)과 변동성(volatility)에 따라 결정된다. 이외에도 시장 상황의 불확실성, 거래의 빈도와 규모, 거래가 이루어지는 시간대 등에 의해서도 영향을 받게 된다. 예를 들어 통화의 유동성이 작거나 외환시장이 불안정하여 환율의 변동성이 클수록 스프레드는 커지며, 딜러간 경쟁이 치열할수록 작아진다. 그리고 스프레드는 거래가 시작되는 시점과 종료되는 시점, 그리고 주초와 주말, 월말, 휴일 전에는 불확실성이 커지므로 커지는 경향이 있다.

(3) 은행간 환율과 대고객 환율

은행간 환율은 환율을 고시하는 자(주로 은행)가 고시하는 매입률/매도율로 은행간 거래에 적용되는 환율(interbank rate)이며 통상 시장환율이라고 하는 것은 이 환율을 의미한다. 반면에 은행이 고객과의 외환거래에 적용하는 환율을 대고객 환율이라고 하는데, 대고객 환율은 은행간 환율을 기준으로 결정되므로 은행간 환율을 도매가격(wholesale price)이라고 한다면 대고객 환율은 소매가격(retail price)이라고 할 수 있다.

대고객 환율에는 전신환매매율, 여행자수표매매율, 현찰매매율 등이 있으며, 이들에 적용되는 환율은 은행이 외환을 조달하여 운용하는데 소요되는 비용에 따라 다르다. 예를 들어 현찰매도율은 은행이 외국으로부터 현금을 운송하여 보관하는데 비용이 소요되므로 여행자수표나 전신환의 매도율보다 높다. 그리고 스프레드는 전신환, 여행자수표, 현찰순(順)으로 커진다.

(4) 현물환율, 선물환율, 통화선물가격

현물환율은 현물환거래 시 적용하는 환율이다. 통상적으로 현물환거래의 수도와 대금결제가 계약일로부터 2영업일 이내에 이루어지는데,

이는 외환매매거래에 따른 자금결제와 업무처리에 약 2일 정도가 소요되는 것이 관행인데 기인한 것이다. 현물환율은 보통 매입률과 매도율이 동시에 고시되는 양방향가격이며, 모든 종류의 환율 중 기준이 되는 환율로 특히 선물환율을 산출할 때 기준이 된다. 일상생활에서 환율을 언급할 때에는 일반적으로 현물환율을 지칭한다.

선물환율은 선물환거래에 적용하는 환율로 선도환율이라고도 한다. 선물환율 역시 양방향가격으로 매입률과 매도율이 동시에 고시되며, 결제일(value date)은 계약일로부터 보통 1, 2, 3, 6, 12개월 후가 되거나 매매 당사자의 협의에 따라 구체적인 날짜가 결정되기도 한다. 자세한 내용은 제 7장에서 다루기로 한다.

통화선물가격(currency futures price)은 미래의 특정시점에 수도결제가 이루어지는 선물환거래와 비슷한 통화선물거래에 적용되는 환율이다. 그러나 통화선물거래가 선물환거래와 다른 점은 통화선물거래는 표준화된 상품이 지정된 거래소 시장에서 공개호가방식(open out cry)으로 거래되므로 단일가격이 형성될 뿐 아니라 결제일이 정해져 있다는 점이다. 통화선물거래에 관한 자세한 내용 역시 제 9장에서 다루기로 한다.

(5) 교차환율과 재정환율

교차환율과 재정환율은 엄격한 의미에서 다음과 같은 차이가 있다. 교차환율(cross rate)은 원래 자국통화가 개입되지 않은 외국통화간의 환율을 의미하는데 비해 재정환율(arbitrage rate)은 달러화가 개입되지 않은 두 통화간의 환율을 나타낸다. 그러나 국제외환시장에서 각국의 환율은 [표 4-1]에서와 같이 유럽식이든, 미국식이든 미 달러화와의 교환비율로 표시되고 있다. 따라서 교차환율은 오히려 미 달러화가 개입되지 않은 두 통화간의 환율을 의미하는 재정환율과 같은 의미로 사용된다. 예를 들어 JPY/KRW이나 EUR/JPY는 교차환율의 예이다.

그런데 국제외환시장에서 달러가 개입되지 않은 두 통화사이의 거래,

예컨대 엔과 원화의 거래는 두 통화를 직접 거래하는 대신 기준통화인 달러를 매개로 아래 [그림 4-1]에서와 같이 두 단계 거래를 통하여 이루어지는 것이 일반적이다. 즉 엔으로 원화를 매입하려면 먼저 엔으로 달러를 매입한 후 다시 이 달러로 원화를 매입하는 것이다. 반대로 원화로 엔을 매입하려면 먼저 원화로 달러를 매입한 후 다시 이 달러로 엔을 매입한다.

[그림 4-1] 재정환율

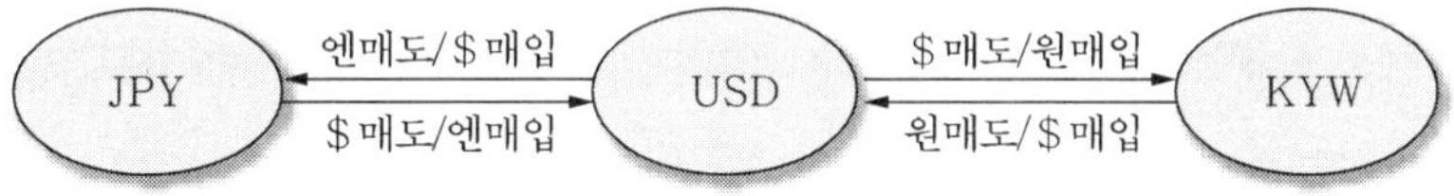

따라서 자국통화와 미달러화가 아닌 제3국 통화와의 환율은 두 환율에 공통적으로 들어 있는 미국달러를 매개로 연쇄법(chain rule)에 의하여 구하는데 이를 재정환율(arbitrated rate) 또는 평가율(parity rate)이라고 한다. 이와 같이 달러화가 개입되지 않은 두 통화사이의 환율을 미 달러화를 매개로 구한 재정환율은 교차환율과 같기 때문에 구분하지 않고 사용한다.

교차환율을 계산할 때 주의해야 할 점은 고시은행은 항상 "buy low, sell high" 원칙에 따라 환율을 고시하므로 교차환율을 구할 때에도 이 원칙에 따라 고시은행입장에서 어느 통화를 매입하고 매도하는지를 정확히 이해하여 해당 매입률과 매도율을 적용해야 한다. 이때 소수점처리는 매입률은 절사, 매도율은 올림한다.

교차(또는 재정)환율을 사용하는 이유는 첫째, 각국 외환시장에서 대부분의 외환거래는 미달러화를 중심으로 이루어지고 있어 기타 통화간 외환거래는 거래성립률이 매우 낮으며 둘째, 기타 통화간 외환시장이 존재하는 경우에도 재정거래(arbitrage transaction)에 의해 시장환율이 재정환율과 괴리될 수 없기 때문이다. 즉 시장환율과 재정환율이 같지 않을 경우 곧 바로 무위험 차익거래(arbitrage transaction)를 유발함으로써 균형을 되찾게 되기 때문이다.

교차환율은 기준통화에 따라 구하는 방법이 조금씩 상이한데 다음과 같은 세 가지 유형이 있다.

① 미국 달러화가 기준통화인 경우

엔과 원화와 같이 미국 달러가 기준통화로 고시되는 유럽식 환율간의 재정환율이 이에 해당한다. 예로써 엔/원의 재정환율을 구하면 다음과 같다. 환율고시은행 입장에서 JPY/KRW의 매입률은 원화를 팔고 기준통화인 엔화를 매입함을 의미한다. 따라서 먼저 원화로 달러를 매입하므로 [표 4-1]에서 달러/원 매입률인 1045.17를 적용하고 다시 이 달러를 팔고 엔을 매입해야 하므로 $/엔 매도율 106.72를 적용해야 한다. 따라서

$$\text{JPY/KRW} = \text{USD/KRW/USD/JPY} = (1045.17/106.72) \times 100 = 979.35$$

같은 논리로 매도율은 먼저 엔화를 팔아 달러를 매입한 후 이 달러로 원화를 매입하는 순서로 구하면 된다. 따라서 USD/JPY의 매입률인 106.68과 USD/KRW의 매도율인 1054.21를 적용해야 한다. 즉

$$\text{JPY/KRW} = \text{USD/KRW/USD/JPY} = (1054.21/106.68) \times 100 = 988.20$$

	매입률	매도율
USD/KRW	1045.17	1054.21
USD/JPY	106.68	106.72
JPY/KRW	979.35	988.20

② 두 환율의 기준통화가 각각 다른 경우

영국의 파운드와 엔화사이의 교환환율을 예로 들어보자. GBP/USD=1.4142-49이고, USD/JPY=106.68-106.72인 경우에 파운드환율에서 달

러화는 피고시통화이지만 엔화환율에서 미국 달러는 기준통화이다. 그리고 파운드와 엔사이의 교차환율에서 기준통화는 파운드가 된다. 따라서 GBP/JPY의 매입률은 먼저 엔매도-달러매입 후 달러매도-파운드 매입이므로 106.68과 1.4142이 적용된다. 따라서

GBP/JPY = USD/JPY · GBP/USD = 106.68 · 1.4142 = 150.86

같은 논리로 매도율은 먼저 파운드로 달러를 매입한 후 이 달러로 엔화를 매입하는 순서로 구하면 된다. 따라서 GBP/USD의 매도환율 1.4149와 U$D/JPY의 매도율인 106.72를 적용해야 한다. 즉

GBP/JPY = USD/JPY · GBP/USD = 106.72 · 1.4149 = 151.00

	매입률	매도율
USD/JPY	106.68	106.72
	↓	↓
GBP/USD	1.4142	1.4149
GBP/JPY	150.86	151.00

③ 미국 달러화가 모두 피고시통화인 경우

미국 달러화는 영국의 파운드화와 유로화의 환율에서 모두 피고시통화이다. 이 경우에 파운드화와 유로화사이의 교차환율을 구해보도록 하자. 교차환율의 기준통화는 영국의 파운드화이다. 환율고시은행 입장에서 GBP/EUR의 매입률은 유로화를 팔고 파운드화를 매입함을 의미한다. 따라서 먼저 유로화로 달러를 매입하므로 유로/달러의 매도율인 1.1716을 적용하고 다시 이 달러를 팔고 파운드를 매입해야 하므로 GBP/USD 매입률 1.4142를 적용해야 한다. 따라서

GBP/EUR = GBP/USD/EUR/USD = 1.4142/1.1716 = 1.2070

같은 논리로 GBP/EUR의 매도율은 파운드화를 팔고 유로화를 매입함을 의미한다. 따라서 먼저 파운드로 달러를 매입하고 이 달러로 유로화를 매입하므로 GBP/USD의 매도율 1.4149, 유로/달러의 매입률인

1.1711을 적용해야 한다. 따라서

$$GBP/EUR = GBP/USD/EUR/USD = 1.4149/1.1711 = 1.2082$$

	매입률		매도율
GBP/USD	1.4142	-	1.4149
EUR/USD	1.1711	-	1.1716
GBP/EUR	1.2070	-	1.2082

실제로 교차환율은 고시은행에 따라 그리고 관련된 통화의 거래량에 따라 다르다. 거래가 대량으로 그리고 계속적으로 이루어지는 통화는 고시된 스프레드가 그렇지 않은 통화에 비하여 좁다. 예를 들면 달러나 파운드에 대한 유로화의 스프레드는 원화에 대한 유로화의 스프레드보다 좁다. 그리고 은행에 따라 약간씩 다른 스프레드를 고시하므로 국가간에 자금을 이전할 때에는 다양한 교차환율을 점검하고 대체거래방법을 강구하는 것이 중요하다.

제2절 환율결정에 영향을 주는 요인

변동환율제도를 시행하고 있는 국가에서는 상품의 가격이 시장에서 수요와 공급에 의해 결정되는 것과 마찬가지로 환율도 기본적으로 은행, 기업, 개인 등이 참가하는 외환시장에서 외환의 수요와 공급에 의해 결정된다. 그러나 외환의 수요와 공급은 상품 및 서비스의 수입과 수출, 해외투자에 따른 자본의 유출과 유입 등에서 파생된다. 따라서 상품 및 서비스의 수입과 수출, 해외투자 등에 영향을 미치는 요인이 발생하면 외환의 수요와 공급이 변하며, 이에 따라 환율도 변한다.

이 절에서는 먼저 외환의 수요와 공급곡선을 유도한 후 이들의 변화에 따라 환율이 어떻게 변동하는지 그리고 환율변동이 경제에 어떠한 영향을 미치는지 살펴보고자 한다.

1. 외환의 수요와 공급

(1) 외환의 수요곡선

외환의 수요는 상품 및 서비스의 수입, 외국인투자수익의 유출, 이전지출, 장단기 자본유출 등 국제수지계정의 지급과 관련되는 거래로부터 발생하며 이들은 환율변동에 영향을 받는다.

자국통화가치의 하락으로 환율이 상승하면 수입상품의 자국통화표시가격이 상승하므로 수입수요가 감소한다. 그러나 외화표시 수입가격은 변하지 않은 채 수입물량이 감소하므로 수입금액 즉 외환수요는 감소한다. 반대로 환율이 하락하면 수입상품의 자국통화표시가격이 하락하므로 수입수요가 증가하며 이에 따라 외환수요는 증가하므로 외환수요곡선은 우하향한다.

자국통화가치↑→ 수입품의 자국통화표시가격↓
→ 수입수요↑→ 수입금액↑→ 외환수요↑
자국통화가치↓→ 수입품의 자국통화표시가격↑
→ 수입수요↓→ 수입금액↓→ 외환수요↓

예를 들어 태국에서 수입하는 망고의 수입단가가 1달러라고 가정한다. 환율변화에 따라 원화표시 수입가격은 변하며, 이는 다시 수입물량의 변화를 초래하므로 달러화에 대한 수요도 변한다. [표 4-2]는 환율변화에 따른 달러수요의 변화를 나타낸다.

[표 4-2] 환율변화에 따른 달러수요의 변화

환율	원화표시 수입가격	수입물량(개)	달러수요
1,000	1,000	135	135
1,100	1,100	110	110
1,200	1,200	102	102

[표 4-2]를 보면 환율이 1,000원에서 1,100원으로 상승한 만큼 원화

표시 수입가격이 상승함에 따라 수입물량은 135단위에서 110단위로 감소한다. 따라서 망고의 수입금액(=망고의 수입단가·수입물량)은 135달러에서 110달러로 감소하므로 달러에 대한 수요곡선은 [그림 4-2]와 같이 우하향하는 곡선이 된다.

[그림 4-2] 외환의 수요곡선

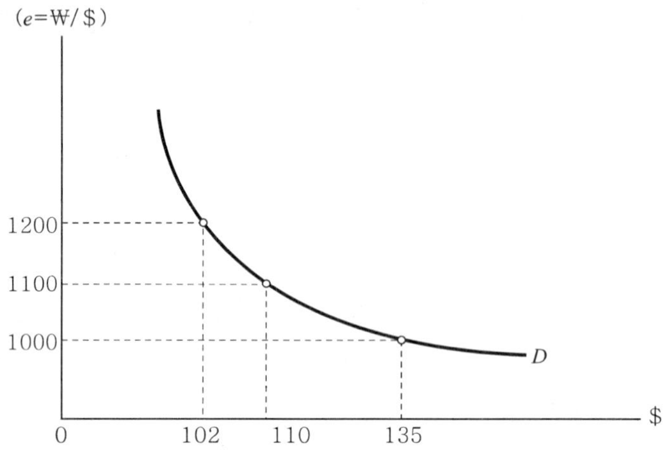

(2) 외환의 공급곡선

외환의 공급은 상품 및 서비스의 수출, 해외투자수익의 유입, 이전수입, 장단기 자본유입 등 국제수지계정의 수입과 관련되는 거래로부터 발생하며, 이들은 환율변동에 영향을 받는다. 예를 들어 자국통화가치가 하락(환율상승)하면 수출상품의 외화표시가격이 하락하므로 수출이 증가한다. 이 경우에 수출상품의 외화표시가격 하락률보다 수출물량 증가율이 크면 즉 수출수요의 외화표시 가격탄력성이 1보다 크면 외환공급이 증가한다. 반대로 자국통화가치가 상승(환율하락)하면 수출상품의 외화표시가격이 상승하므로 수출수요가 감소한다. 이 경우에도 수출수요의 외화표시 가격탄력성이 비탄력적이 아니라면 환율하락 시 외환공급은 감소한다. 즉 수출수요의 외화표시 가격탄력성이 탄력적이라면 환율상승에 따라 외환공급은 증가하므로 외환공급곡선은 우상향한다.

자국통화가치↑→ 수출상품의 외화표시가격↑→ 수출수요↓
→ 수출금액↓→ 외환공급↓
자국통화가치↓→ 수출상품의 외화표시가격↓→ 수출수요↑
→ 수출금액↑→ 외환공급↑

그러나 환율이 어느 수준 이상으로 상승하면 수출상품의 외화표시가격이 너무 낮아 수출물량의 증가에도 불구하고 수출금액은 감소할 수 있으므로 오히려 달러공급이 감소하여 외환공급곡선은 왼쪽 위로 굴절하는 형태를 나타낸다.

예를 들어 미국에 수출하는 배의 수출단가가 3,800원이라고 가정한다. 환율변화에 따라 달러표시 수출가격이 변하므로 수출물량 및 수출대금 역시 변할 것이다. [표 4-3]은 환율변화에 따른 달러화 공급의 변화를 나타낸다.

[표 4-3] 환율변화에 따른 달러공급의 변화

환율	달러표시 수출가격	수출량	수출수요의 가격탄력성	달러공급
950	4	26.26		105.0
1,100	3.45	35	2.42	120.8
1,300	2.92	40	0.93	116.8
1,500	2.53	43.5	0.66	110.0

[표 4-3]을 보면 환율이 950원에서 1,100원으로 상승함에 따라 달러표시 수출가격은 4달러에서 3.45달러로 하락한다. 그 결과 배의 수출물량은 26.26에서 35로 증가하므로 수출수요의 가격탄력성이 2.42로 탄력적이며, 달러표시 수출대금은 105달러에서 120.8달러로 증가한다. 그러나 환율이 1,100원에서 1,300원으로 그리고 1,300원에서 1,500원으로 상승하는 경우 수출가격은 각각 15.36%, 13.36% 하락하였으나 수출량은 14.29%, 8.75% 증가에 그쳐 수출수요의 가격탄력성이 각각 0.93, 0.66으로 비탄력적이다. 그 결과 달러표시 수출가격의 하락에 따라 수출

[그림 4-3] 외환의 공급곡선

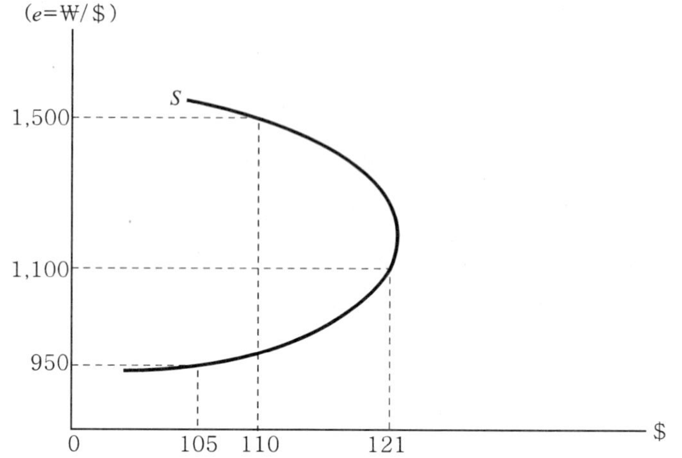

량이 증가함에도 불구하고 수출금액 즉 달러공급이 감소하므로 달러 공급곡선은 [그림 4-3]과 같이 왼쪽 위로 굽는(backward bending)곡선이 된다.

(3) 균형환율의 결정

균형환율은 외환시장에서 외환의 수요와 공급이 일치하는 균형상태에서 결정된다. 만일 외환시장이 균형상태에서 벗어나게 되면 균형환율은 변동한다. 예를 들어 외환시장에 외환의 초과수요가 발생하면 환율 상승압력이 생겨 환율은 상승하게 된다. 환율이 상승하면 한편으로는 수출이 증가하여 외환공급은 증가하지만 다른 한편으로 수입이 감소함에 따라 외환수요가 감소하므로 시장에서 외환에 대한 초과수요가 사라져 균형을 이루게 된다. 반대로 외환에 대한 초과공급이 발생하면 환율은 하락한다. 환율이 하락하면 수출감소로 외환공급은 감소하지만 다른 한편으로 수입이 증가함에 따라 외환수요가 증가하므로 시장에서 외환에 대한 초과공급이 사라져 균형을 이루게 된다. 이와 같이 외환시장이 불균형상태에서 환율움직임을 통하여 균형상태로 회복되는 경우

[그림 4-4] 균형환율결정과 균형의 안정성

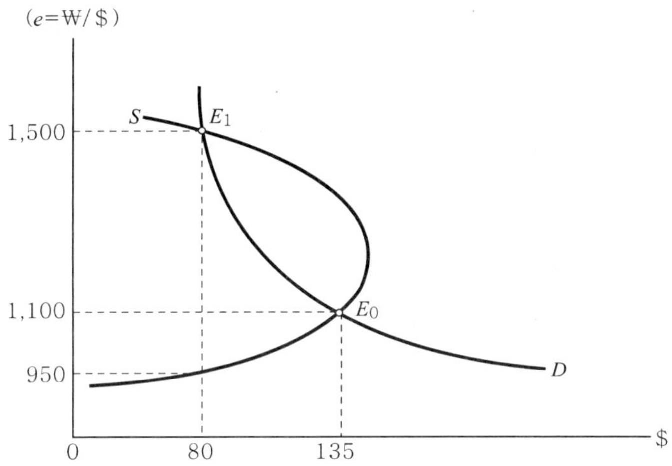

이러한 균형을 안정적인 균형(stable equilibrium)이라고 한다. 반대로 불균형상태에서 환율움직임을 통하여 오히려 균형에서 더욱 벗어나는 경우가 발생하는데 이를 불안정적인 균형(unstable equilibrium)이라고 한다.

[그림 4-4]를 보면 외환의 수요와 공급이 일치하는 외환시장의 균형이 두 점 E_0와 E_1에서 이루어지고 있다. 먼저 환율이 1,100원보다 낮으면 외환수요가 외환공급보다 크기 때문에 환율이 상승하면서 외환의 초과수요가 줄어 E_0에서 균형을 이루게 된다. 다음으로 환율이 1,100원과 1,500원 사이에서는 외환공급이 외환수요를 초과하는 초과공급으로 환율이 하락하게 된다. 환율하락은 초과공급이 사라져 균형을 이루는 E_0, 즉 1,100원이 될 때까지 지속된다. 따라서 E_0는 안정적 균형이다. 다음으로 환율이 1,500원을 상회하면 외환수요가 외환공급보다 크기 때문에 시장에 환율상승압력이 생긴다. 이 경우에 환율이 계속 상승하면 초과수요가 더욱 확대되어 균형인 E_1에서 더욱 멀어져 균형을 회복할 수 없게 된다. 환율이 1,500원보다 약간 낮은 경우에는 외환공급이 외환수요보다 크기 때문에 시장에 환율하락압력이 생겨 E_1원으로 수렴하기 보다는 E_1에서 벗어나 오히려 E_0로 수렴하게 된다. E_1에서와 같이

환율이 균형수준에서 벗어날 경우에 시장의 힘에 의해 균형으로 다시 수렴하기보다는 오히려 더 크게 벗어나게 될 때 이러한 균형은 불안정 균형을 나타낸다.

(4) 외환시장의 안정적 균형조건

외환시장의 안정적 균형조건은 [그림 4-4]에서 보는 바와 같이 환율이 상승할 경우 외환공급은 증가하고 외환수요는 감소해야 하며, 반대로 환율이 하락하면 외환공급은 감소하고 외환수요는 증가해야 한다. 환율변화를 de, 외환수요와 외환공급의 변화량을 각각 dD, dS라고 할 때 이를 수식으로 표현하면 식 (4-1)과 같다.

$$\frac{dS}{de} > \frac{dD}{de} \tag{4-1}$$

균형에서 $S = D$이므로 양변에 $\frac{e}{S}$와 $\frac{e}{D}$를 각각 곱해주면

$$\frac{dS}{de}\frac{e}{S} > \frac{dD}{de}\frac{e}{D} \tag{4-2}$$

식 (4-2)에서 좌변은 외환공급의 환율탄력성($E_{\$}^{S}$)이고, 우변은 외환수요의 환율탄력성($E_{\$}^{D}$)이다. 그런데 환율이 상승하면 외환수요는 감소하고 환율이 하락하면 외환수요는 증가하므로 항상 $E_{\$}^{D} < 0$ 이다. 따라서 식 (4-2)를 정리한 식 (4-3)이 외환시장의 안정적 균형조건이다.

$$E_{\$}^{S} + E_{\$}^{D} > 0 \tag{4-3}$$

즉 식 (4-3)은 외환공급의 환율탄력성($E_{\$}^{S}$)과 외환수요의 환율탄력성($E_{\$}^{D}$)의 합이 0보다 클 경우에만 외환시장은 안정적 균형을 이루게 됨을 보여주고 있다.

2. 외환의 수요와 공급에 영향을 미치는 요인

앞에서 외환의 수요와 공급에 의하여 균형환율이 결정되는 과정을 살

펴보았다. 따라서 환율 이외에 외환의 수요와 공급에 영향을 미치는 요인이 발생하면 외환의 수요와 공급곡선이 이동하므로 환율이 변한다. 그런데 외환의 수요와 공급은 어떤 하나의 요인에 의해서만 영향을 받는 것이 아니다. 외환의 수요와 공급에 영향을 미치는 주요한 요인들을 크게 경제적 요인, 정치·사회적 요인 그리고 시장심리로 구분할 수 있다.

(1) 경제적 요인

경제적 요인에는 국제수지, 인플레이션, 이자율 차이, 경제성장, 통화정책 등이 포함된다.

① 국제수지

국제수지흑자는 외환의 공급이 수요보다 많음을 의미하므로 환율이 하락할 것이다. 즉 국제수지흑자는 외환의 공급증가를 의미하므로 [그림 4-5]에서 보는 바와 같이 공급곡선이 S_0에서 S_1으로 이동하므로 환율이 e_0에서 e_1으로 하락한다.

[그림 4-5] 외환공급 증가

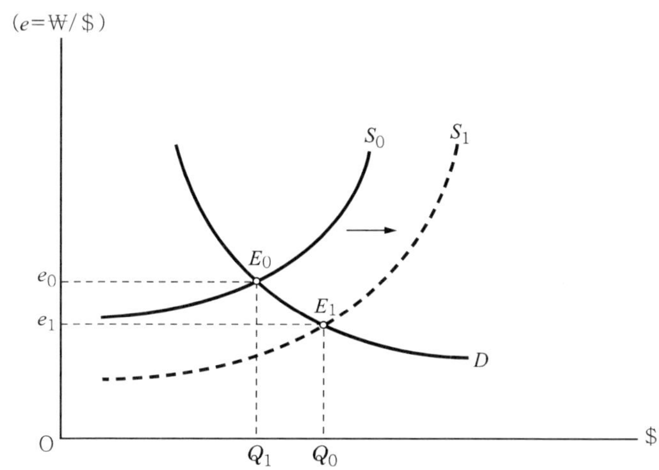

반대로 국제수지적자는 외환의 공급보다 수요가 많음을 의미하기 때문에 외환의 수요가 증가한다. 즉 [그림 4-6]에서 보는 바와 같이 수요곡선이 D_0에서 D_1으로 이동하므로 환율은 e_0에서 e_1으로 상승한다.

[그림 4-6] 외환수요 증가

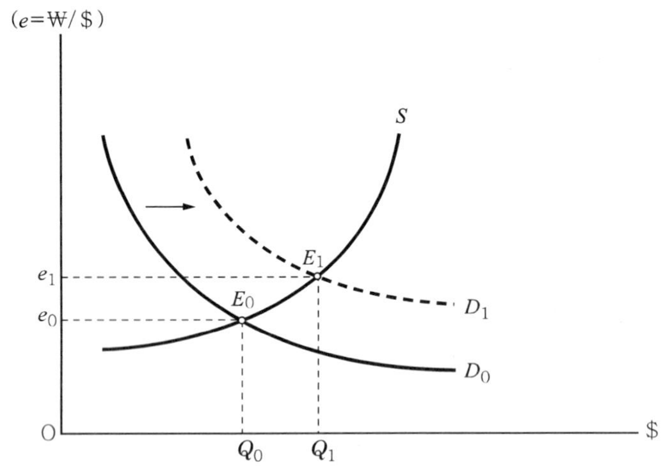

② 인플레이션

국내 물가상승률이 경쟁국에 비해 높으면 수출품의 가격경쟁력이 약해진다. 그 결과 수출이 감소하고 수입이 증가하므로 외환공급은 감소하는 한편 외환수요는 증가한다. 따라서 [그림 4-7]에서 보는 바와 같이 외환공급곡선은 왼쪽으로 이동하고 외환수요곡선은 오른쪽으로 이동하므로 환율은 상승할 것이다.

③ 이자율 차이

중앙은행이 물가안정을 위하여 긴축통화정책을 실시한다면 다른 나라에 비하여 자국의 이자율이 상승할 것이다. 다른 사정이 일정하다면 국제자본은 이자율이 낮은 곳에서 높은 곳으로 이동한다. 따라서 이자율 상승은 단기에 외국자본의 유입을 초래하므로 외환공급이 증가하여 자국통화 가치는 상승한다. 즉 앞의 [그림 4-5]에서 보는 바와 같이 외

[그림 4-7] 외환수요의 증가와 외환공급의 감소

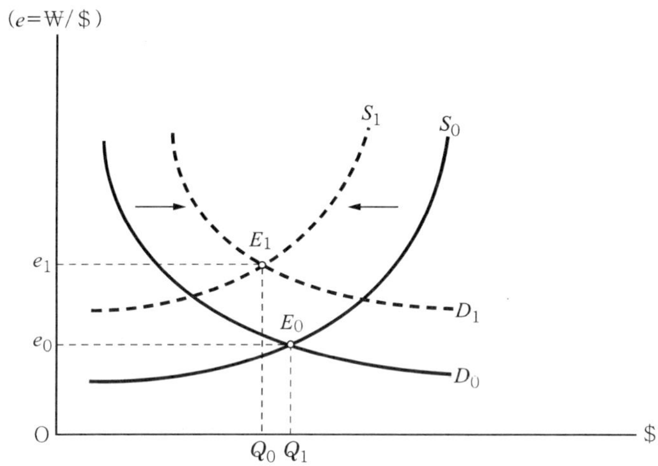

환공급곡선이 오른쪽으로 이동하므로 환율이 하락한다.

④ 경제성장률

경제성장률이 다른 나라에 비하여 높으면 국내소득수준이 향상되어 수입수요가 증가하므로 외환수요가 증가할 것이다. 따라서 외환수요곡선이 오른쪽으로 이동하므로 [그림 4-6]에서 보는 바와 같이 환율은 상승할 것이다. 그러나 다른 한편으로 경제성장률이 높으면 국내경제에 대한 신인도가 향상되어 자본이동이 자유로울 경우 외국인들의 국내투자가 활성화될 것이다. 즉 외국인투자의 증대로 외환공급이 증가하면 외환공급곡선이 오른쪽으로 이동하므로 환율은 하락할 것이다. 이와 같이 경제성장이 환율에 미치는 영향은 소득증가에 따른 수입증대효과와 대외신인도 향상에 따른 자본유입효과가 서로 상쇄되므로 두 효과의 크기에 따라 전자의 효과가 후자의 효과보다 크면 환율이 상승하지만 반대의 경우에는 환율이 하락할 것이다.

⑤ 중앙은행의 통화정책

중앙은행이 경제성장률 이상으로 통화량공급을 증대하면 국내통화가치가 하락하여 환율상승을 초래한다. 특히 통화량공급으로 국내이자율이 하락하면 자본이 해외로 유출되어 외환수요가 증가하므로 자국통화가치는 더욱 하락하게 될 것이다([그림 4-6] 참조).

한편 중앙은행은 환율의 급격한 변동으로부터 자국통화가치의 안정을 위하여 시장에 직접 개입하거나 구두개입만으로도 단기적으로 환율변동에 영향을 미치게 된다.

(2) 정치 · 사회적 요인

돈은 안전한 곳을 선호한다. 따라서 정치 · 사회적으로 불안하면 해당국의 통화를 기피하고 안정된 통화에 투자하는 경향이 크다. 따라서 안정된 국가의 통화가치는 상대적으로 상승하지만 정치 · 사회적으로 불안정한 나라의 통화가치는 떨어지는 경향이 있다. 특히 전쟁 등으로 국제정세가 불안한 경우에는 안정된 통화로 인식되어온 달러가치가 상승하는 경향이 있다.

(3) 시장심리

시장참여자들의 시장에 대한 인식은 다양한 방법으로 외환시장에 영향을 미친다. 예컨대 경제관련 지표 가운데 비관적 전망이 예상되면 시장심리가 냉각되어 미리 행동으로 나타나는 경우(self-fulfilling prophecy)가 있다. 이러한 투자심리는 시장의 상황을 더욱 과장되게 만드는 경향이 있다. 예를 들어 경상수지 적자폭이 증가하면 시장참여자들은 통화가치가 하락할 것을 예상한다. 이러한 예상은 통화가치가 하락하기 전에 자국 통화를 미리 팔려는 (또는 외환을 사려는) 세력에 의해 예상보다 더 빠르고, 더 큰 폭으로 통화가치가 하락할 수 있으며, 더 나아가 외환위기의 원인이 되기도 한다.

또는 정부의 정책이 일관성을 잃거나 정부에 대한 불신은 투자심리에 부정적 영향을 미쳐 자본의 해외도피를 야기할 수 있다. 예를 들면 부유세 신설이 예상되면 부자들의 자산해외도피를 야기할 것이다. 이는 외환의 수요를 증가시키므로 자국통화가치는 하락하게 될 것이다. 특히 시장참여자들의 심리적 불안은 자본의 해외유출을 부추기게 되며 이는 과도한 환율상승으로 이어지게 될 것이다.

제3절 환율변동이 경제에 미치는 영향

앞에서 설명한 바와 같이 환율은 경제적 요인, 정치·사회적 상황, 심리적 요인 등에 의해서 변하지만 환율변화는 다시 환율변화에 영향을 미치는 요인들에 영향을 미친다. 즉 환율변화는 국제수지에 영향을 미칠 뿐 아니라 교역재와 비교역재의 상대가격의 변화를 통하여 소비, 투자, 생산 등 실물경제와 국내물가에도 영향을 미친다.

(1) 무역수지

일반적으로 환율상승(자국통화가치의 하락)은 자국 수출품의 가격경쟁력을 향상시키므로 수출은 증가하지만 수입은 감소하므로 무역수지가 개선되는 경향이 강하다. 반대로 환율하락(자국통화가치의 상승)은 자국 수출품의 가격경쟁력을 하락시키므로 수출은 감소하는 반면 수입이 증가하므로 무역수지를 악화시키는 요인이 된다.

(2) 산업생산

환율의 변동은 외화표시 수출가격 및 국내통화표시 수입가격을 변화시켜 수출입 물량의 증감을 통해 산업생산에 영향을 미친다. 예를 들어 환율이 상승하면 수출품의 외화표시가격이 하락하므로 수출이 증가하는 반면 수입품의 국내가격이 상승하므로 수입이 감소하는 대신 수입품과 대체관계에 있는 국내 상품으로 수요를 전환하는 경향이 있다. 이와 같이 환율상승이 수출증대와 수입대체효과로 국내생산을 증가시키므로 고용 및 투자가 증대될 것이다. 반대로 환율하락은 수출품의 외화표시가격을 상승시키고 수입품의 국내가격은 하락시키므로 수출은 감소하고 수입은 증가하는 경향이 있다. 그 결과 국내생산이 감소하게 되므로 고용 및 투자 역시 위축될 것이다.

(3) 물가

환율상승은 수입품의 국내가격 상승을 초래한다. 특히 환율상승으로 수입원자재의 가격이 인상되면 최종재의 가격상승으로 전가된다. 한편 환율상승으로 수출이 증가하면 교역재부문의 물가가 상승하게 된다. 이는 결국 비교역재부문의 가격상승으로 이어져 환율상승은 전반적인 물가상승을 야기할 수 있다.

(4) 외채부담

환율상승은 기업의 자국통화표시 외채에 대한 원리금부담을 증가시키는 반면에 환율하락은 기업의 자국통화표시 외채의 원리금부담을 감소시킨다. [표 4-4]는 환율변동이 경제에 미치는 영향을 정리한 것이다.

[표 4-4] 환율변동이 경제에 미치는 영향

	환율하락	환율상승
수출	수출채산성 악화(수출감소)	수출채산성 호전(수출증가)
수입	수입상품가격 하락(수입증가)	수입상품가격 상승(수입감소)
경상수지	경상수지 악화	경상수지 개선
산업 생산	위축	증가
국내물가	수입원자재가격 하락 (물가안정)	수입원자재가격 상승 (물가상승)
외자도입기업	원화환산 외채 감소 (원리금상환부담 경감)	원화환산 외채 증가 (원리금상환부담 증가)

연 습 문 제

1. 다음 문장을 읽고 옳고그름을 밝히고, 그 이유를 설명하라.
   (1) 매입매도 스프레드는 유동성이 클수록 작아진다.
   (2) 외환시장에서 스프레드는 거래규모가 클수록 커진다.
   (3) 미국시장에서 €0.8170/U$와 같은 환율표시방법을 미국식 표시법(American terms)이라고 한다.
   (4) 미국의 BOA은행이 공시한 호주 달러와 미국 달러에 대한 직접인용(direct quote) 환율이 0.7668이라면 이는 U$1을 지불하고 AUD0.7668을 살 수 있음을 의미한다.
   (5) 환율상승으로 외화표시 수출가격이 하락하면 수출이 증가하므로 외환공급은 증가한다.
   (6) 국내 물가상승율이 경쟁국에 비해 높으면 자국상품의 가격경쟁력이 약화되므로 자국통화표시 환율이 하락한다.
   (7) 원화가 일본 엔화에 대하여 평가절하되고 있으나 미국 달러화에 대하여는 평가절상되고 있다면 일본에서 원자재를 수입하여 미국에 파는 기업은 유리하다.
   (8) 현재 원/달러 환율이 균형점에서 이탈하여 하락세를 보이고 있다. 외환시장을 균형상태로 회복시키려면 금리를 상대적으로 인하시킨다.
   (9) 엔/달러 환율이 상승할 경우 달러표시 자산을 보유한 일본기업은 환차손으로 불리해진다.
   (10) 정부의 확대금융정책은 자국의 통화가치를 상승시킬 것이다.
   (11) 원/엔 환율이 하락하면 한국을 방문하는 일본인 관광객이 증가할 것이다.
   (12) 원/달러환율의 하락이 예상되면 경상수지는 악화되나 자본수지는 개선되어 국제수지에 미치는 영향은 불확실하다.
   (13) 위안화 가치가 상승하면 우리나라의 대중국 경상수지 흑자폭은 더욱 증가할 것이다.

(14) 다른 사정은 일정한 채 한국은행은 금리동결을 고수하고 있는데 반해 미국의 금리인하가 예상된다면 원/달러환율은 상승할 것이다.

2. 원/달러 환율이 1개월동안 달러 당 1050원에서 998원으로 하락하였다.
   (1) 미국 달러화의 가치는 몇 % 상승 또는 하락하였는가?
   (2) 한국 원화의 가치는 몇 % 상승 또는 하락하였는가?

3. 엔화가 2007년 한 해 동안 U$0.0087로부터 U$0.0095가 되었다고 하자. U$는 엔화에 대하여 얼마나 절상 또는 절하되었는가?

4. 뉴욕의 A은행에서 고시한 환율은 ₤=U$1.9851-1.9859이다. 차익거래가 발생하지 않기 위해서 런던에 있는 A은행은 미국달러화를 영국 파운드로 고시할 때 환율은 얼마가 되어야 하는가?

5. 영국 파운드화는 $1.8242-45, 스위스프랑은 $0.7978-80으로 공시되었다고 하자.
   (1) 영국 파운드화의 스프레드를 %로 계산하면 얼마인가?
   (2) 파운드화와 스위스 프랑화간의 교차환율을 구하라.

6. 현재 A은행에서 원화는 ₩1006.10/U$, 엔화는 ¥107.46/U$로 거래되며, B은행에서는 ¥100=₩1,010로 거래되고 있다. 거래비용과 수수료가 없다면 1천만 원을 가진 경우에 재정거래를 통하여 얻을 수 있는 이익은 얼마인가?

7. K기업과 S기업은 국내에서 제품을 생산한 후 전량을 해외에 달러가격으로 수출하는 기업이다. K기업은 100% 국산 원자재를 사용하며 비용은 단위 당 5만원이다. S기업은 1만원의 국산 원자재와 U$40의 수입원자재를 사용한다. 제품의 수출가격은 U$80이며, 기타 다른 비용은 없다고 가정한다.
   (1) 원/달러 환율이 1000원이고, 두 회사 모두 10,000개의 제품을 수출할

경우에 예상되는 이익은 각각 얼마인가?

(2) 다른 조건은 동일하고 환율이 1,000원에서 950원으로 하락한다면 두 기업의 비용과 이익은 어떻게 변하겠는가?

(3) 다른 조건은 동일하고 환율이 1,000원에서 1,050원으로 상승한다면 두 기업의 비용과 이익은 어떻게 변하겠는가?

8. 서울외환시장에서 고시된 원/달러환율은 U$1=₩1,000 같은 시간에 동경외환시장에서 고시된 엔/달러환율은 ¥1=U$0.0095라고 하자.

(1) 원/엔의 교차환율은 얼마인가?

(2) 서울외환시장에서 원/엔이 ¥100=₩980에 거래된다면 차익거래를 통한 원화의 수익률은 얼마인가?

제 5 장

국제평가이론: 환율, 이자율, 물가의 관계

국가간 자본이동이 자유롭고, 외환시장에서 외환이 자유롭게 거래될 뿐 아니라 거래비용과 정보취득비용이 없는 완전경쟁시장이라고 가정하면 자본은 수익률이 낮은 곳에서 높은 곳으로 이동한다. 이러한 자본이동은 국가간 이자율과 환율차이에 따라 발생하며, 자본이동은 다시 환율, 이자율 그리고 물가에 영향을 미친다. 즉 환율은 이자율, 인플레이션 등 다른 거시경제변수들과 긴밀한 상호연관을 유지하면서 변동하며, 국가간 자본이동은 수익률이 같아질 때까지 지속된다.

이와 같이 동일한 상품에 대해 가격이 서로 다를 경우, 가격이 낮은 시장에서 매입하여 가격이 비싼 시장에 매도함으로써 매매차익을 얻는 행위를 재정거래(arbitrage)라고 한다. 국제평가이론은 재정거래에 기초하여 국제금융거래의 균형관계를 설명한다. 따라서 국제평가관계를 통하여 각국 간의 물가상승률과 이자율의 차이로 환율변화를 용이하게 예측할 수 있다. 이는 환율이 국가 간에 이자율차이와 물가상승률의 차이를 고려하여 일물일가의 법칙이 적용되도록 변동함으로써 국가간 자본수익률을 같게 한다는 논리에 기초하기 때문이다.

본 장은 제 1절에서 이자율과 물가와의 관계를 설명하는 피셔효과를 다룬다. 제 2절은 환율과 물가와의 관계를 구매력평가설을 통하여 살펴보고자 한다. 제 3절은 환율과 이자율과의 관계를 나타내는 이자율평가설을 커버된 경우와 커버되지 않은 두 경우로 나누어 설명한다. 제 4절은 앞에서 설명한 피셔효과, 구매력평가설, 이자율평가설을 통하여 환율, 이자율, 물가와의 상호관계를 나타내는 국제평가관계를 설명하고자 한다.

5
chapter

국제평가이론: 환율, 이자율, 물가의 관계

제 1 절 피셔효과

피셔 (Fisher)효과는 이자율과 물가와의 관계를 설명한다. 금융자산의 수익률을 나타내는 이자율은 시장에서 통용되는 명목이자율과 물가상승률을 반영하여 금융자산의 실질적인 가치의 변화를 나타내는 실질이자율로 구분한다. 명목이자율이 변하지 않는 상황에서 물가가 상승하면 금융자산의 실질가치는 물가상승률만큼 하락한다. 따라서 인플레이션이 예상되면 합리적인 투자자들은 단순히 명목이자율 수준에 따라 투자하는 것이 아니라 예상되는 인플레이션 이상의 실질적인 보상이 이루어질 경우에 금융자산에 투자한다. 다시 말하면 물가상승이 예상되면 투자자들은 명목이자율의 상승을 통하여 금융자산의 실질가치를 일정수준으로 유지하고자 하므로 명목이자율은 실질이자율에 예상인플레이션을 더한 것과 같다. 즉 명목이자율 i, 실질이자율 r, 예상인플레이션율이 π^e라면 식 (5.1)이 성립한다.[1)]

$$i \fallingdotseq r + \pi^e \tag{5.1}$$

식 (5.1)은 미국의 경제학자 피셔(Irving Fisher)의 이름을 따서 피셔방정식 또는 피셔가설(Fisher Hypothesis)이라고 한다. 예를 들어 명목이자율이 5%이고 물가상승률이 3%로 예상된다면 실질이자율은 2%에 불과하다. 식 (5.1)은 실질이자율이 일정할 때 명목이자율은 예상인플레이션만큼 상승함을 의미한다. 앞의 예에서 물가상승률이 5%로 예상된다면 2%의 실질이자율을 유지하기 위하여 명목이자율은 7%로 상승해야 한다. 만일 명목이자율이 5%에서 변하지 않는다면 실질이자율은 0%가 되어 실질적인 구매력은 변함이 없다.

피셔효과는 외국에서도 성립하므로 식 (5.2)와 같이 표현할 수 있다.

$$i^* \fallingdotseq r^* + \pi^{e*} \tag{5.2}$$

국가간 자본이동이 완전히 자유롭다면 환율변화가 없는 한 각국의 실질이자율은 같아지게 될 것이다. 만일 실질이자율에 차이가 있다면 실질이자율이 낮은 나라에서 높은 나라로 자본이동이 발생하는 재정거래가 이루어진다. 그 결과 초기에 실질이자율이 높은 나라는 자본유입으로 자금이 풍부해져 실질이자율이 하락할 것이고, 실질이자율이 낮은 나라는 자본유출로 자금부족사태에 직면하게 되므로 실질이자율이 상승할 것이므로 실질이자율의 차이가 사라지고 결국 동일하게 될 것이다.[2] 즉 $r = r^*$이 성립되어 국가간 자본이동의 동기가 없는 균형상태가 된다.

$r = r^*$일 경우에 식 (5.1)에서 식 (5.2)를 빼면

$$i - i^* \fallingdotseq \pi^e - \pi^{e*} \tag{5.3}$$

---

1) 식 (5.1)을 구체적으로 표현하면 다음과 같다.
$1+i=(1+r)(1+\pi^e)=1+r+\pi^e+r\cdot\pi^e$, $r\cdot\pi^e \fallingdotseq 0$이므로 $i \fallingdotseq r+\pi^e$

2) 자본유입으로 자금이 풍부해지면 단기에 명목이자율이 하락하거나 장기적으로 물가상승이 예상되므로 실질이자율은 하락하게 되는 반면 자금유출로 단기에는 이자율 상승으로 장기에는 물가안정을 통하여 실질이자율은 상승할 것이다.

식 (5.3)은 국내와 외국의 명목이자율의 차이는 결국 양국의 예상인플레이션의 차이와 같음을 나타낸다. 다시 말하면 일반적으로 인플레이션이 높은 나라는 인플레이션이 낮은 나라에 비하여 명목이자율이 높음을 의미한다.

한편 피셔효과는 명목이자율이 예상인플레이션을 반영하고 있기 때문에 이자율의 움직임을 통하여 미래의 인플레이션을 예측할 수 있음을 나타낸다. 예를 들어 한국과 일본의 인플레이션이 각각 3%, -1%라고 하면 환율변동이 없다면 피셔효과에 의하면 한국의 이자율이 일본의 이자율보다 4% 더 높아야 된다는 것을 의미한다. 만일 다른 사정이 일정하고 한국과 일본의 이자율차이가 5%라면 한국의 실질수익률이 일본보다 1% 더 높기 때문에 일본자금이 한국으로 유입된다. 이러한 자금유입으로 한국의 인플레이션이 예상된다. 만일 양국의 명목이자율이 변하지 않는다면 한국의 예상인플레이션이 4%가 될 때까지 자금유입이 계속될 것이다. 따라서 균형상태에서 두 나라의 명목이자율의 차이는 예상인플레이션의 차이와 같아지게 될 것이다.

현실세계에서 각 통화간의 실질이자율은 자본에 대한 규제가 없는 유로시장에서 조차 약간의 차이가 있다. 그러나 많은 실증분석들은 인플레이션율이 낮은 국가에 비해 높은 국가의 명목이자율이 상대적으로 높다는 사실을 보여줌으로써 피셔효과가 완전하지는 않지만 부분적으로 존재하고 있음을 보여주고 있다.

제 2 절 구매력평가설

구매력평가(purchasing power parity: PPP)설은 두 통화간의 환율은 장기적으로 양국통화의 상대적 구매력이 같도록 조정된다는 이론으로 일물일가의 법칙(law of one price)을 기초로 하고 있다. 구매력이란 통화 한 단위로 구매할 수 있는 재화와 서비스의 양을 나타내므로 물가수준의 역수이다. 즉 물가가 오르면 구매력은 떨어지며 물가가 내리면 구매력은 증가한다. 일물일가의 법칙은 관세, 비관세 장벽이 없고 거래비용도 없는 완전경쟁시장이라면 동일한 상품은 모든 지역에서 환율을 반영한 동일한 가격으로 거래되어야 함을 의미한다. 즉

$$P_i = s \cdot P_i^* \tag{5.4}$$

식 (5.4)에서 s는 환율, P_i, P_i^*는 각각 상품 i의 국내가격과 외국가격이다.

예를 들어 미국과 한국에서 금 1온스의 가격이 각각 900달러, 90만원이면 일물일가의 법칙은 환율이 ₩1000/U$임을 의미한다. 만일 미국에서 금가격이 900달러보다 낮은 800달러라면 미국에서 금을 사다 한국에 팔면 추가이익을 얻을 수 있으므로 미국으로부터 금을 수입하여 한국시장에 팔려는 재정거래가 발생한다. 한편으로는 이러한 재정거래로 미국의 금값은 올라가고 한국의 금값은 내려갈 것이며, 다른 한편으로는 미국에서 금을 매입하기 위해 달러수요가 증가하여 환율상승을 초래할 것이다. 따라서 이러한 재정거래는 양국에서 환율을 반영한 금값이 같아질 때까지 지속될 것이다.[3)]

구매력평가설은 개별재화에 적용되는 일물일가의 법칙을 전반적인 물가수준으로 확대 적용하여 장기적인 환율결정을 설명하는데 널리 이용되고 있다. 구매력평가설은 환율이 양국간의 물가수준의 비율과 같다는 절대적 구매력평가설(absolute PPP)과 일정기간동안의 환율변화율은 양국간의 인플레이션의 차이와 같다는 상대적 구매력평가설(relative PPP)로 구분된다.

1. 절대적 구매력평가설

절대적 구매력평가설은 환율이 두 나라의 전반적인 물가수준의 비율

3) 미국에서 금을 매입하려면 먼저 원화로 달러를 매입해야 하므로 달러가치는 상승하고 원화가치는 하락한다.

과 같다는 주장으로 t시점에서의 환율 S_t는 다음과 같다.

$$S_t = \frac{P_t}{P_t^*} \quad \text{또는} \quad P_t = S_t \cdot P_t^* \qquad (5.5)$$

식 (5.5)에서 S_t는 t시점에서 자국통화로 표시한 외국통화의 가격이고, P_t와 P_t^*는 자국과 외국의 물가수준이다. 따라서 절대적 구매력평가설은 환율수준이 두 나라의 상대적 물가수준의 차이를 반영하며 변할 것임을 나타낸다. 예를 들어 $P_t > P_t^*$ 라면 즉 국내물가수준이 외국의 물가수준보다 더 높다면 환율은 상승할 것이다. 이는 국내외 소비자들이 상대적으로 더 저렴한 외국상품을 선호하므로 외국통화에 대한 수요증가로 외국통화가치가 상승하기 때문이다. 반대로 $P_t < P_t^*$라면 즉 국내물가수준이 외국의 물가수준보다 상대적으로 낮다면 환율은 하락할 것이다. 이는 국내외 소비자들이 상대적으로 더 저렴한 자국상품을 선호하므로 자국통화에 대한 수요증가로 자국통화의 가치가 상승하기 때문이다.

그러나 각국의 환율과 물가수준의 관계를 설명하는 절대적 구매력평가설은 현실을 제대로 설명하지 못한다는 견해가 지배적이다. 그 이유는 무엇보다도 각국마다 물가수준을 산출하는데 포함되는 상품의 종류와 이들의 가중치가 상이하며, 상품교역에 있어 관세, 비관세장벽, 거래비용 등이 상품교역을 제한할 뿐 아니라 각국의 물가수준은 교역재 뿐 아니라 비교역재도 포함하고 있기 때문이다.

2. 상대적 구매력평가설

상대적 구매력평가설은 두 나라의 물가수준산출에 있어서 구조적 관계에 변화가 없다면 환율변화율은 양국의 인플레이션율의 차이를 반영한다는 것이다. 즉 식 (5.5)가 성립되지 않고 양국간 물가수준에 차이가 있더라도 양국의 물가상승률과 환율변화율과는 안정적인 관계를 유지할 수 있음을 반영한다.

기준시점 0와 비교시점 t에서 자국과 외국의 물가수준은 각각 P_0, P_0^*, P_t, P_t^*이며, 두 기간 동안 양국의 물가상승률은 각각 π와 π^*라면 t시점에서 양국의 물가수준, P_t, P_t^*은 다음과 같다.

$$P_t = P_0(1+\pi)$$
$$P_t^* = P_0^*(1+\pi^*) \tag{5.6}$$

식 (5.6)을 절대적 구매력평가 식 (5.5)에 대입하면

$$S_t = \frac{P_t}{P_t^*}$$
$$= \frac{P_0(1+\pi)}{P_0^*(1+\pi^*)} \tag{5.7}$$

식 (5.7)을 기준시점(0)의 구매력평가관계로 나누어 주면 다음과 같다.

$$\frac{S_t}{S_0} = \frac{P_0(1+\pi)/P_0^*(1+\pi^*)}{P_0/P_0^*}$$
$$= \frac{1+\pi}{1+\pi^*} \tag{5.8}$$

다음은 기준시점(0)과 비교시점(t)사이의 환율변화율을 나타내기 위하여 식 (5.8)의 양변에서 1을 뺀 후 정리하면 다음과 같다.

$$\frac{S_t - S_0}{S_0} = \frac{(1+\pi)-(1+\pi^*)}{1+\pi^*}$$
$$= \frac{\pi - \pi^*}{1+\pi^*}$$
$$\fallingdotseq \pi - \pi^* \tag{5.9}$$

식 (5.9)의 왼쪽 항은 0시점에서 t시점까지의 환율변화율을 나타낸다. 따라서 식 (5.9)는 외국의 인플레이션율(π^*)이 높지 않다면 기준시점(0)에서 비교시점(t)까지의 환율변화율은 양국의 인플레이션율의 차이와 거의 같다는 것을 의미한다. 예를 들면 2007년 한 해 동안 다른 사

정은 일정하고 소비자물가가 일본에서는 0%로 변함없고 한국에서는 2.5%상승했다고 하자. 상대적 구매력평가설에 의하면 원화표시 엔화환율은 약 2.5% 상승해야 함을 의미한다. 즉 원화가치가 약 2.5% 하락해야 한다. 만일 환율변화가 없다면 우리상품이 일본상품에 비하여 비싸기 때문에 양국의 가격차이를 이용하여 이익을 얻으려는 재정거래로 일본상품의 한국으로의 수출이 증가될 것이다. 이러한 재정거래는 엔화수요를 증가시키므로 엔화가치상승을 초래하여 차익이 사라질 때까지 계속될 것이다.

3. 구매력평가설의 문제점

구매력평가설(PPP)은 대체로 환율움직임의 방향을 설명하지만 정확하게 얼마나 변할지는 설명하지 못한다. 예를 들어 2007년에 한국과 미국의 소비자 물가상승률이 각각 2.5%, 2.8%였다. 이 경우 상대적 구매력평가에 의하면 원화에 대한 달러환율은 약 0.3% 하락해야 한다. 그러나 실제로는 원-달환율은 약 0.7%상승하였다. 장기적인 예를 보더라도 1973~2004년 사이에 영국의 물가는 미국에 비하여 85%나 상승하였지만 달러화가치는 파운드화에 비하여 34%정도 상승하였다. PPP에 따르면 달러화는 저평가되었고 파운드화는 고평가되었다. 이와 같이 시장환율이 PPP에 의한 균형환율에서 괴리되는 이유는 다음과 같다.

첫째, 가정의 비현실성이다. 구매력평가설은 양국의 상품들이 동질적이고 완전대체재임을 가정하며 양국의 물가지수 또한 같다고 가정한다. 그러나 대부분의 교역재는 완전대체재가 아니며, 물가지수에 포함되는 상품의 구성이나 각 상품의 가중치 역시 같지 않기 때문에 PPP가 성립되지 않는다.

둘째, 일반적으로 균형환율 계산에 사용되는 물가지수에는 교역재 뿐아니라 비교역재도 포함되고 있다. 따라서 논리적으로 균형환율은 교역재만을 대상으로 하는 물가지수를 사용하는 것이 타당하다.

셋째, 환율이 양국의 인플레이션에 의하여만 결정되지 않는다. 현실적으로 환율은 인플레이션율의 차이 이외에도 다른 요인에 의하여 변한다. 실질환율은 생산성, 기술진보, 시장구조의 변화, 공급부족 등과 같은 요인에 의하여 변할 수 있다.

넷째, 환율은 물가와 같은 속도로 움직이지 않기 때문에 단기적으로 시장환율은 구매력평가설에 의한 균형환율과 일치하지 않는 것이 일반적인 현상이다. 그 이유는 물가는 실물시장에서 경제적 변화에 따른 상품의 수요와 공급의 변화에 의하여 결정되므로 조정속도가 느린 반면에 환율은 외환시장에서 외환의 수요와 공급변화에 신속하게 반응하여 결정되고 있기 때문이다.

다섯째, 구매력평가설에 사용되는 적절한 물가지수의 선택과 새로운 상품이나 소비자의 선호도 및 기술의 변화를 어떻게 반영하는지와 관련한 문제들이 제기되고 있다.

이러한 문제점에도 불구하고 많은 실증분석들은 환율의 장기적인 변동을 분석한 결과 구매력평가설에 의한 균형환율을 지지하고 있다. 이러한 의미에서 구매력평가설을 장기환율결정이론이라고 한다. 구매력평가설은 장기 환율추세를 분석하는데 유용하며 장기균형에 대한 가치 있는 정보를 제공하기도 한다.

제 3 절 이자율평가설

구매력평가설이 재화시장에서의 일물일가의 법칙을 전제로 하는데 반해 이자율평가설(interest rate parity)은 금융시장에서의 일물일가의 법칙을 전제로 한다. 즉 이자율평가설은 국가간 자본이동이 자유롭고 금융상품이 완전 대체재인 경우 동질의 금융상품의 수익률은 어디서든 같아야 함을 의미한다. 동질의 금융상품이란 위험, 유동성, 만기 등이 같음을 의미한다. 따라서 동질의 금융상품의 예상수익률이 같지 않다면 수익률 차이를 이용한 재정거래가 발생한다. 자본은 가장 높은 예상수익률을 제공하는 시장으로 유입되며 그 결과 금융상품의 가격과 환율이 변하여 궁극적으로 국가간의 수익률이 같아지는 균형을 이루게 된다는 논리이다.

국가간 자본이동이 자유로운 경우에 투자자는 자국통화표시 자산에 투자할 것인지, 아니면 외국통화표시 자산에 투자할 것인지를 선택할 수 있다. [표 5-1]을 보면 먼저 자국통화표시 자산에 투자할 경우, 만기수익률은 국내이자율에 의하여 결정된다. 그러나 외국통화표시 자산에 투자할 경우의 만기 수익률은 투자 시 현물시장에서 외국통화로 교환해야 하므로 현물환율과 이자율 그리고 만기에는 외국통화표시 원리금을 자국통화로 다시 교환해야 하므로 만기 시 환율 수준에 의하여 결정된다. 즉 외국통화표시 자산에 투자할 경우의 수익률은 외국의 이자율 뿐 아니라 환율변동에 따라 달라진다.

이자율평가설은 해외투자 시 기대되는 수익률이 환율변동에 따라 달라지는 위험을 수반하고 있는지 여부에 따라 커버된 이자율평가와 커버되지 않은 이자율평가 또는 국제피셔효과로 구분한다.

[표 5-1] 자국과 해외투자 시 수익률 결정요인

	자국통화표시 자산에 투자	외국통화표시 자산에 투자
예상수익률	투자 시 확정 이자율	투자 시 확정이자율 투자 시 현물환율 만기 시 예상환율

1. 커버된 이자율평가

[표 5-1]에서 보는 바와 같이 자국통화표시 자산이나 외국통화표시 자산에 투자할 경우 이자율과 현물환율은 투자시점에 확정되어 있다. 그러나 외국통화표시 자산에 투자할 경우에는 만기 시의 환율이 불확실하므로 환율변동에 따른 위험을 수반하게 된다.

미래환율의 불확실성을 제거하는 방법으로 투자 초기에 만기 시 환율을 미리 고정시키는 선물환계약을 이용할 수 있다. 예를 들어 한 투자자가 1년 동안 1원을 원화표시 자산에 투자할 것인가 또는 달러표시 자산에 투자할 것인지를 결정해야 한다고 하자. 투자에 따른 위험이 같다면 투자자는 먼저 수익률을 비교하여 기대수익률이 높은 곳에 투자 결정을 할 것이다.

1년 동안 1원을 국내자산과 해외자산에 투자할 경우에 각각의 수익률을 계산해 보기 위하여 한국의 이자율은 i, 미국의 이자율은 i^*, 현재 원-달러환율은 S_0, 만기 시 환율이 F_t라고 하자.

먼저 원화표시 자산에 투자하여 1년 후에 받을 수 있는 원리금은 $(1 + i)$원이다.

다음은 i^*의 이자율로 달러표시 자산에 투자하는 경우이다. 만기 시에 예상되는 원리금을 계산하면 다음과 같다.

① 먼저 투자원금 1원을 외환시장에서 현물환율로 교환해야 하므로 달러표시 투자원금은 $(1/S_0)$달러가 된다.

② $(1/S_0)$달러를 미국에 1년 동안 투자하여 받는 원리금은 $1/S_0(1 + i^*)$달러가 된다.

③ 원화표시자산과 달러표시자산의 투자수익을 비교하기 위하여 만기 시 달러표시 원리금을 다시 원화로 환산해야 한다. 그러나 만기 시 현물환율이 얼마가 될지는 알 수 없으므로 달러표시자산의 투자수익은 불확실하다. 따라서 만기 시 투자수익의 불확실성을 제거하기 위하여 투자 초기에 1년 후에 달러당 F_t원을 받고 달러화를 매도하기로 하는 선물환계약을 체결한다면 만기 시 원화표시 원리금은 $1/S_0(1 + i^*) \cdot F_t$원으로 고정된다. 여기서 F_t는 선물환율이다. 이와 같이 해외투자 시 선물환계약을 활용하면 만기 시 환율수준에 관계없이 투자수익은 고정되므로 위험이 수반되지 않는다.

이자율평가설(interest rate parity)은 양국간 자본이동이 자유롭다면 두 시장에서 만기 시 예상되는 수익률이 같을 때 더 이상 재정거래가 발생하지 않는 즉 국가간 자본이동의 유인이 없는 균형상태를 이루게 됨을 의미한다. 이를 식으로 표현하면 식 (5.10)과 같다.

$$1 + i = \frac{(1+i^*)}{S_0} \cdot F_t \quad \text{또는}$$

$$\frac{F_t}{S_0} = \frac{(1+i)}{(1+i^*)} \tag{5.10}$$

식 (5.10)의 양변에서 1을 뺀 후 정리하면

$$\frac{F_t - S_0}{S_0} = \frac{(i-i^*)}{(1+i^*)} \tag{5.11}$$

$$\fallingdotseq i - i^*$$

식 (5.11)에서 $(F_t - S_0)/S_0$은 선물환율과 현물환율의 차이정도를 나타내는 선물환할증률(또는 할인율)이며, 균형상태에서는 항상 등호가 성립한다[4]. 그리고 $F_t > S_0$이면 선물환할증(forward premium), 반대로 $F_t < S_0$이면 선물환할인(forward discount)이라고 한다. 식 (5.11)의 분모에 있는 외국의 이자율(i^*)이 높지 않다면 선물환 할증(또는 할인)은 양국의 이자율 차이와 거의 같음을 알 수 있다.

식 (5.11)에서 투자자가 만기 시 환율변동에 따른 위험을 헤지하기 위하여 선물환율 F_t로 선물환 계약을 체결한 것을 나타내므로 커버된 이자율평가(covered interest rate parity: CIRP)라고 한다.

이자율 평가관계는 단기금융시장과 외환시장이 서로 상충관계에 있음을 보여주고 있다. 식 (5.11)에 의하면 만일 $i > i^*$이라면 $(F_t - S_0)/S_0) > 0$이 성립해야 한다. 이것은 국내이자율보다 외국의 이자율이 낮으므로 외국자산에 투자하면 단기금융시장에서 이자수익은 낮다. 하지만 외환시장에서는 선물환 할증에 의하여 보상을 받게 되므로 국내자산에 투자하는 경우와 수익률이 같게 됨을 의미한다. 반대로

4) 선물환할증률(할인율)을 스왑레이트(swap rate)라고도 한다.

$i < i^*$ 이라면 $(F_t - S_0)/S_0) < 0$이 성립해야 한다. 이것은 국내자산에 비하여 이자율이 높은 외국자산에 투자할 경우 단기금융시장에서 상대적으로 높은 수익률을 얻게 되지만 이자율 차이만큼 외환시장에서 선물환 할인으로 상쇄됨을 의미한다. 그렇지 않으면 국가간 자본이동이 자유로운 경우 자본은 이자율이 높은 나라로 일방적으로 이동하게 될 것이다.

[그림 5-1]은 선물환할증과 이자율차이와의 관계를 보여주고 있다. CIRP선상에 있는 점 C와 C'는 선물환할증률과 이자율차이가 일치하는 점들이므로 이자율평가가 성립한다. 따라서 자본이동의 유인이 없는 균형상태를 나타낸다. 그리고 CIRP 위, 아래로 점선 사이는 앞에서 언급한 거래비용의 범위를 나타내는 차익거래 불가영역에 해당한다.

[그림 5-1] 선물환할증과 이자율차이와의 관계

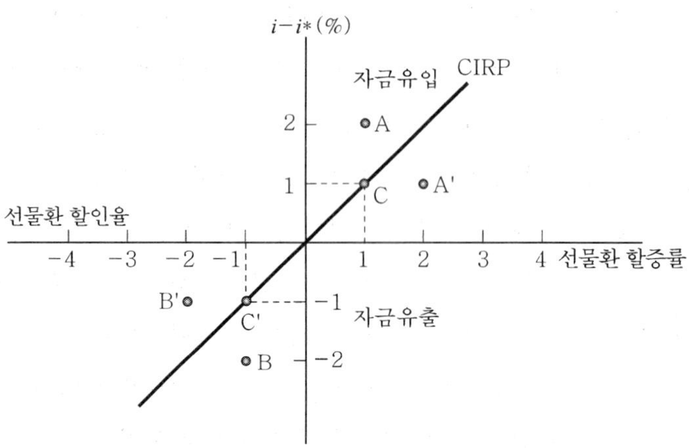

이에 비해 점 A는 자국의 이자율이 기준통화국보다 높고, 그 차이가 2%이지만 선물환할증률은 1%이다. 즉 이자율 차이가 선물환할증률보다 1% 더 크다. 따라서 자국에 투자할 경우 예상되는 수익률이 해외투자보다 1% 더 높기 때문에 자본유입이 예상된다. 반대로 점 A'은 이자율차이(1%)보다 선물환할증률(2%)이 크다. 이 경우에는 해외투자 시 환율상승을 통한 기대수익이 이자율 차이를 상쇄하고도 남기 때문에 해외투자를 위한 자본유출이 예상된다.

같은 논리로 점 B는 기준통화국의 이자율이 자국보다 1% 높지만 선물환할인율이 2%이므로 국내투자가 유리하므로 자본유입이 예상된다. 점 B′는 기준통화국의 이자율이 자국보다 2% 높지만 선물환할인율이 1%이므로 기준통화국 투자가 유리하므로 자본유출이 예상된다.

이자율 평가관계는 국제적 자본이동 및 외환시장의 효율성과도 관련되어 많은 실증분석의 대상이 되었다. 유로 통화시장과 같이 효율적인 시장에서 유통되고 있는 각 통화별 금융상품들을 대상으로 한 실증분석의 결과들은 이들의 위험이 매우 낮고 유동적인 단기자본이 재정기회에 매우 민감한 반응을 보이기 때문에 이자율 평가관계가 성립됨을 잘 입증하고 있다. 이에 반해 유로통화시장이 아닌 각 국가의 자료를 이용한 실증분석의 결과들은 이자율 평가관계의 성립여부에 대하여 회의적인 결론을 내린다. 특히 장기채권이나 직접투자 등에 있어서는 이자율 평가가 잘 성립되지 않는 것으로 알려져 있다.

이자율평가가 성립되지 않는 이유는 대체로 다음 두 가지로 설명된다. 첫째, 이자율평가관계는 외환시장의 효율성을 전제조건으로 하므로 외환시장이 비효율적인 경우에는 성립하지 않는다. 둘째, 국가간 위험이 상이한 경우, 이자율 평가가 성립하지 않을 수 있다. 위험에는 외환시장에 대한 중앙은행의 개입가능성, 원금과 이자의 송금에 대한 제약 등의 자본 및 외환통제 등이 포함된다. 이와 같은 위험가능성이 있는 경우에는 위험프리미엄이 추가로 발생하기 때문에 이자율 평가가 성립하지 않을 수 있다.

2. 국제피셔효과

국제피셔효과 역시 양국간 금융자산의 완전대체가 가능할(perfectly substitutable) 경우에 성립한다. 즉 양국간 금융자산의 수익률을 동일한 통화로 표시하면 기대수익률이 같아야 한다. 따라서 선물환계약을 활용하지 않는다면 만기 시의 예상환율(S_t^e)은 양국의 이자율차이를 반영하여 기대수익률이 같도록 변하게 될 것이다. 이를 커버되지 않은 이자율평가설(uncovered interest rate parity: UIRP) 또는 국제피셔효과(international Fisher effect)이라고 한다.

국제피셔효과(international Fisher effect)는 양국간 이자율의 차이가 양국간 통화가치의 변동을 초래하는 것으로 구매력평가와 피셔효과를 결합한 것이다. 즉 피셔효과에 의하면 양국간 예상인플레이션의 차이가 이자율의 상대적 변동을 초래하는 한편 상대적 구매력평가에 의하면 인플레이션의 차이는 환율변동을 초래하게 된다. 이를 식으로 표현하기 위하여 먼저 피셔효과를 나타내는 식 (5.3)을 다시 쓰면

$$i - i^* = \pi^e - \pi^{e*}$$

그리고 상대적 구매력평가를 나타내는 식 (5.9)를 다시 쓰면

$$\frac{S_t^e - S_0}{S_0} \fallingdotseq \pi - \pi^*$$

물가가 예상물가상승률만큼 상승한다면 $\pi = \pi^e$이 성립하므로 위에 있는 두 식으로부터 다음 식을 얻을 수 있다.

$$\frac{S_t^e - S_0}{S_0} \fallingdotseq i - i^* \qquad (5.12)$$

식 (5.12)는 국제피셔효과를 나타내는 식으로 t시점에서의 환율변동률은 양국간의 명목이자율의 차이와 같음을 의미한다. 왜냐하면 국내자산에 $i\%$의 이자율로 투자했을 때에 발생하는 원리금과 해외자산에 $i^*\%$의 이자율로 투자했을 때에 발생하는 원리금을 국내통화로 교환할 경우에 얻게 되는 원리금이 같지 않다면 차익거래가 발생하기 때문이다. 따라서 균형에서는 국내자산에 투자하든 해외에 투자하든 수익률이 같아야 한다.

국제피셔효과도 앞에서 설명한 커버된 이자율평가설과 같이 단기금

융시장과 외환시장이 서로 상충관계임을 설명한다. 즉 단기금융시장에서의 이자율차이가 현물환시장에서의 예상환율변화에 의하여 정확이 상쇄된다는 것이다. 그렇지 않은 경우에는 이자율 차이에 따라 이득을 얻으려는 재정거래가 발생할 것이다.

단지 국제피셔효과가 이자율평가설과 다른 점은 이자율평가를 나타내는 식 (5.11)에서는 t시점의 환율로 선물환율 F_t를 사용한 커버된 이자율평가관계를 나타내지만 식 (5.12)는 예상환율을 사용하고 있다는 점에서 커버되지 않은 이자율평가(uncovered interest rate parity)관계라고 한다. 다시 말하면 커버된 이자율평가가 단기금융시장과 외환시장의 균형을 선물환을 이용함으로써 확정적인 관계로 설명하고 있는데 비하여 국제피셔효과는 불확실성이 내포된 관계로 설명하고 있다. 따라서 만기 시 환율이 예상환율과 다르면 투자자는 손실 위험을 피할 수 없게 된다.

그러나 식 (5.11)과 식 (5.12)에서 선물환율과 예상환율이 같다면 즉 $F_t = S_t^e$이면 커버된 이자율평가와 국제피셔효과는 같아지며, 이를 선물환평가(forward parity)라고도 한다. 선물환평가의 성립은 외환시장이 효율적이어서 가격이 모든 정보를 반영하는 시장임을 의미한다.

제 4 절 환율, 이자율, 물가와의 관계

앞에서 환율, 이자율, 물가와의 상호관계에 대하여 살펴보았다. 이들의 관계를 그림으로 나타내면 [그림 5-2]와 같다.

첫째, 피셔효과는 두 나라사이의 명목이자율 차이와 예상인플레이션 차이의 관계를 설명한다.

둘째, 구매력평가는 두 나라사이의 인플레이션 차이와 환율변동의 관계를 나타낸다.

셋째, 커버된 이자율평가는 양국간 이자율차이와 선물환할증 (또는 할인)의 관계를 설명하며, 환율변동에 따른 위험이 선물환 거래를 통하

[그림 5-2] 환율, 이자율, 물가와의 관계

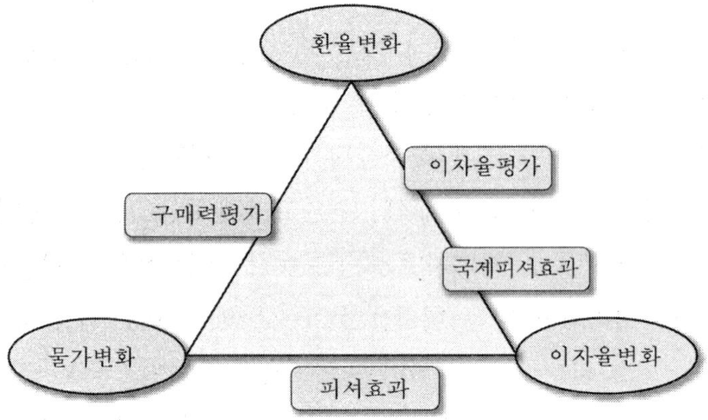

여 제거될 수 있음을 나타낸다. 이에 비해 국제피셔효과는 피셔효과와 구매력평가를 결합하여 두 나라사이의 명목이자율 차이만큼 환율이 변동할 것임을 의미한다. 따라서 외환시장이 효율적이어서 미래의 환율이 예상환율과 같다면 커버된 이자율평가와 국제피셔효과는 차이가 없지만 그렇지 않은 경우에는 환율변동에 따른 위험에 대한 보상 즉 위험프리미엄 때문일 것이다.

예를 들어 내년도 미국과 일본의 예상인플레이션이 각각 4%, 1%라면 구매력평가에 의하면 양국의 기대물가상승률의 차이는 (1+0.01)/(1+0.04)-1=-0.03이므로 미 달러화의 가치는 엔화에 비하여 3% 포인트 더 하락할 것이다. 예를 들어 엔-달러 현물환율이 ¥105.98/$라면 1년 후의 예상환율($S_t^e$)은 102.80이 될 것이다.

한편 피셔효과에 의하여 미국의 명목이자율은 일본보다 3% 더 높아야 한다. 예컨대 미국과 일본의 이자율이 각각 3.5%, 0.5%라면 양국간의 이자율 차이는 인플레이션 차이와 같게 된다. 그리고 이러한 명목이자율의 차이가 미래의 현물환율의 변동률과 같게 된다는 것이 국제피셔효과이며, 명목이자율의 차이가 선물환 할인이나 할증과 같아야 한다는 것이 커버된 이자율평가이다.

연 습 문 제

1. 다음 문장을 읽고 옳고 그름을 밝히고, 그 이유를 설명하라.
   (1) 명목이자율보다 예상인플레이션이 높으면 실질이자율은 (-)이다.
   (2) 선진국에 비해 개도국의 명목이자율이 높은 이유는 개도국의 실질이자율이 높기 때문이다.
   (3) 구매력평가에 의한 환율이 현물환율과 같지 않은 이유는 상품이 동질적이 아니기 때문이다.
   (4) 국가간 자본이동은 일반적으로 이자율이 낮은 국가에서 높은 국가로 이동한다.
   (5) 한국과 미국의 이자율차이가 1%이고 선물환 프리미엄은 2%라면 달러표시예금에 투자하는 것이 더 유리하다.
   (6) 명목금리의 차이는 두 나라 금융시장간 차익거래의 기회가 존재함을 의미한다.
   (7) 커버된 이자율평가이론에 의하면 영국의 이자율이 미국의 이자율보다 높으면 영국의 파운드화는 달러화에 대하여 선물환 할인(discount)됨을 의미한다.
   (8) 국제피셔효과란 기대환율변화율이 양국간 명목이자율의 차이와 같음을 나타낸다.
   (9) 현재 한국의 이자율은 4%, 미국의 이자율은 3%이다. 국제피셔효과이론이 성립하며, 앞으로 한국의 이자율이 상승할 것으로 예상된다면 원화가치절상이 예상된다.
   (10) 이자율평가가 성립하는 경우 커버된 이자율차익거래를 하면 이익을 얻을 수 있다.

2. 1990년 원/달러환율이 $1=₩717이며 1990년부터 2004년까지 14년 동안 우리나라의 소비자물가지수는 70에서 115로 상승하고 미국의 소비자물가지수는 76에서 108로 상승하였다고 하자. 만약 구매력평가이론이 성

립한다면 현재 원/달러 환율은 얼마가 되어야 하는가?

3. 동경외환시장에서 ¥1 = $0.0093에 거래되고 있다. 일본과 미국의 금리가 각각 연 1.5%, 3.5%이다. 이자율평가이론에 따르면 1년 후 엔/달러 환율은 얼마가 되겠는가?

4. 한국의 예상물가상승률 연 6%, 미국의 예상물가상승률 연 3.5%, 한국의 이자율 연 5%, 미국의 이자율 연 3%, 현재환율 $1 = ₩1000, 1년물 선물환율 $1 = ₩1030이라고 가정하고 다음 물음에 답하라.
   (1) 구매력 평가에 의한 1년 후 환율은 1년물 선물환율과 비교하여 얼마나 차이가 있는가?
   (2) 피셔효과가 성립하기 위하여 한국의 예상물가상승률은 현재 예상물가상승률보다 얼마나 가감되어야 하는가?
   (3) 국제피셔효과가 성립한다면 1년 후 예상환율은 얼마인가?

제 6 장

현물환거래

국제외환시장에서 차지하는 현물환거래의 비중이 선물환이나, 외환스왑과 같은 다른 외환거래에 비해 상대적으로 작지만 현물환거래는 모든 외환거래의 기본이 된다. 앞으로 다룰 선물환, 외환스왑, 통화선물, 통화옵션 등은 모두 현물환율을 기초로 하여 거래가 이루어질 뿐 아니라 현물환거래 시 발생할 수 있는 위험을 회피하기 위한 수단으로 현물환거래로부터 파생된 거래이다.

현물환 거래와 관련하여 기초적인 개념들은 이미 앞장에서 설명되었다. 따라서 본장은 제 1절에서 현물환거래 개요를 설명한다. 여기에는 현물환거래의 의의, 현물환거래의 메커니즘, 결제일 산정방법, 국제외환시장에서 사용되는 환율고시방법 등을 설명한다. 제 2절 현물환거래에 따른 손익, 현물환율의 변동성, 현물환거래의 현황 등 현물환거래 실무와 관련된 내용을 다룬다.

6 chapter
현물환거래

제 1 절 현물환거래 개요

1. 현물환거래의 의의

현물환거래(spot transaction)는 [그림 6-1]에서 보는 바와 같이 거래일 또는 계약일로부터 2영업일 이내에 결제가 이루어지는 거래이다. 일반적으로 현물환거래에서 대고객거래는 계약 즉시 수도결제가 이루어지지만 은행간 거래는 결제일까지 2일이 걸린다. 그 이유는 크게 두 가지가 있다. 첫째, 외환거래는 서로 다른 통화간의 거래이므로 매입통화와 매도통화의 결제지역 간에 최대 18시간까지의 시차가 존재하는 글로벌 비즈니스이다. 따라서 거래 당일이나 다음 날 결제가 현실적으로 어렵다. 둘째, 은행이 자금이전을 수행하기 위하여 필요한 서류작업들을 처리하는데 시간이 걸린다. 즉 거래계약서 작성과 교환된 통화가 거래 상대방의 은행계정에 인도되는데 통상 2일이 걸린다. 특히 외환통제가 있는 경우에는 행정절차를 마치는데 추가로 시간이 필요하기 때문이다. 따라서 결제가 완료될 때까지 외환거래의 당사자는 신용위험(credit risk)에 노출된다.

물론 거래일로부터 2영업일 이전에 결제가 이루어지는 거래(pre-spot 또는 ante-spot)도 있다. 예를 들면 미국달러와 캐나다 달러사이의 현물환거래는 거래 다음 날에 결제되는 익일결제(value tomorrow)이다. 이와 같이 거래 당일에 현금으로 결제되거나(value today), 거래일 다음날에 결제되는 익일거래도 있지만 거래비중은 매우 적다. 그리고 이 경우에 적용되는 환율은 현물환율에서 양국통화의 이자율차이가 조기결제에 따른 비용에 영향을 미친다는 사실을 반영하여 결정된다.

일반적으로 외환거래라고 하면 2영업일에 결제(value spot)가 이루어지는 현물환거래를 의미하고 환율이라고 하면 현물환 거래 시 적용되는 현물환율을 말한다. 선물환거래나 외환스왑거래도 현물환율을 토대로 산출한 선물환율에 의해 거래가 이루어지는 것이므로 현물환거래가 모든 외환거래의 기본이 된다.

[그림 6-1] 현물환 결제일

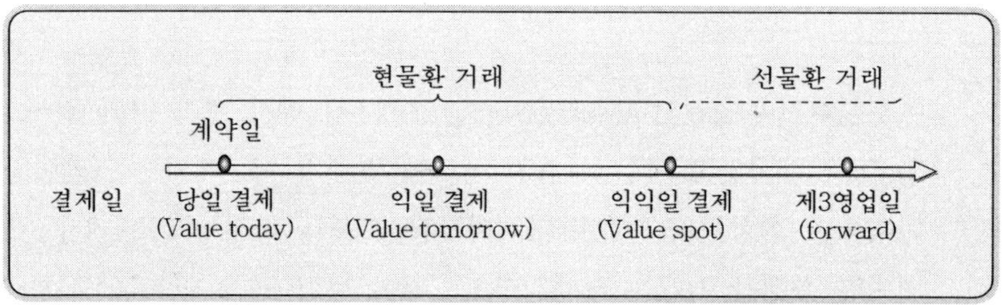

2. 현물환거래의 메커니즘

제2장에서 설명한 바와 같이 현물환거래는 두 통화의 직접교환이지만 자금의 직접 수수가 아니라 해당되는 통화 당사국의 지급시스템을 통하여 [그림 6-2]와 같이 은행간 계좌이체로 종료된다. 예를 들면 7월

16일에 뉴욕에 있는 A은행이 도쿄에 있는 B은행에게 1000만 달러를 달러 당 108.24엔에 팔기로 현물환계약을 했다고 하자. 이 경우에 결제일인 7월 18일에 B은행은 도쿄에 있는 A은행의 계좌(nostro a/c)에 10억 8240만 엔을 지불하고, A은행은 미국에 있는 B은행의 계좌(nostro a/c)에 1000만 달러를 지불함으로써 현물환거래는 완료된다.

[그림 6-2] 현물환거래의 메커니즘

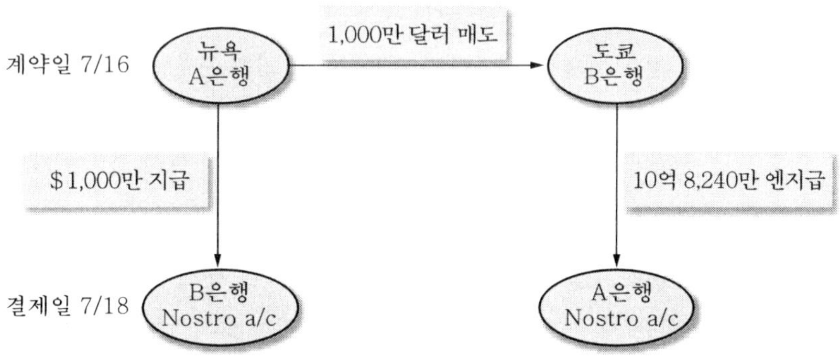

자금이전과정에서 은행들은 다음과 같은 사항들을 중점적으로 점검해야 한다.

① 거래 상대방의 이름

② 명시된 통화의 매입 또는 매도여부

③ 거래금액

④ 매도통화가 보내져야 하는 장소

⑤ 상대방이 매입한 통화가 보내져야 하는 장소

⑥ 거래에 합의된 환율

⑦ 결제일

만일 위에 열거한 항목 중 하나라도 정확하지 않거나 잘못 기재된다면 거래당사자 중 하나나 모두에게 비용이 발생할 수 있다.

한편 고객의 입장에서 외환거래를 원하는 은행이나 기업은 선화도 환율을 고시하는 여러 은행에게 환율을 조회한 후 외환거래를 시작한다. 이 경우 고객은 자신이 외환을 매입하려는지 또는 매도하고자 하는지 밝히지 않는다. 왜냐하면 상대방 은행이 고객의 의도를 알아채면 은행에게 유리한 환율을 제시하므로 고객입장에서는 손실을 보게 되기 때문이다.

고객은 외환거래 시점을 잘 선택해야 한다. 불확실성이 클수록 스프레드가 커지는 경향이 있으므로 이러한 경우는 피하는 것이 좋다. 예를 들면 소비자물가지수와 같은 주요경제지표가 발표될 때이거나 주요 뉴스가 평가되지 않은 채 발표될 때에는 환율변동이 커지므로 외환거래를 피하는 것이 좋다. 왜냐하면 은행들은 외환포지션을 보호하기 위하여 일시적으로 스프레드를 확대하는 경향이 있기 때문이다.

여러 통화를 거래하는 은행들은 스스로 선택한 환율을 고시한다. 따라서 은행마다 고시환율이 다르므로 고객은 자신에게 가장 유리한 환율을 고시하는 은행과 거래하도록 해야 한다. 특히 특정통화를 집중적으로 거래하는 은행은 다른 은행보다 특정통화에 대하여 가장 유리한 환율을 제시한다. 그러나 환율이 계속 변하므로 항상 가장 유리한 환율을 고시하는 은행과 거래하기란 쉽지 않다.

전세계 여러 금융시장에서 외환거래를 하는 기업들은 런던외환시장의 거래시간과 같이 가격경쟁이 치열하여 가장 좁은 스프레드를 제시하는 시점을 이용하는 것이 유리하다.

3. 결제일 산정

현물환 결제일은 반드시 거래에 관련된 두 통화국의 영업일이어야 한다. 두 나라에 공휴일이 없는 일상적인 한 주를 생각해 보자. 현물환 계약 체결일이 월요일이면 수요일이 화요일이면 목요일이 목요일이면 다음 주 월요일이 현물환 결제일이 된다. 영업일은 토요일, 일요일 및 거래대상 두 통화 당사국 중 어느 한 나라든지 공휴일은 포함하지 않는다. 예를 들어 수요일이 영국의 공휴일이라고 하자. 월요일에 파운드화로 이루어진 모든 국제거래의 결제일은 목요일이 된다. 따라서 월요일에 거래된 파운드화에 대한 달러화의 결제일은 목요일이다. 그러나 같은 월요일에 거래된 유로화나 스위스 프랑에 대한 달러의 결제일은 수요일이다. 수요일에 현물환 거래가 이루어지면 2일 후인 금요일이 은행휴일이 아니면 결제일이 된다. 만일 금요일이 두 당사국 중 어느 한 나라든지 공휴일이라면 다음 주 월요일이 결제일이 된다. 게다가 대부분의 거래가 미국 달러화로 이루어지기 때문에 결제일이 뉴욕의 공휴일이라면 결제일은 다음 영업일이 된다. 그러나 미국달러와 캐나다달러 간의 거래는 통상 계약일 다음날에 결제(익일결제)가 이루어진다. 중동지역에 있는 외환시장은 토요일 대신 금요일에 문을 열지 않는다. 따라서 사우디 통화인 리알(riyals)과 달러와의 거래에서 달러는 금요일에, 리알화는 토요일에 각각 결제된다.

그러나 위의 예에서 영국에 있는 개인이 월요일에 스위스 프랑과 미 달러를 거래한 경우 결제일은 수요일이 된다. 이는 영국 금융기관들이 수요일에 영업을 하지 않는다 할지라도 스위스 프랑과 미 달러의 결제에는 문제가 없기 때문이다.

결제일과 공휴일의 규칙이 어떻게 작용하는가를 보기 위하여 자금이전과정을 보기로 하자. 영국의 한 회사가 월요일에 영국의 거래은행에게 달러를 매입하고 엔화를 매도하는 현물환 거래를 요청할 경우 수요일이 영국의 공휴일이라도 결제일은 수요일이 된다. 수요일에 엔화 소유권은 회사에서 은행으로 이전될 것이며, 달러 소유권은 은행에서 영국의 회사로 이전될 것이다. 이러한 자금의 이전은 영국에서 이루어지는 것이 아니라 일본과 미국에서 이루어지기 때문이다. 미국과 일본은 수요일이 공휴일이 아니기 때문에 수요일은 엔화와 달러를 포함하는 거래의 합법적인 결제일이다. 따라서 이 영국회사는 수요일에 영업을 하지 않지만 수요일에 달러의 소유권을 얻고 엔의 소유권은 잃게 된다. 자금이전이 영국 밖에서 두 통화 당사자에 의하여 이루어지기 때문이다.

4. 환율고시방법

모든 외환거래는 두 통화사이의 교환이다. 각 통화는 [표 6-1]에서 보는 바와 같이 국제표준기구(International Standardization Organization: ISO)가 부여하는 3개의 문자로 구성된 ISO코드로 표시된다. 따라서 두 통화사이의 현물환율(spot rate)은 해당통화의 ISO코드를 (/)로 구분하여 고시하는데 '/'의 왼쪽에는 기준통화를, 오른쪽에는 피고시통화를 나타낸다.

[표 6-1] 주요 통화의 표기, 거래최소단위 및 ISO코드

국가	통화	표기	최소단위	ISO 코드
미국	달러(dollar)	$	100센트	USD
유럽연합(EU)	유로(euro)	€	100유로센트	EUR
일본	엔(yen)	¥	1엔	JPY
영국	파운드(pound sterling)	£	100펜스	GBP
스위스	프랑(franc)	Fr	100센트	CHF
호주	달러	A$	100센트	AUD
캐나다	달러	Can$	100센트	CAD
한국	원(won)	₩	100전(사용안함)	KRW

국제외환시장에서 현물환율은 은행이 기준통화 한 단위를 사고파는데 필요한 피고시통화의 양으로 고시된다. 즉 환율은 피고시통화로 환산한 기준통화의 가격이다. 예를 들어 USD/JPY = 108.50은 기준통화인 달러 1단위는 108.50엔과 교환됨을 의미한다.

국제외환시장에서 환율고시 관행은 기축통화(Key Currency)인 미국 달러화가 기준통화이고 다른 국가의 통화는 피고시통화가 되는 유럽식 표시법을 사용하고 있다. 그러나 영국의 파운드, 호주의 호주달러, 남아프리카의 랜드 등 영연방 통화와의 거래에서는 이들 통화가 기준통화이고 달러화가 피고시통화가 되는 미국식표시법을 사용하고 있다. 예를

들어 GBP/USD =1.8123는 1파운드와 교환되는 달러의 양이 1.8123달러임을 나타낸다.

환율은 매입률과 매도율 순으로 동시에 고시되는데 매입률은 은행이 고객으로부터 기준통화를 매입하는 환율이며, 반대로 매도율은 고객에게 기준통화를 매도할 때 적용하는 환율이다.[1] [그림 6-3]에서 보는 바와 같이 은행과 고객은 서로 거래의 반대 입장에 있다. 따라서 매입률은 고객입장에서 기준통화를 매도하고 피고시통화를 매입하는 가격이며, 매도율은 기준통화를 매입하고 피고시통화를 매도하는 가격이다. 예를 들어 고객이 원화로 달러를 매입하고자 한다면 고객은 매도율로 달러를 매입하며 반대로 고객이 달러를 매도하고자 한다면 매입률로 매도한다. 즉 은행은 'buy low, sell high'의 원칙에 따라 환율을 적용한다.

[그림 6-3] 현물환율 고시 예

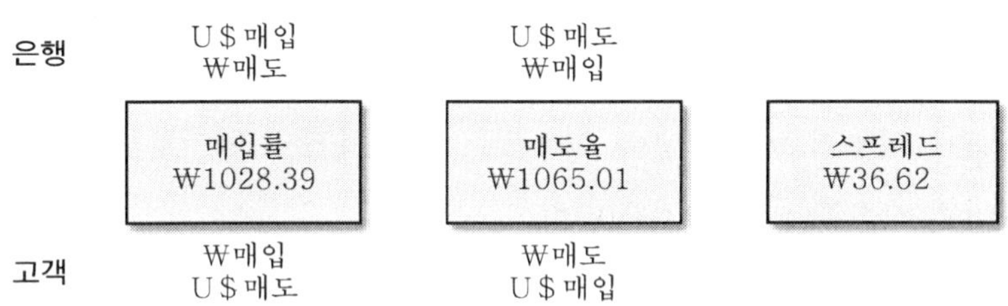

관행상 환율은 소수점 이하 4자리 즉 해당통화가 실제 상거래에서 사용되는 최소화폐단위의 100분의 1까지 고시된다. 예를 들어 미국의 경우 실제 상거래에서 사용되는 최소화폐단위는 1센트, 0.01달러이므로 환율은 소수 넷째 자리까지 고시된다. 그리고 최소화폐단위 이하의 숫자를 pips 또는 points라고 하며 스프레드는 pips이나 points로 표시된다. 한편 환율변동에서 최소화폐단위는 잘 변하지 않으므로 big figure

1) 우리나라의 외국환은행들은 환율을 고시할 때 은행입장에서 매입률/매도율 순으로 고시하지 않고 고객의 편의를 위하여 고객입장에서 고객이 살 때/팔 때의 순으로 환율을 고시하기도 한다.

라고 한다. 예를 들면 달러에 대한 스위스프랑의 현물환율이 1.2960/65이라면 스프레드는 5포인트이며, 앞의 '1.29'는 big figure이다. 그러나 일본 엔화나 원화는 실제 상거래에서 사용되는 최소화폐단위가 정수이므로 환율은 ¥108.68/70, ₩1008.00/50와 같이 소수 2째 자리까지 고시된다.

제 2 절 현물환거래 실무

1. 현물환거래에 따른 손익

외환거래는 보통 기준통화의 10만단위로 이루어진다. 이 경우에 매입자는 거래금액을 전부 예치하는 것이 아니라 거래금액의 1-5%에 해당하는 마진(margin)을 예치하게 된다. 예치금은 만일 미국브로커라면 달러로 예치하고 영국의 브로커라면 파운드로 예치하면 된다. 만일 예치금이 최소기준에 미달할 경우에는 추가자금을 예치하도록 요구하는데 이를 마진콜(margin call)이라고 한다.

고객이 한 통화를 매입하면 그 통화에 대하여 롱 포지션(long position)에 있게 되며 반대로 한 통화를 매도하면 그 통화에 대하여 숏 포지션(short position)에 있게 된다. 이 경우에 포지션을 정리하려면 같은 통화로 반대매매를 한다. 예를 들어 영국 파운드화로 ₤100,000 매입은 ₤100,000 매도로 거래가 종료된다.

외환포지션의 청산에 따른 손익의 예를 살펴보면 다음과 같다. GBP/USD의 현물환율 = 1.8123/26이다. A는 앞으로 파운드 가치가 상승할 것으로 예상하여 ₤100,000를 매입하고자 한다. 이 경우 A에게 적용되는 환율은 매도율인 파운드 당 $1.8126이 된다. 따라서 A의 총거래대금은 $181,260이며, 파운드 롱 포지션에 있다. 일주일 후 A의 예상대로 환율이 1.8175/80로 상승하여 A는 롱 포지션을 종료하기 위하여 같은 금액의 파운드를 매도하고자 한다. 파운드 매도 시 A에게 적용되는 환율은 1.8175가 된다. 즉 A는 ₤100,000를 1.8126에 매입하여 1.8175에 매도하므로 A는 파운드 당 $0.0049의 이윤을 얻으며, 총이윤은 $490이 된다. 반대로 파운드의 가치가 A의 예상과 달리 1.8110/14로 하락하였다고 하자. 이 경우에 A가 롱 포지션을 종료하고자 한다면 A에게 적용되는 파운드 매도환율은 $1.8110이다. 즉 A는 $1.8126로 ₤100,000를 매입하여 $1.8110로 매도하므로 파운드 당 $0.0016 손실을 입게 되어 총손실액은 $160이 된다.

[표 6-2] 현물환거래의 손익

거래형태	환율상승 시	환율하락 시
₤100,000 현물환매입	1.8123/26	1.8123/26
₤100,000 현물환매도청산	1.8175/80	1.8110/14
A의 손익	$0.0049×100000=$490	-$0.0016×100000=-$160

2. 현물환율의 변동성과 유동성

외환거래량이 증가함에 따라 달러-엔, 유로-달러, 파운드-달러와 같은 주요통화의 환율변동성이 증가하고 있다. 외환거래량이 증가한 이유로는 첫째, 과거에는 외환거래가 주로 무역이나 투자와 관련되어 발생하였으며 외환시장에서 은행간 거래는 거의 발생하지 않았다. 한 회사와 예컨대 달러-엔 현물환을 거래한 은행은 반대매매를 통하여 포지션이 청산될 때까지는 환율변동에 노출되어 있다. 그러나 지금은 이 은행은 다른 은행과의 거래를 통하여 이러한 노출을 제거할 수 있기 때문에 거래량이 증가한다.

둘째, 은행의 딜러, 브로커, 투자자, 심지어는 회사들까지도 앞으로의 환율움직임에 대한 예상을 근거로 한 투기거래로 외환거래량이 증가한다. 만일 통화가치가 상승할 것으로 예상하면 투기자들은 미리 통화를 매입한 후 실제로 통화가치가 상승하면 매도하여 환차익을 누릴 것이다. 반대로 통화가치하락이 예상되면 미리 매도한 후 나중에 낮은 환율로 매입청산 함으로써 환차익을 누릴 수 있다. 따라서 최근에는 무역관련 외환거래는 총 외환거래의 2~5%를 차지할 뿐이며, 투기목적의 외환거래와 은행간 외환거래가 대부분을 차지하고 있다. 이러한 외환거래는 대부분 단기로 이루어지기 때문에 환율이 심지어는 하루 동안에 5% 이상 큰 폭으로 변동하기도 한다.

이와 같이 대규모 은행간 외환거래와 투기목적의 외환거래로 발생하는 예상치 못한 환율변동은 무역이나 투자목적의 외환거래를 하는 비은행 기업들에게 환율변동에 따른 위험을 가중시키고 있다.

한편 대규모 은행간 외환거래와 투기목적의 외환거래는 외환시장의 유동성을 높여주기 때문에 통화간 거래를 원활하게 해준다. 특히 유동성이 높은 시장일수록 경쟁이 치열하여 매입률과 매도율의 차이인 스프레드가 좁아진다. 각 통화의 유동성은 외환시장에 따라 다르다. 예를 들면 캐나다 달러는 토론토, 뉴욕과 런던 외환시장에서 유동성이 높지만 다른 시장에서는 그렇지 않다. 따라서 캐나다 달러는 토론토, 뉴욕, 런던 현물환시장에서 가장 경쟁력 있는 가격으로 거래가 이루어진다. 특히 런던과 뉴욕의 외환시장이 동시에 열리는 시간대에는 유동성이 커지므로 스프레드가 좁지만 런던시장이 폐장되는 오후 4:30 이후 뉴욕시장의 스프레드는 다시 커지는 경향이 있다. 따라서 외환을 가장 경쟁력 있는 가격으로 거래하는 은행만이 고객들에게 유리한 가격을 제시할 수 있으므로 고객은 이러한 은행을 찾는 어려움을 안고 있다.

3. 현물환거래의 현황

(1) 국내외환시장

서울외환시장에서 외국환은행간 외환거래는 중개회사를 통한 장내거래를 원칙으로 하며, 외환거래 시 해당은행과 중개회사간 설치된 전화 또는 전용전산망을 이용하여야 한다. [표 6-2]에 있는 은행간 현물환시장에 대한 주요 내용은 다음과 같다. 거래시간은 원칙적으로 은행영업일의 오전 9시에서 오후 3시까지이며, 거래단위는 100만 달러 이상 50만 달러 단위로 이루어진다.[2)]

[표 6-2] 은행간 현물환시장

종류	주요 내용
거래시간	월-금요일 9:00-15:00 (6시간)
거래단위	100만 달러이상 50만 달러 단위
호가방법	10전 단위
거래체결	EBS, 전화 주문방식으로 매매주문, 전산으로 자동 체결
참가기관	56개 (49개 국내외 은행 포함)

서울외환시장에서 거래되는 외환거래 중 현물환거래비중은 꾸준히 감소하고 있으나 여전히 50% 이상을 차지하고 있다.[3)] 외환위기 이전인 1996년까지는 거의 모든 거래가 현물환거래였으나 외환위기 이후 환율변동에 따른 위험관리의 필요성이 강조되면서 현물환거래의 비중이 점차 줄어들고 있다.

(2) 국제외환시장

국제 외환시장의 공식적인 거래시간은 시드니 시간 월요일 오전 5시로부터 뉴욕 시간 금요일 오후 5시까지이다.

국제외환시장에서 하루 평균 거래되는 전통적 외환거래 가운데 현물환거래가 차지하는 비중은 [표 6-3]에서 보는바와 같이 1989년에는 53.7%를 기록하였으나 2007년에는 31.3%로 지속적으로 감소하고 있음을 알 수 있다. 현물환 거래는 주로 은행간 장외거래로 이루어지기 때문에 거래금액은 특별히 정해져 있지 않으나 통상 1백만 달러단위로 이루어진다. 그러나 금액이 통상 1백만 달러 이하의 소규모일 경우에도

2) 서울외환시장에서 중개회사를 통한 외환거래의 최저금액에 대한 규정은 2008년 1월 외환시장협의회 행동규범개정시 삭제됨.

3) 제 3장에 있는 [그림 3-3] 참조.

Calling Bank가 자신의 거래방향을 사전에 밝히면 유리한 고시환율을 받을 수 있으며, 제시된 환율이 시장환율과 동떨어진 아주 불리한 환율이 아닌 한 거래를 하는 것이 관행이다.

[표 6-3] 현물환거래비중

단위: (%)

구분	1989	1992	1995	1998	2001	2004	2007
현물환 거래	53.7	48.0	41.5	38.1	32.3	33.2	31.3
선물환 거래	4.6	7.1	8.2	8.6	10.9	11.0	11.3
외환스왑거래	32.2	39.5	45.9	49.3	54.7	50.2	53.4

연 습 문 제

1. 도쿄 외환시장에서 USD/JPY = 108.68-108.70와 같이 환율을 고시하는 방법을 무엇이라고 하는가?

2. USD/CAD = 0.9858/75라면 스프레드는 얼마이며, CAD/USD는 얼마인가?

3. 달러화의 가치가 스위스 프랑에 대해 하락하지만 엔화에 대해서는 오를 수 있는가? 그렇다면 스위스 프랑과 엔화 사이의 환율 즉 CHF/JPY는 어떻게 변하겠는가?

4. 현물환율이 다음과 같다.

    GBP/CHF = 2.2997-2.3011
    USD/JPY = 108.68-108.70
    GBP/USD = 1.8123-1.8126

    (1) 스위스의 한 기업이 영국에 시계를 수출한 대금으로 £100,000를 받았다. 스위스프랑으로 교환하려고 할 경우, 적용환율과 총 금액은 얼마가 되겠는가?
    (2) 일본에서 1000만 엔어치 전자제품을 수입한 미국기업이 수입대금을 지불하기 위하여 일본 엔을 매입하고자 한다. 은행이 고객에게 고시한 환율은 얼마인가?
    (3) 영국회사가 미국에서 500만 달러에 해당하는 옥수수를 수입하였다. 은행이 수입대금을 지불하기 위하여 500만 달러를 매입하려는 영국회사에게 고시한 환율은 얼마이며, 총 얼마의 파운드가 필요한가?

5. 은행고시환율이 USD/KRW = 1028.50-1049.00이고, 미국 투자가가 한국에 U$500,000을 투자한다면 원화표시 투자금액은 얼마인가?

6. EUR/USD의 현물환율이 1.6122/27에서 하락할 것으로 예상하여 100,000를 매도하기로 하였다. 환율이 예상대로 1.5955/1.5958로 하락한 경우와 예상과 달리 오히려 1.6387/90으로 상승한 경우의 손익을 구하라.

[부록] 외환거래 관련 용어

국제외환시장에서 환율은 초 단위로 변동하기 때문에 외환거래에서 사용되는 용어들은 매우 간결하다. 다음은 외환거래에서 주로 사용되는 용어들이다.

1. Choice 또는 your choice : 환율고시은행(quoting bank)이 한 개의 환율을 제시하고 choice라고 하는 경우, 예를 들어 "USD/CHF 1.0173 choice"라고 하면 이는 calling bank가 CHF1.0173으로 1달러를 사거나 팔 수 있음을 말한다. 이러한 제의는 통상 소액거래 시 quoting bank가 calling bank에게 호의적으로 제시하는 경우이다.
2. I take 또는 Mine : 제시된 환율로 calling bank가 기준통화를 사고자 할 때 사용하는 용어, 예컨대 제시된 환율이 USD/JPY 106.68/72일 경우 calling bank가 I take 또는 Mine이라고 말하면 calling bank가 106.72엔을 주고 1달러를 사는 것을 의미한다.
3. I give 또는 yours : 제시된 환율로 calling bank가 기준통화를 팔고자 할 때 사용하는 용어이다.
4. No interest, Nothing there, Nothing Done, Sorry nothing: quoting bank가 제시한 환율이 만족스럽지 않은 경우 calling bank가 사용하는 용어로 거래가 성립되지 않았음을 의미한다.
5. Change: 시장상황이 급변할 경우 quoting bank가 환율제시 후 calling bank가 거래방향을 선택하기 전에 환율을 새로 제시하고자 할 때 사용하는 용어이다.
6. Off 또는 Off the price: 시장상황이 급변할 경우 또는 현재의 환율 수준에서 거래하고 싶지 않은 경우에 quoting bank가 사용하는 용어로 제시한 환율이 무효임과 동시에 새로운 환율도 제시하지 않겠다는 의미이다.
7. Your risk/My risk: Your risk는 환율제시 후 calling bank로부터 응답이 지체될 경우 응답지연으로 인하여 환율이 변할 수 있음을 알릴

때 quoting bank가 사용하는 용어이다. 이 경우에 calling bank가 거래를 지속하고 싶으면 "Rate again please"라고 하여 새로운 환율을 제시받아야 한다.

My risk는 calling bank가 제시된 환율에서 거래하고 싶지 않은 경우 quoting bank에게 환율변경권한을 부여하고자 할 때 calling bank가 사용하는 용어이다.

8. Indication rate 또는 Reference rate: calling bank가 현재의 시황을 알아보기 위하여 quoting bank에게 요구하는 참고용 환율이다. 따라서 실제거래환율과는 다르다.
9. Firm price : 언제든지 거래 가능한 환율이다.
10. Improve, Narrow, Close, Squeeze : bid rate와 offered rate의 차이인 스프레드를 좁히는 것을 말한다.
11. Sec, Mom, Ticcy, Tick : Just Second, Moment의 약자이다.
12. Bull market (Bullish)과 Bear market (Bearish): 강세시장과 약세시장

❖ 현물환거래 실례

다음은 calling bank가 quoting bank로부터 미 달러화로 영국 파운드화의 현물환 매입거래를 하는 예이다. 각 문장 앞에 #이 있는 경우는 calling bank의 메시지이며, quoting bank의 메시지는 앞에 한 칸을 띠고 시작한다.

GBP/USD 5 (GBP와 USD의 5백만 현물환거래임을 나타냄)

SURE 32 42 (quoting bank가 매입률과 매도율의 big figure를 생략하고 pips만 고시)

MY RISK (고시된 환율이 만족스럽지 않은 경우에 calling bank가 사용하는 용어로 32 42는 더 이상 유효한 환율이 아님)

RATE AGAIN PLEASE (calling bank가 quoting bank에게 새로운 환율을 제시해줄 것을 요청할 때 쓰는 용어)

31 41 (quoting bank가 새로운 환율 31 41을 제시함, 만일 이 환율도 만족스럽지 않다면 NOTHING THERE 또는 NO INTEREST라고 하면 됨)

41 (calling bank가 41로 GBP 매입)

TO CONFIRM YOU BUY GBP 5 MIO AG USD (quoting bank가 calling bank에게 달러로 5백만 파운드 매입을 확인함)

RATE 1.8741 VALUE 17JUL08 (매입률 1.8741 결제일 2008년 7/17)

MY USD TO CITI BANK, NEW YORK CH 009575 (quoting bank가 달러를 시티은행,뉴욕의 자기은행의 nostro a/c에 보내도록 함)

WHERE FOR YOUR GBP (calling bank의 파운드는 어디로 보낼지 묻고 있음)

TO CONFIRM I BUY GBP 5 MIO AGST USD AT 1.8741 (calling bank가 달러로 5백만 파운드를 1.8741의 환율로 산 것을 확임함)

MY GBP TO NATWEST LDN (calling bank가 파운드를 런던, National Westminster 은행에 개설된 자기은행의 nostro a/c에 보내도록 요청함)

TKS BIBIFN (Thanks for the deal bye bye for now)

제 7 장

선물환거래

제 1 절 선물환거래의 개요
제 2 절 선물환거래의 손익구조와 거래동기
제 3 절 균형선물환율의 결정

일반적으로 외환거래는 계약시점과 결제시점이 다르기 때문에 두 기간사이에 발생하는 환율변동으로 인하여 위험이 발생할 수 있다. 이와 같이 환율변동에 따르는 위험을 회피하기 위한 수단으로 선물환거래가 활용되고 있다. 선물환은 다음 8, 9, 10장에서 다룰 외환스왑, 통화선물, 통화옵션과 마찬가지로 특정통화의 환율변동으로부터 파생된 외환상품으로 부외거래계약(off-balance sheet contracts)이며, 영합게임(zero-sum game), 레버리지효과(leverage effect) 그리고 청산거래(off-set transaction)라는 특징이 있다.

제 1 절은 선물환거래의 의의, 유형과 특징 등을 포함하는 선물환거래의 개요를 다룬다. 제 2 절 선물환거래의 손익구조와 거래동기를 설명한다. 제 3 절은 제 5 장에서 설명한 이자율평가관계를 토대로 균형선물환율의 결정에 대하여 설명한다.

7 chapter

선물환거래

제 1 절 선물환거래의 개요

1.선물환거래의 의의

선물환거래는 현물환거래와 마찬가지로 한 통화로 다른 통화를 사고 파는 거래이다. 외환시장에서 현물환거래는 거래일로부터 2영업일 이내에 결제가 이루어진다. 이에 비해 선물환거래는 계약일에 당사자간에 미리 정한 환율 즉 선물환율로 외환매매를 계약하고 2영업일 후인 미래 특정시점(선물환계약의 만기)에 수도결제가 이루어지는 부외(off balance sheet)거래로 선도거래(forward transaction)라고도 한다. 일반적으로 계약일과 결제일 사이의 기간에 따라 1주일물, 1개월물, 3개월물, 6개월물 그리고 1년물 등으로 구분한다.

이와 같이 선물환의 결제는 통화의 인수도가 이루어지는 만기에 이루어지기 때문에 계약 시에 현금흐름 없이 미래의 환율을 계약시점에 고정시킴으로써 미래의 환율변동에 상관없이 계획대로 자금을 운영할 수 있다는 장점이 있다. 그러나 선물환계약은 일단 체결되면 구속성을 갖기 때문에 당사간의 합의가 없으면 계약조건을 변경할 수 없으며, 계약은 반드시 이행되어야 한다. 따라서 딜러가 계약이행을 위하여 미리 담보를 요구할 수도 있지만 거래가 실제로 발생하기 전까지는 자금수수가 발생하지 않는다.

2. 선물환거래의 유형

선물환거래는 계약기간에 따라 표준일(straight dates)거래와 비표준일(odd date 또는 broken date)거래로 구분할 수 있다. 선물환거래에서 표준일이란 표준계약기간(standard contract period)에 해당하는 결제일을 말한다. 선물환의 표준계약기간은 보통 1개월, 2개월 3개월, 6개월, 1년 등으로 선물환의 만기가 표준일에 해당하는 거래를 표준일 거래라고 한다. 그러나 때로는 고객의 요구에 따라 선물환계약의 만기가 표준일과 표준일 사이, 예컨대 2개월과 3개월 사이인 70일이나 81일인 경우가 있다. 이와 같이 표준일이 아닌 선물환 계약을 비표준일(odd 또는 broken date) 거래라고 한다.

다음으로 선물환거래는 일방적인 선물환거래(outright forward transaction)와 스왑거래(swap transaction)로 구분할 수 있다. 일방적인 선물환거래는 선물환을 매입하거나 매도하는 한 방향의 거래인데 비하여 스왑거래는 제 8장에서 자세히 설명하겠지만 서로 반대방향의 두 거래가 동시에 이루어지는 거래이다. 예를 들면 만기가 서로 다른 선물환매입과 선물환매도가 동시에 이루어지는 거래이다.

3. 선물환거래의 특징

(1) 결제일 거래

외환거래의 결제일(value date)은 해당통화가 실제로 인수되고 지급이 이루어진 날을 의미한다. 현물환거래는 일반적으로 결제일이 계약 후 2 영업일인데 비하여 선물환거래는 [그림 7-1]에서 보는 바와 같이 현물환 결제일로부터 계산한 미래의 특정일이 된다.

선물환거래의 결제일을 산정하려면 먼저 해당 통화의 현물환 결제일이 언제인지를 확인한 후 여기에 선물환 개월 수 예컨대 1개월, 3개월 등을 더하면 된다. 그러나 이렇게 구한 선물환의 결제일이 거래 당사자의 휴일이면 다음 영업일이 결제일이 된다. 예를 들면 2008년 6월 10일에 합의한 1개월 선물환 계약의 결제일은 현물환결제일인 6월 12일에 1개월을 더한 2007년 7월 12일이 된다. 그러나 7월 12일이 토요일이므로 다음 영업일인 7월 14일, 월요일이 결제일이 된다.

현물환 결제일이 그 달의 마지막 영업일일 경우, 선물환 계약의 결제일은 달을 넘기지 않고 예외적으로 해당월의 마지막 영업일이 된다. 예를 들면 2008년 3월 31일 월요일이 현물환 결제일이라면 1개월 선물환 계약은 2008년 4월 30일 수요일, 2개월 선물환 계약은 5월 30일 금요일이 된다.[1)]

[그림 7-1] 선물환 결제일

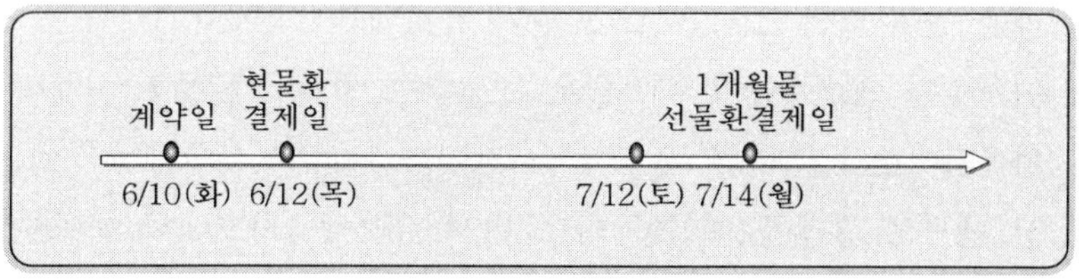

(2) 장외거래

선물환은 기초통화, 금액, 만기 등의 거래조건을 거래 당사자들의 필

1) 2개월 선물환의 예에서 5월의 마지막 영업일인 5월 31일이 되어야 하니 토요일이기 때문에 선물환 결제일은 다음 달로 넘어가지 않고 5월의 마지막 영업일인 5월 30일 금요일이 된 것이다.

요에 맞춰 정할 수 있는 유연한 상품으로 장외(over-the-counter)에서 거래되고 있다. 즉 선물환시장은 거래조건 등이 규제되지 않은 시장(unregulated market)으로 일반인들이 거래내용에 대하여 알 수 없는 사적 시장(private market)이며, 일정한 장소가 없이 전화나 텔렉스를 통해 은행간 또는 은행과 고객간에 직접거래가 이루어진다.

선물환은 시장 참여자들에게 유연성을 제공함으로써 변화하는 환경에 탄력적으로 대응할 수 있는 장점이 있지만, 표준일 거래가 아니거나 주요통화가 아닌 경우에는 거래상대방을 찾기가 어렵다는 단점이 있다. 특히 선물환거래는 거래 당사자가 직접 상대방에 대한 신용위험의 책임을 지며, 거래단위가 매우 크기 때문에 개인이나 중소기업들이 이용하기가 쉽지 않다. 이러한 선물환거래의 단점을 보완한 제도가 제 9장에서 소개될 선물시장이다.

(3) 역외자금시장과의 연계

선물환시장은 자금시장과 밀접하게 연계되어 있다. 이는 두 통화사이의 선물환율이 두 통화사이의 이자율차이에 의하여 결정된다는 사실에서 알 수 있다. 자금은 수익률이 낮은 곳에서 높은 곳으로 이동한다. 예를 들어 다른 조건은 같고 단지 유로예금시장에서 3개월 달러예금의 이자율이 엔화예금의 이자율보다 높다고 하자. 이 경우 거래비용이 이자율차이보다 작다면 유로예금시장에서 엔화를 차입한 후 외환시장에서 엔으로 달러를 매입한 다음 다시 유로예금시장에서 달러로 투자하면 이익이 발생할 것이다. 그러나 3개월 후에는 차입한 엔화를 상환해야 하므로 달러예금 원리금으로 엔화를 재매입해야 한다. 만일 3개월 후에 엔화가치가 이자율 차이 이상으로 상승하면 달러예금자는 손실을 볼 것이다. 따라서 자금시장에서 차입한 엔화로 현물시장에서 달러를 매입함과 동시에 선물환시장에서 3개월 선물환을 매도함으로써 엔화가치상승에 대한 위험을 헤지할 수 있는 기능을 제공한다.

(4) 차액결제 선물환 시장

차액결제 선물환(non-deliverable forward: NDF)시장은 특정국의 통화가 국제화되지 않아 해외에서 유통되지 않는 가운데 국내에는 각종 외환규제가 존재하기 때문에 국내의 외환규제를 회피하면서 헷지나 투기목적의 외환거래를 수행하기 위한 수단으로 생겨난 시장이다. 따라서 NDF시장은 유로통화시장과 같이 역외시장이다.

차액결제 선물환계약은 선물환계약의 일종이나 만기에 현금을 서로 교환하지 않고 계약한 선물환율과 지정환율(fixing rate)간의 차이만을 지정통화(보통 달러화)로 정산하는 차액결제계약으로 결제위험이 상대적으로 적다는 장점이 있다. 지정환율은 당사간의 약정에 따라 결정되는데, 만기일 이전 특정시점의 현물환율로 하는 것이 보통이다. 원화와 달러간의 NDF계약에서는 만기일 직전 영업일의 기준환율이 지정환율로 사용되고 있다.

예를 들면, 2008년 5월 7일에 국내 한 은행이 홍콩은행과 1개월물 NDF 매도거래를 1045원(N)에 천만 불(A)을 체결했다고 가정하자. 차액결제 선물환의 결제일은 보통 현물환 결제일인 5월 9일에 1개월을 더한 6월 9일이 된다. 이 때 지정환율(F)이 1033원이 되었다고 한다면 결제해야 할 차액은 다음과 같다.

$$\frac{A \times (N-F)}{F} = \frac{10,000,000 \times (1045 - 1033)}{1033}$$

$$= \text{U\$116,166.50}$$

지정환율이 선물환 매도환율보다 낮기 때문에 국내 은행은 $116,166.50 만큼의 이익을 얻게 된다. 반대로 만일 국내 한 은행이 홍콩은행과 위와 같은 조건으로 1개월물 NDF 매입거래를 체결했다면 $116,166.50만큼의 손실을 입게 될 것이다. 차액결제 시 발생한 손익은 지정통화로 결제를 해야 하기 때문에 원화로 산출된 손익을 달러로 환산하기 위하여 지정환율 1033원으로 나눈 것이다.

제2절 선물환거래의 손익구조와 거래동기

1. 선물환거래의 손익구조

선물환거래에는 선물환매입과 선물환매도가 있는데, 일반적으로 거래대상 특정통화가 언급되지 않으면 기준통화의 선물환 매입 또는 매도를 의미한다. 예를 들어 U$/¥의 선물환매입은 기준통화인 미 달러화를 매입하고 일본 엔화를 매도함을 의미한다.

(1) 선물환 매입거래

미래에 발생할 수입대금지급이나 외화부채 상환을 위하여 외환이 필요한 경우 환율이 상승하면 자국통화로 환산한 부담이 증가하게 된다. 선물환매입은 미래 특정시점에 외환이 필요한 기업이 환율상승에 대비하기 위하여 현재 정해진 선물환율(F_t)로 미리 매입계약을 체결하는 것이다.

[그림 7-2]는 선물환매입의 손익구조를 나타낸다. 예상대로 선물환계약 만기 시 현물환율(S_t)이 선물환율(F_t) 이상으로 상승하면 선물환매입자는 선물환율로 외환을 매입하게 되므로 만기 시 현물환율과 선물환율의 차이만큼 이익을 얻는다. 따라서 만기 시 현물환율이 상승할수록 선물환매입자의 이익은 커진다. 그러나 예상과 반대로 선물환 만기 시 현물환율이 선물환율 이하로 하락하게 되면 선물환매입자는 만기 시 현물환율보다 높은 선물환율로 매입해야 하므로 선물환율과 현물환율의 차이만큼 손실이 발생하며, 만기 시 현물환율이 하락할수록 선물환매입자의 손실은 커진다.

[그림 7-2] 선물환매입의 손익구조

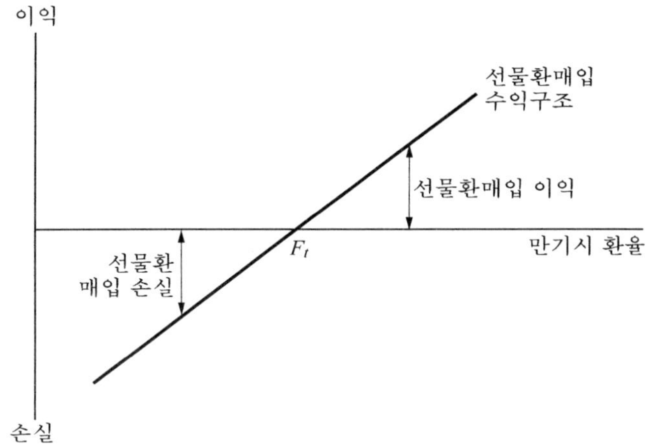

(2) 선물환 매도거래

현재 외환을 보유하고 있거나 미래의 특정시점에 외환수입이 예상되는 기업은 환율이 하락하면 자국통화표시 외화자산의 가치가 하락한다. 선물환매도는 예상되는 환율하락에 대비하여 현재 정해진 선물환율로 외환의 매도계약을 체결하는 것이다.

[그림 7-3]은 선물환매도의 손익구조를 나타낸다. 예상대로 선물환계약 만기 시 현물환율(S_t)이 선물환율(F_t) 이하로 하락하면 선물환매도자는 만기 시 현물환율보다 높은 선물환율로 외환을 매도하므로 만기 시 현물환율과 선물환율의 차이만큼 이익을 얻는다. 그러나 예상과 반대로 선물환 만기 시 현물환율이 선물환율 이상으로 상승하게 되면 선물환매도자는 만기 시 현물환율보다 낮은 선물환율로 외환을 매도해야 하므로 만기 시 현물환율과 선물환율의 차이만큼의 손실이 발생한다.

[그림 7-3] 선물환매도의 손익구조

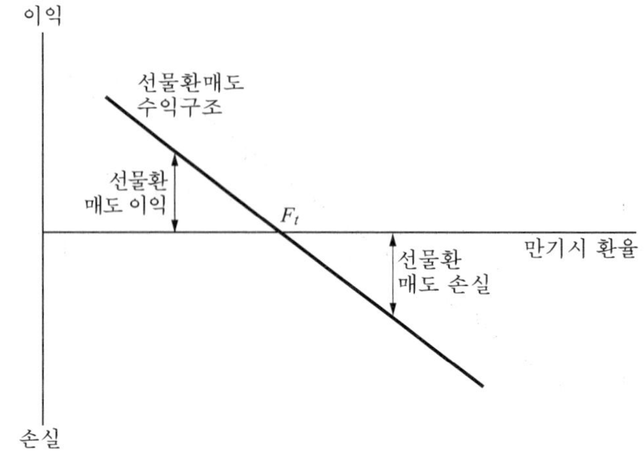

(3) 선물환거래의 비용

현물환거래 시 은행의 수입은 매입/매도 스프레드이다. 마찬가지로 선물환계약을 이용할 경우에도 고객이 지불하는 비용은 선물환 매입/매도 스프레드이며 이는 양국사이의 이자율차이를 반영할 뿐이다. 왜냐하면 만일 선물환계약에 다른 비용이 부과되어 현물환거래에 비하여 거래비용이 높으면 고객들은 선물환계약을 이용하는 대신 약간의 위험을 무릅쓰고라도 현물환거래를 이용하는 것이 더 유리하다고 판단할 것이기 때문이다.

그러나 일단 선물환계약을 하게 되면 현물환율이 어떻게 변동하든지 선물환계약을 이행해야 한다. 이 경우 만일 현물환율이 고객에게 더 유리하게 변동할 경우 고객은 선물환계약을 이행해야 하므로 현물거래를 통하여 볼 수 있는 이익을 놓치게 된다. 이것이 선물환거래에 따른 암묵적 비용(implied costs) 또는 기회손실이다. 예를 들면 선물환 매도의 경우 만기 시 현물환율이 선물환율보다 높은 경우에 현물환율보다 낮은 선물환율로 매도해야 하므로 기회손실이 발생한다.

2. 선물환거래의 동기

선물환거래의 동기는 크게 외환의 실수요자들이 환율변동에 따른 위험을 전가하기 위한 헷징과 단순히 환율변동에 따른 차익을 추구하는 투기목적 그리고 시장선물환율의 적정수준여부에 따라 무위험 차익을 추구하는 재정거래의 목적으로 활용된다.

(1) 환위험 헷징

헷징은 외환의 실수요자들이 환율변동에 관계없이 자금을 안정적으로 운영하고자 할 경우에 주로 이용한다. 즉 장래에 발생할 외환의 수취액이나 지급액을 자국통화로 환산한 금액은 환율변동에 따라 달라지므로 자금운영계획에 차질이 생길 수 있다. 이러한 경우에 선물환거래는 미리 정한 환율로 미래에 발생할 외환의 수취액이나 지급액을 고정시키므로 환율변동과 무관하다.

이와 같이 환율변동에 따라 손실이 발생할 경우에 대비하여 선물환을 매입하거나 매도함으로써 환차익이 아닌 환차손을 최소화할 목적으로 하는 선물환거래를 헷징(hedging)이라고 한다. 선물환 헷징에는 선물환 매도헷징과 선물환 매입헷징이 있다.

선물환 매도헷징은 외화자산의 보유자나 장래에 외환수입이 예상되는 수출업자 등과 같이 현물환매입포지션(long position)에 있는 고객들이 이용한다. 현물환매입포지션에 있는 경우에 환율이 하락하면 환차손이 발생한다. 따라서 환율하락이 예상될 경우에 미리 선물환 매도계약을 체결함으로써 환율하락에 따른 손실을 최소화할 수 있다.

[사례 7-1] **선물환 매도헷징** K기업은 미국에 100만 달러어치의 휴대폰을 수출하고 2개월 후에 대금을 받기로 하였다. 2008년 6월 20일 현재 원/달러환율이 1029원일 경우 환율이 변하지 않는다면

2개월 후 예상수입은 10억 2900만 원이 된다. 그러나 환율이 하락하면 예상수입은 환율하락폭에 따라 감소한다. 예를 들어 2개월 후 만기일에 현물환율이 예상대로 하락하여 995원이 되었다고 가정하자. K기업이 선물환 매도계약을 체결하지 않았다면 2개월 후 원화표시 수입액은 9억 9500만 원에 불과하여 계약시 환율수준에 비해 3,400만원의 손실이 예상된다. 그러나 K기업이 환율하락에 대비하여 2개월 후 100만 달러의 원화금액을 고정시키고자 선물환 매도계약을 1025원에 체결하였다면 수출대금 수취 시 현물환율수준에 관계없이 원화표시 예상수입을 미리 10억 2500만 원에 고정시켰을 뿐 아니라 헷지를 하지 않은 경우와 비교하여 3000만 원(=100만×30원)의 이익을 얻었으며 계약 시 환율에 비해 손실을 400만원으로 줄일 수 있었다.

이번에는 예상과 반대로 환율이 상승하여 1040원이 되었다고 하자. 이 경우에 K기업이 선물환계약을 하지 않았더라면 수출대금으로 받은 100만 달러를 현물시장에서 달러 당 1040원에 매도할 것이므로 계약시와 비교하여 1100만 원의 환차익을 얻을 수 있었을 것이다. 그런데 1025원에 선물환 매도계약을 체결하였으므로 계약대로 1025원에 매도해야 하며, 그 결과 1,500만원(=100만×15원)의 손실이 발생한다.

이와 같이 선물환거래는 예상대로 환율이 변동할 경우에는 환차익이 기대되지만 환율이 예상과 반대로 움직일 경우에는 환차손을 입게 된다. 그러나 선물환계약에 있어서 명심해야 할 점은 선물환거래의 결과를 만기 시 현물환율과 비교하는 것은 사후적 평가에 불과하므로 적절하지 않다는 사실이다. 왜냐하면 선물환 헷지거래의 목적은 어디까지나 만기 시점의 현물환율수준이 불확실하기 때문에 선물환계약을 통하여 환율변동에 따르는 위험을 제거하는데 있기 때문이다.

[표 7-1] 선물환매도헷징의 예

	헷징하지 않은 경우	선물환 헷징거래
계약일(2008/6/20) 현물환율 1029 2개월 선물환율 1025 만기일(2007/8/20) (1) 현물환율 하락 995 (2) 현물환율 상승 1040	만기시점의 예상수입 9억 9,500만 원 10억 4,000만 원	만기시점의 현물환율 수준에 관계없이 10억 2500만 원으로 고정
손익	(1) 3400만 원 손실 (2) 1100만 원 이익	

선물환매입 헷징은 외화부채가 많은 기업이나 외환지급이 예정되어 있는 수입업자 등과 같이 현물환 매도포지션(short position)에 있는 고객들이 이용한다. 현물환 매도포지션에 있는 경우에는 환율이 상승하면 환차손이 발생하므로 이를 회피하기 위한 전략으로 선물환 매입헷징을 이용 한다.

[사례 7-2] 선물환 매입헷징 예를 들어 A은행은 3개월 후에 1억 달러의 부채를 상환해야 하는 현물환 매도포지션(short position)에 있다고 하자. 2008년 6월 20일 현재 원/달러환율이 1029원이지만 3개월 후에는 환율이 상승할 것으로 예상되어 원화의 추가부담이 우려된다.

환율상승이 예상되는 경우에 A은행이 선택할 수 있는 헷징대안은 두 가지가 있다. 즉 현재의 환율로 1억 달러를 매입하고 이를 은행에 3개월 동안 예치한 후 지불하는 방법과 3개월 선물환매입이다. 전자는 당장 1억 달러의 매입자금 1029억 원이 필요하다. 따라서 1029억 원에 대한 대출이자와 1억 달러에 대한 예금이자의 차이만큼 추가비용이 소요된다. 다음으로 3개월 선물환 매입계약을 체결하는 후자의 경우는 당장 현금이 필요하지 않다. 만일 3개월 선물환율이 1030원이라면 3개월 후 1억 달러의 매입자금은 만기 시 현물환율수준에 관계없이 1030억 원으로 고정된다. 만기일에 현물환율이 예상대로 상승하여 1045원이 되었다고 가정하자. A은행이 선물환 매입계약을 체결하지 않았다면 1045억 원이 필요하겠지만 선물환 매입으로 1030억 원이 소요되므로 결과적으로 15억 원(=1억×15원)의 이익을 얻은 셈이다. 그러나 예상과 반대로 환율이 하락하여 1020원이 된다면 현물시장에서 달러 당 1020원에 매입할 수 있는데도 불구하여 계약대로 1030원에 매입해야 하므로 10억 원(=1억×10원)의 손실이 발생한다.

앞에서 살펴본 바와 같이 선물환거래는 선물환율과 만기 시 현물환율에 따라 이익 또는 손실이 발생한다. [표 7-2]는 환율변동에 따라 선물환 헷징의 손익을 정리한 것이다.

[표 7-2] 환율변동에 따른 선물환거래의 예상손익

외환포지션	선물환 거래내용	환율변동	손익
매입포지션 (수출업자)	선물환 매도	선물환율 < 만기시 현물환율	손실
		선물환율 > 만기시 현물환율	이익
매도포지션 (수입업자)	선물환 매입	선물환율 < 만기시 현물환율	이익
		선물환율 > 만기시 현물환율	손실

(2) 투기적 동기에 의한 거래

환투기거래는 환율변동에 따른 위험을 회피하기 위하여 선물환시장에 참여하는 헷저(hedger)와 달리 환율변동을 적극적으로 활용하여 차익을 얻기 위한 거래이다. 즉 투기자들은 환율상승이 예상될 때 선물환을 매입하고 반대로 환율하락이 예상되면 선물환을 매도한다. 환율이 투기자들의 예상대로 움직이면 이익을 얻지만 환율이 예상과 반대로 움직이면 손실을 입게 된다. 예를 들어 2008년 6월 20일 현재 3개월 선물환율이 1030원이며, 투기자들은 앞으로 원/달러 환율이 하락할 것을 예상한다. 이 경우에 투기자들은 3개월 선물환을 1030원에 매도한다. 예상대로 3개월 후 만기 시 현물환율이 1010원으로 하락한다면 투기자들은 달러를 보유하고 있지 않으므로 현물시장에서 달러 당 1010원에 달러를 매입하여 1030원에 매도계약을 이행함으로써 달러 당 20원의 환차익을 얻게 된다. 이 경우에 투기자의 거래 상대방인 선물환매입자는 일반적으로 3개월 후에 달러를 필요로 하는 수입업자와 같은 실수요자들이다. 실수요자들은 환율상승에 따른 위험을 회피하기 위하여 선물환을 매입하는데 이 경우 선물환매입자는 손실을 입게 된다. 이와 같이 선물환시장에 참여하는 투기자들은 헷저의 거래상대방이 되어 거래를 성사시켜 주는 시장조성자(market maker)의 역할을 한다.

한편 앞의 예에서 투기자의 예상과 반대로 환율이 상승하여 만기 시 현물환율이 달러 당 1050원이 되었다고 하자. 투기자는 현물시장에서 달러를 1050원에 매입하여 1030원에 선물환 매도계약을 이행해야 하므로 달러 당 20원의 환차손을 입게 된다. 하지만 선물환매입자는 1030원에 달러를 매입하여 현물시장에서 1050원에 매도함으로써 20원의 이익을 얻게 된다. 즉 선물환거래는 매입자의 이익 (또는 손실)이 매도자의 손실 (또는 이익)과 서로 상쇄되는 영합게임(zero-sum game)이다.

(3) 재정거래

선물환율은 기본적으로 현물환율에 두 통화사이의 이자율차이를 반영한 것이다. 두 통화사이의 이자율차이가 실제 선물환율에 적절하게 반영되지 못한 경우에는 선물환시장을 이용하여 환위험 없는 매매차익거래가 가능해진다. 예를 들어 실제 선물환율이 두 통화사이의 이자율차이를 적절하게 반영한 균형선물환율보다 높다고 하자. 이 경우에 투자자들은 실제선물환율이 일시적으로 고평가된 것으로 판단하여 선물환을 매도한다. 선물환매도로 선물환율이 하락하면 선물환매입을 통해 청산함으로써 무위험 차익이 발생한다. 반대로 실제 선물환율이 균형선물환율보다 낮으면 재정거래자들은 선물환을 매입한다. 선물환매입으로 선물환율이 상승하면 다시 선물환을 매도함으로써 무위험 차익을 얻게 된다. 이러한 재정거래를 통하여 선물환율은 균형수준을 회복하게 되는

데 시장이 효율적일수록 재정거래의 기회는 곧바로 사라지게 된다.

제 3 절 균형선물환율의 결정

1. 균형선물환율

두 통화사이의 선물환율은 현물환율 움직임의 예측이나 미래의 현물환율에 대한 시장의 기대가 아니다. 선물환율은 두 통화사이의 이자율 차이를 상쇄함으로써 어느 통화표시자산에 투자하든 수익률이 같도록 결정된다. 즉 두 통화사이에 이자율차이가 존재하면, 선물환율은 이러한 이자율차이를 상쇄하는 방향으로 움직이는 경향이 있다. 왜냐하면 선물환율이 해당통화사이에 이자율차이를 제대로 반영하지 못한다면 투자자들이 선물환거래를 이용하여 무위험 수익을 얻을 수 있는 재정거래가 가능하기 때문이다.

따라서 균형선물환율은 제 5장에서 설명한 커버된 이자율 평가를 만족시키는 환율로 이를 다시 쓰면 식 (7-1)과 같다.

$$\frac{(F_e - S)}{S} \fallingdotseq i - i^* \tag{7-1}$$

여기서 F_e 는 균형선물환율, S는 현물환율, i와 i^*는 자국 및 외국의 이자율을 나타낸다. 예를 들어 국내이자율은 연 5%, 미국이자율은 연 3%, 현재 원/달러 현물환율은 1030원이라고 하자. 양국간 자본이동이 자유로운 경우 1원을 1년 동안 투자하려는 투자자는 국내와 미국 중 한 곳에 투자할 수 있으며, [표 7-3]은 국내와 미국에 투자하는 경우에 예상되는 투자수익을 비교한 것이다.

[표 7-3] 국내외 투자결과

	국내금융자산에 투자하는 경우	미국금융자산에 투자하는 경우
현재 원금 ₩1	현재 1원을 5%의 이자율로 국내 예금에 1년 동안 투자	1원으로 달러를 매입($1/1030)한 후 3%의 이자율로 1년 동안 투자결정과 동시에 선물환매도 (선물환율= F)
1년 후 원리금	₩1·(1+0.05) =₩1.05 확보	$\frac{\$(1+0.03)}{1030}$ 확보
₩표시투자 결과	₩1.05 확정	선물환율에 따라 다름. U$/₩ = 1050 ⇒ 투자결과 동일 U$/₩ = 1060 ⇒ 달러예금이 유리 U$/₩ = 1030 ⇒ 원화예금이 유리

먼저 한국에 투자하면 1년 후 원리금은 1.05원(=1+1×0.05)으로 확실한 수익이 보장된다. 반면 미국에 투자할 경우에는 먼저 1원으로 달러를 매입해야 하므로 원금은 $1/1030이다. $1/1030를 미국에 3%로 투자를 하면 1년 후 원리금은 $\frac{\$(1+0.03)}{1030}$가 된다. 거래비용을 무시할 경우 미국에 투자 시 원리금을 원화로 표시한 결과는 선물환율수준에 따라 달라짐을 알 수 있다.

즉 양국의 투자수익률이 동일하려면 선물환율이 1050원이 되어야 한다.[2] 그러나 선물환율이 1050원보다 높은 1060원이면 원화표시 원리금은 1.06원(=$1/1030(1+0.03)×1060)이 되어 미국에 투자하는 경우가 더 유리하다. 반대로 선물환율이 1050원보다 낮은 1030이면 미국투자 시 원리금의 원화표시금액은 1.04원이므로 한국에 투자하는 경우가 더 유리하다.

이와 같이 외화표시 금융자산에 투자하는 경우 투자수익률은 이자율과 만기 시의 환율수준에 의존한다. 이자율은 투자시점에 확정되지만 환율이 변동하므로 장래투자수익률이 불확실하다. 이러한 경우에 투자시점에 만기 시 외화표시 원리금에 대하여 선물환매도를 하게 되면 환율변동에 따른 불확실성을 제거할 수 있다.

2) 1050원은 현물환율 1030원에 양국간 이자율차이인 2%에 해당하는 20원을 더한 것과 같다.

두 통화 사이의 선물환율은 투자자가 어느 통화표시 자산에 투자하든 투자수익률이 동일하도록 결정되며 이를 균형선물환율이라고 한다. 이 경우 더 이상의 국가간 자본이동이 발생하지 않으며, 이러한 균형상태를 커버된 이자율평형(covered interest parity)조건이라고 한다.

선물환율이 현물환율보다 높거나 낮은 것은 어느 통화가 더 높은 이자율을 부여하는가에 달려있다. 선물환율이 현물환율보다 높으면 자국 이자율이 외국 이자율보다 높음을 의미하며 반대로 선물환율이 현물환율보다 낮으면 자국 이자율이 외국 이자율보다 낮음을 의미한다. 이는 균형선물환율의 개념이 이자율차이를 반영함으로써 투자자들에게 재정거래를 통한 이익기회를 제거함을 의미하기 때문이다.

한편 시장선물환율은 선물환매입과 매도에 의해 결정된다. 따라서 시장선물환율이 균형선물환율에서 벗어날 경우에는 무위험 이익을 얻을 수 있는 재정거래기회가 발생하지만 이러한 기회는 이득을 취하려는 재정거래자들에 의하여 곧 사라지게 된다. 실제로 외환시장과 국제단기금융시장의 많은 시장참가자들은 시시각각 변하는 이자율과 환율에 대한 정보를 지켜보면서 무위험이자율 차익거래의 기회가 발생하면 순간적으로 차익거래포지션을 취하려고 한다. 이 때 차익거래방식은 선물환율이 고평가 또는 저평가되어 있느냐에 따라 두 가지 형태로 나누어 설명할 수 있다. 즉 시장선물환율이 균형환율보다 높아 선물환율이 고평가된 경우 즉 $F > F_e$이면, 투자자는 선물환을 매도하고 반대로 시장선물환율이 균형환율보다 낮아 선물환율이 저평가된 경우 즉 $F < F_e$이면, 선물환을 매입함으로써 이익을 얻게 된다.

2. 선물환 마진과 선물환율

선물환 마진(forward margin)은 선물환율과 현물환율의 차이를 말한다.[3] 따라서 선물환 마진은 제 5장에서 도출한 선물환할증률(또는 할

3) 선물환마진은 선물환포인트(forward point)라고도 하며, 선물환거래의 일종인

인율)을 나타내는 식 (5-11)에서 먼저 연율로 표시된 이자율에 선물환 만기(d일)를 반영한 후 양변에 S를 곱하면 식 (7-2)가 성립된다.

$$(F_e - S) = \frac{S \times (i - i^*) \times \frac{d}{360}}{1 + i^* \frac{d}{360}} \qquad (7\text{-}2)$$

식 (7-2)는 선물환 마진은 두 통화사이의 금리차이와 만기까지의 기간에 따라 달라짐을 보여주고 있다. 그리고 선물환 마진을 계산하는데 주의해야 할 점은 보통은 1년을 360일로 계산하지만 영국의 파운드 등 몇몇 통화의 경우에는 365일로 계산한다. 만일 피고시통화 이자율이 365일 기준으로 계산된다면 $d/360$에 360/365를 곱하면 된다.

[표 7-4]는 두 통화사이의 이자지급 기준일이 서로 다른 경우에 조정방법을 제시하고 있다.

[표 7-4] 두 통화사이의 이자지급 기준일 조정

기준통화 이자	피고시통화 이자	피고시통화 이자에 대한 조정
360일	360일	조정 불필요
360일	365일	×360/365
365일	365일	조정 불필요
365일	360일	×365/360

식 (7-2)에서 분모에 해당하는 "$1 + i^* \cdot \frac{d}{360}$"을 할인요인(discount factor)이라고 하는데, 그 크기가 1에 근사하기 때문에 식 (7-3)과 같이 간편식을 이용하는 경우가 많다.

$$\text{선물환 마진} \fallingdotseq \text{현물환율} \cdot (i - i^*) \cdot \frac{d}{360} \qquad (7\text{-}3)$$

선물환 마진이 (+)이면 피고시통화의 이자율이 기준통화의 이자율보다 높기 때문에 선물환할증을 의미하며, (-)이면 피고시통화의 이자율이 기준통화의 이자율보다 낮기 때문에 선물환할인을 의미한다. 따라서

외환스왑거래에서는 스왑포인트(swap point)라는 용어로 사용되기도 한다.

선물환율은 선물환 마진이 (+)이면 이를 현물환율에 더하고, 선물환 마진이 (-)이면 현물환율에서 빼야한다. 그리고 선물환율 계산에 사용되는 현물환율은 보통 매입률과 매도율의 중간값이 사용되기도 한다.

예를 들어 역외시장에서 달러예금의 이자율은 4%이고, 스위스 프랑의 이자율은 5%이며, 두 통화사이의 현물환율 USD/CHF=1.6000이라면 6개월물(181일) 선물환 마진은 다음과 같다.

$$\text{선물환 마진} = 1.6000 \times \frac{(0.05-0.04)\cdot \frac{181}{360}}{1+0.04\cdot \frac{181}{360}} = 0.0079,$$

따라서 6개월물(181일) 선물환율은 현물환율에 선물환 마진을 더한 달러 당 CHF1.6079가 된다.

한편 이자율 계산 시 한 통화는 360일 기준이고 다른 통화는 365일 기준일 경우에는 선물환율 계산을 위하여 먼저 이자율조정이 이루어져야 한다. 예를 들어 £/U$ 현물환율이 U$1.4811, 미국 달러의 이자율은 연 4%, 영국의 파운드 이자율은 연 6%인 경우에 선물환 마진을 구하면 다음과 같다.

첫째, 이자가 365일 기준으로 지급될 경우 미국 달러의 조정된 실제 이자율은 4.056%(=4%×365/360)이다.

둘째, 선물환 포인트를 구하기 위하여 공식을 이용하면(3개월이 91일이라면)

$$\frac{1.4811\times(0.04056-0.06)\times\frac{91}{365}}{1+0.06\times\frac{91}{365}} = -0.0071(\text{즉 71포인트})$$

기준통화인 파운드 이자율이 달러 이자율보다 높기 때문에 선물환 포인트는 (-) 즉 디스카운트이다. 따라서 3개월물 선물환율은 1.4740(=1.4811-0.0071)이 된다.

3. 선물환율 고시법

선물환율을 고시하는 방법은 두 가지가 있다. 첫째 방법은 선물환율을 직접 고시하는 것이다. 예를 들면 1개월물 달러/엔 선물환율이 119.55, 3개월물은 118.52와 같다.

두 번째 방법은 현물환율과 선물환 마진을 각각 고시하는 방법으로 외환시장에서는 이 방법이 더 많이 사용되고 있다. 그 이유는 현물환율은 시시각각 변하지만 두 통화간의 이자율차이는 상대적으로 움직임이 크지 않아 선물환 마진 역시 크게 변하지 않기 때문이다. 선물환 마진도 현물환율과 마찬가지로 매입률/매도율 두 방향으로 고시되며, 매입률과 매도율의 차이가 딜러의 스프레드이다. 따라서 선물환 마진으로부터 선물환율을 구할 때도 딜러에게 유리하게 가격이 결정된다. [표 7-5]는 현물환율과 선물환 마진으로 선물환율이 고시되는 예이다.

[표 7-5] 선물환율고시 예

	£/U$	U$/SFr	U$/HK$
현물환율	1.5975-1.5985	1.4455-1.4465	7.7597-7.7607
1개월물	28-24	14-10	30-36
3개월물	82-74	31-25	86-100
1년물	217-189	48-40	185-209

[표 7-5]를 보면 먼저 £/U$와 U$/SFr의 경우에 선물환 마진의 매입률이 매도율보다 더 높다. 이는 £/U$의 경우에는 기준통화인 파운드가 그리고 U$/SFr의 경우에는 기준통화인 달러화가 선물환 디스카운트임을 나타낸다. 따라서 선물환율을 구하려면 현물환율에서 선물환 마진을 빼야한다. 다시 말하자면 기준통화의 선물환가치가 현물환에 비하여 하락하고 있음을 나타낸다. 다음으로 U$/HK$의 경우에 선물환 마진의 매입률이 매도율보다 낮다. 이는 기준통화인 달러가 선물환 프리미엄 또는 홍콩달러가 미 달러에 대하여 현물보다 선물환 가치가 더 낮음을 의미하므로 선물환율을 구하려면 현물환율에 선물환 마진을

[표 7-6] 선물환율고시 예

선물환율	£/U$	U$/SFr	U$/HK$
1개월물	1.5947-1.5961	1.4441-1.4451	7.7627-7.7643
3개월물	1.5893-1.5911	1.4424-1.4440	7.7683-7.7707
1년물	1.5758-1.5796	1.4407-1.4425	7.7782-7.7816

더해야 하며 그 결과는 [표 7-6]과 같다.

기준통화의 금리가 피고시통화의 금리보다 높으면 기준통화는 선물환 디스카운트로 거래되며, 선물환율은 현물환율보다 낮을 것이다. 반대로 기준통화의 금리가 피고시통화의 금리보다 낮다면 기준통화는 선물환 프리미엄으로 거래되며, 선물환율은 현물환율보다 높을 것이다. 이는 매입자나 매도자는 누구도 이자율 차이와 선물환 프리미엄/디스카운트 모두로부터 이익 또는 손실을 볼 수 없음을 의미한다. 즉 이자율에서 손실을 보면 선물환 프리미엄의 이익으로 상쇄될 것이며, 반대로 이자율 차이에서 얻은 이익은 선물환 디스카운트로 상쇄될 것임을 의미한다.

선물환율을 구하기 위하여 현물환율에 선물환 마진을 더할지 뺄지를 쉽게 구별하는 방법이 있다. 기준통화의 이자율이 더 높으면 기준통화는 선물환 디스카운트로 거래되기 때문에 현물환율에서 선물환 마진을 빼야 한다. 반대로 기준통화의 이자율이 더 낮으면 기준통화는 선물환 프리미엄으로 거래되기 때문에 선물환 마진을 현물환율에 더해야 한다.

또 하나의 구별방법은 선물환 포인트의 매입률이 매도율보다 낮으면 선물환 마진을 현물환율에 더해야 하지만, 매입률이 매도율보다 높으면 현물환율에서 선물환 마진을 빼야 한다. 이를 정리한 것이 [표 7-7]이다.

[표 7-7] 선물환율을 구하는 방법

	선물환할증	선물환할인
선물환마진	+	-
선물환마진에 의한 판단방법	매입률 < 매도율	매입률 > 매도율
선물환율계산법	현물환율+선물환 마진	현물환율-선물환 마진
환율비교	선물환율>현물환율	선물환율<현물환율
금리비교	$i > i^*$	$i < i^*$

4. 비표준일 거래의 선물환율

지금까지 우리는 선물환계약기간으로 1개월, 2개월, 3개월, 6개월, 1년 등을 사용한 표준일 거래를 다루었다. 그러나 선물환계약은 당사자간 협상에 따라 체결되므로 필요에 따라서는 40일, 72일 등과 같은 비표준일(broken 또는 odd date) 거래를 요구할 수도 있다.

비표준일 거래의 선물환율은 달과 달 사이에 선물환 마진이 매일 같은 규모로 변한다는 것을 전제하여 보간법(interpolation)을 사용하여 구한다. 보간법을 사용하여 비표준일 거래의 선물환율을 구하는 방법을 예를 들어 설명하면 다음과 같다.

[**사례 7-3] 비표준일거래의 선물환율** 5월 18일 현재 영국의 B사는 7월 6일에 미국회사에 40만 달러를 지급하기로 되어 있다. 파운드 가치의 하락이 예상됨에 따라 파운드로 선물환 달러를 매입하고자 한다. 5월 18일 현재 £/U$ 현물환율과 선물환 마진이 다음과 같다면 7월 6일에 적용되는 선물환율을 구하는 방법은 다음과 같다.

£/U$ 현물환율 1.5135-1.5145

1개월 99 97

2개월 187-185

[풀이]

먼저 선물환 계약기간은 49일 즉 1개월 18일이며, B기업은 파운드 선물환을 매도하므로 적용되는 환율은 매입률이 된다. 그리고 선물환마진 매입률이 매도률보다 큰 선물환할인이다. 다음 1개월 18일 동안의 선물환 마진은 1개월 선물환 마진에 2개월 선물환마진과 1개월 선물환마진의 차이에 18일분을 곱한 것을 더하면 된다. 즉

2개월물	187포인트	(7/18까지)
- 1개월물	99포인트	(6/18까지)
	88포인트	

$88 \times 18/30 = 52.8$

따라서 1개월 18일 동안의 선물환 마진은 99 + 52.8 = 151.8이므로 선물환율은 현물환율에서 선물환 마진을 뺀 1.4983(=1.5135-0.01518)이 된다.

5. 선물교차환율

선물교차환율(forward cross rate)은 달러가 포함되지 않은 두 통화사이의 선물환율이다. 현물환거래와 같이 은행간 선물환거래도 달러의 매입 · 매도가 대부분이고 교차거래는 흔치 않다. 예를 들어 한 은행이 일본 엔의 3개월물 선물환을 매입하기 위하여 스위스 프랑의 선물환을 매도한다고 하자. 이 경우 이 은행은 보통 다음과 같은 두 단계 거래를 한다.

첫째, 스위스 프랑 선물환 매도/미국 달러 선물환 매입

둘째, 미국 달러 선물환 매도/일본 엔 선물환 매입

따라서 CHF/YEN 선물교차환율은 U$/CHF와 U$/YEN의 선물환율로부터 구한다.

[**사례 7-4**] **선물교차환율** 한 회사가 스위스프랑으로 3개월물 엔을 매입하려고 한다. 달러에 대한 엔과 스위스프랑의 현물환율과 3개월물 선물환 마진은 다음과 같다.

	현물환율	3개월물 선물환포인트
U$/엔	122.69-122.75	30-27
U$/스위스프랑	1.5028-1.5038	154-146

[풀이]

첫째, 고객은 거래은행에게 스위스프랑을 매도하고 3개월물 미달러 선물환을 매입한 후 은행으로부터 매입한 달러선물환을 매도하고 엔선물환을 매입해야 한다. 따라서 은행이 고객에게 적용하는 선물환율을 구하기 위하여 적용되는 현물환율은 다음과 같다.

스위스 프랑 매도/달러매입의 경우에는 달러매도율 U$=Fr 1.5038,

달러 매도/엔매입의 경우에는 달러 매입률 U$=¥122.69

둘째, 3개월물 선물교차환율을 구하려면 U$/¥ 3개월물 선물환 마진이 30이고, U$/Fr 3개월물 선물환 마진은 146이므로

U$/¥ 선물환율은 122.39(=122.69-0.30)

U$/Fr 선물환율은 1.4892(=1.5038-0.0146)

Fr1 = ¥82.185(=122.39/1.4892)

6. 옵션선물환 계약

선물환거래에서 고객이 예상되는 통화의 인수도에 대하여 특정 만기일을 명시할 수 없는 경우가 있다. 이러한 경우에 고객이 선물환계약의 결제일을 선택할 수 있도록 보장하는 계약이 옵션선물환(option forwards) 계약 또는 결제일 옵션계약(value date option contracts)이다. 이 경우에 은행은 선물환계약을 하되 고객에게 두 개의 결제일을 제시하고, 고객이 두 결제일 사이 한 영업일을 결제일로 선택하도록 한다. 그러나 옵션선물환거래 시 고객에게 적용되는 환율은 은행이 기준통화를 매입하는지 매도하는지 그리고 기준통화가 선물환 프리미엄인지 디스카운트인지에 따라 다르지만 언제나 옵션정산기간의 시작과 끝에 적용하는 환율 중 불리한 쪽이다.

[사례 7-5] 옵션선물환 환율 예를 들어 독일에 있는 A사는 4월 20일에서 5월 20일 사이에 U$100만이 필요할 것으로 예상된다. 따라서 A사는 이 두 날짜 사이에 언제든지 100만 달러를 매입 (은행입장에서는 유로를 매입)하는 결제일 옵션 선물환계약을 하고자 한다. 3월 18일 현재 현물환율과 선물환 마진은 다음과 같다.

€/U$ 현물환율	1.5574 -	1.5584
1개월 선물환 마진	36 -	42
2개월 선물환 마진	108 -	116

이 경우에 A사에게 적용되는 선물환율은 다음과 같다. 은행은 1개월물이나 2개월물 선물환율 중 하나를 고시하되 은행에게 가장 유리한 환율을 선택할 것이다. 이 예에서는 은행이 선물환 프리미엄인 유로화를 매입해야 한다. 따라서 1개월물 및 2개월물 선물환율은 다음과 같다.

1개월물 선물환율: 1.5574+0.0036 = 1.5610
2개월물 선물환율: 1.5574+0.0108 = 1.5682

은행이 고객에게 적용하는 환율은 두 환율 중 더 낮은 1.5610이므로 고객은 100만 달러를 매입하기 위하여 €640,614.99를 지불할 것이다.

반대로 이번에는 은행이 유로화로 100만 달러를 매입할 경우를 보자. 고객은 유로화를 매입하는 경우이므로 두 환율 중 더 높은 환율을 고시한다.

1개월물 선물환율: 1.5584+0.0042 = 1.5626
2개월물 선물환율: 1.5584+0.0116 = 1.5700

은행은 두 환율 중 1.5700가 더 높으므로 이 환율을 고시하고 은행은 100만 달러를 매입하기 위하여 €636,942.67를 지불할 것이다.

이와 같이 은행이 프리미엄인 기준통화를 매입하는 경우에 고객에게 옵션기간의 근월물에 적용하는 환율을 적용하고, 반대로 매도하는 경우에는 고객에게 옵션기간의 원월물에 적용하는 환율을 적용한다. 반대로 은행이 디스카운트인 기준통화를 매입하는 경우에는 고객에게 옵션기간의 원월물에 적용하는 환율을 적용하고, 반대로 매도하는 경우에는 고객에게 옵션기간의 근월물에 적용하는 환율을 적용한다. 이를 정리하면 [표 7-8]과 같다.

[표 7-8] 옵션선물환 계약시 고객에게 적용되는 선물환율

은행입장에서	기준통화 매입	기준통화 매도
선물환프리미엄	근월물 환율	원월물 환율
선물환 디스카운트	원월물 환율	근월물 환율

선물환거래 시 고객입장에서 결제일 선택계약의 장점은 유연성(flexibility)이다. 만일 만기일이 확정되지 않은 상황에서 고객이 특정만기일을 정하여 선물환거래를 할 경우 만기일을 앞당기거나 연장해야 한다. 이 경우 이자율변동에 따른 위험에 노출될 수 있으나 결제일 선택계약을 하게 되면 환율이 미리 정해졌기 때문에 이러한 위험에 노출되지 않는다는 장점이 있다. 그러나 단점은 매입/매도 스프레드가 커짐에 따라 비용이 커진다는 점이다.

연 습 문 제

1. 다음 문장을 읽고 옳고그름을 밝히고, 그 이유를 설명하라.
   (1) 선물환거래는 계약일에 당사자간에 미리 정한 환율로 외환매매를 계약하고 2영업일 후인 미래 특정시점에 수도결제가 이루어지는 거래로 선도거래(forward transaction)라고도 한다.
   (2) 선물환거래는 계약 시에 현금흐름 없이 미래의 환율을 고정시킴으로써 환율변동에 상관없이 계획대로 자금을 운영할 수 있다는 장점이 있다.
   (3) 양국 사이에 이자율 차이를 선물환율과 현물환율의 차이로 연결시키는 이론은 국제피셔효과이다.
   (4) 한국의 이자율이 일본의 이자율보다 높은 경우 양국의 이자율차이보다 선물환 프리미엄이 크다면 원화표시 예금에 투자하는 것이 유리하다.
   (5) 선물환을 이용한 헷징거래는 언제나 투자자의 손실을 최소화한다.
   (6) 이자율평형이론이 성립하는 경우 선물환시장에서 6개월물 일본 엔화가 미국달러에 대하여 디스카운트로 거래되고 있다면 일본의 이자율이 미국의 이자율보다 높아야 한다.
   (7) 원화의 평가절상이 예상될 때 수출업자가 취할 수 있는 헷징전략은 선물환매입이다.
   (8) 미래에 달러로 수입대금을 지급해야 하는 수입업자들은 원/달러 환율하락에 따른 손실을 회피하기 위하여 선물환 매도거래를 한다.
   (9) 기준통화가 선물환 디스카운트로 거래되는 경우에 선물환 마진의 매입률은 매도율보다 낮다.
   (10) 선물환율은 현물환율에 선물환 마진을 더하여 구한다.
   (11) 선물환 마진의 매입률이 매도율보다 높은 경우에는 선물환 매입률이 매도율보다 높다.
   (12) 현물시장에서 €1 = $1.6515이고 90일 선물환시장에서 €1 = $1.6565라면

단기에 유로화는 달러에 대하여 강세가 예상된다.

2. U$/₩ 현물환율은 1020원이고 달러에 대한 이자율은 연 3.5%, 원화에 대한 이자율은 연 5%이다. 6개월(184일)물 선물환 포인트를 구하라.

3. 달러금리는 연 4%, 엔금리는 연 1%이며, 현물환율은 U$1=¥102.50이라고 할 때 차익거래가 발생하지 않을 1년물 선물환율은 얼마가 되겠는가?

4. 현물시장에서 $1=107.54이고 1년물 선물환율은 $1=105.44이다. 미국의 1년 만기 무위험이자율이 3.5%이고 이자율평형관계가 성립한다면 1년 만기 일본 무위험증권의 이자율은 얼마인가?

5. 미국의 한 회사는 한 달 후 1억 엔을 받을 예정이다. 현물환율은 달러당 ¥120.59-120.75이며, 1개월물 선물환포인트는 52-56이다. 은행이 적용할 선물환율과 이 회사의 달러수입은 얼마인가?

6. 미국의 한 회사가 홍콩의 고객에게 7백만 홍콩달러의 자본시설을 판매하고 대금은 3개월 후에 받기로 하였다. 현물환율은 달러당 HS$ 7.7597-7.7607이고, 3개월물 선물환 마진은 86-100이다.
   (1) 선물환계약에 대하여 은행이 적용하는 선물환율은 얼마인가?
   (2) 미국회사의 판매대금은 결국 얼마인가?

7. 5월 18일 현재 미국의 A사는 7월 6일에 영국회사에 20만 파운드를 지급하기로 되어 있다. 파운드가치의 상승이 예상됨에 따라 선물환 파운드를 매입하고자 한다. 5월 18일 현재 £/U$ 현물환율과 선물환 마진이 다음과 같다면 7월 6일에 적용되는 선물환율은 얼마인가?

£/U$ 현물환율	1.5135-1.5145
1개월	99-97
2개월	187-185

8. 일본으로부터 시계를 수입한 미국의 A사는 수입대금 1억엔이 5월 20일에서 6월 20일 사이에 필요할 것으로 예상된다. 따라서 A사는 이 두 날짜 사이에 언제든지 1억엔을 매입 (은행입장에서는 달러를 매입)하는 결제일 옵션 선물환계약을 하고자 한다. 4월 18일 현재 현물환율과 선물환 마진이 다음과 같다면 A사에게 적용되는 선물환율은 얼마인가?

U$/YEN 현물환율	105.10 - 105.18
1개월 선물환 마진	36 - 42
2개월 선물환 마진	108 - 116

9. 12월 18일 현재 £/U$ 현물환율과 선물환 마진은 다음과 같다.

£/U$ 현물환율	1.5135-1.5145
1개월	99-97
2개월	187-185
3개월	265-262

현물환 결제일은 12월 20일이며, 영국회사는 3월 6일에 40만 달러를 지급하기 위하여 파운드로 선물환 달러를 매입하고자 한다. 이 경우 은행이 고시하는 선물환율은 얼마인가?

10. 미국회사 A에서 원자재를 수입하는 영국의 제조업자 B가 있다. B는 USD 500,000의 원자재를 A사로부터 수입하고 대금은 90일 후에 원자재의 인도와 함께 달러로 지불하기로 계약했다. 계약당시 GBP/USD 현물환율은 1.5847/52이고 90일 선물환율은 1.5741/46이다. 만기 시 현물환율이 1.5219/24로 하락한다면 선물계약에 따른 B의 손익은 얼마인가? 또는 만기 시 현물환율이 1.6100/06으로 상승한다면 선물계약에 따른 B의 손익은 얼마인가?

제 8 장

외환스왑거래

외환스왑거래는 1980년대 이후 환율과 이자율의 급격한 변동에 따라 세계적으로 급성장하였다. 외환스왑거래는 제 7장에서 다룬 일방적인 선물환계약에서 발전된 바 현물환과 선물환간의 스왑이나 선물환간의 스왑 등 외환매매의 형태를 취하고 있으나 실제로는 단기금융시장거래와 유사하다. 외환스왑거래는 외환포지션관리 및 운용이나 예기치 않은 만기의 단축 또는 연장 등이 필요할 경우에 주로 이용되고 있다.

제1절 외환스왑의 개요에서는 먼저 흔히 혼동해서 사용하고 있는 외환스왑과 통화스왑의 개념을 통하여 둘 사이의 차이점을 설명한 후 외환스왑의 특징과 종류를 설명한다. 제 2절은 선물환거래에서 발전된 외환스왑의 가격이 바로 선물환마진임을 설명한다. 제 3절은 외환스왑거래의 동기 및 사례분석을 통하여 외환스왑거래가 현물환이나 선물환에 비해 거래비중이 높은 이유를 설명한다.

8 chapter

외환스왑거래

제 1 절 외환스왑의 개요

1. 외환스왑거래의 개념

외환스왑거래란 한 통화를 다른 통화로 교환하면서 동시에 후일에 원래 통화로 재교환하기로 합의한 거래이다. 이와 같이 스왑거래는 서로 반대 방향인 두 거래가 동시에 서로 다른 결제일에 서로 다른 환율로 수행되지만 하나의 거래로 기록된다. 두 거래에서 먼저 만기가 도래하는 거래를 근월물(near date)이라고 하며, 나중에 만기가 도래하는 거래를 원월물(far date)이라고 한다. 그리고 스왑거래는 근월물과 반대방향의 원월물 거래가 동시에 이루어지므로 전체포지션은 스퀘어가 되므로 환위험이 없다.

외환스왑(foreign-exchange swap)은 주로 1년 이내의 단기이며, 스왑기간 중 이자지급은 없는데 이는 통화간 이자율 차이가 만기 시 환율에 반영되어 산정되기 때문이다. 이와 같이 현물환율과 선물환율은 같지 않기 때문에 계약 시에 교환되는 원금은 만기 시에 교환되는 원금과 서로 다르다.

2. 통화스왑

통화스왑(currency swap)은 외환스왑과 마찬가지로 스왑계약기간 동안 거래 당사자간에 특정통화를 다른 통화로 바꾸어 사용한 후 만기에 원래의 통화로 재교환하기로 합의한 거래이다. 그러나 두 스왑간에 차이점은 외환스왑은 두 통화간의 이자율차이를 원월물의 환율에 반영하기 때문에 근월물과 원월물의 환율이 서로 다르다.

이에 비해 통화스왑은 계약기간이 장기이며 계약기간동안 정기적으로 해당통화의 이자가 지급되기 때문에 근월물과 원월물의 환율이 같다. 따라서 만기에 교환되는 원금은 항상 일정하다. 즉 외환스왑은 이자가 선물환율에 반영되는데 비하여 통화스왑은 이자를 따로 계산하기 때문에 원금은 항상 일정하다.

[그림 8-1]은 예를 들어 1파운드로 달러를 현물매입 (또는 파운드 현물매도)함과 동시에 3개월 달러선물환을 매도(또는 파운드 선물환매입)하는 외환스왑과 통화스왑의 차이를 보여주고 있다. 외환스왑의 경우에는 현물환거래와 3개월 선물환거래에 적용되는 환율이 각각 파운드 당 $1.7850, $1.7732로 다르다. 이에 비해 통화스왑의 경우에는 만

[그림 8-1] 외환스왑과 통화스왑의 차이

	계약시	만기시
외환스왑	£1=$1.7850로 파운드 현물 매도거래와 동시에 파운드 선물매입거래계약	£1=$1.7732로 파운드 선물매입으로 스왑거래 종결
통화스왑	£1=$1.7850으로 파운드를 달러로 교환	3개월 간 달러운용 후 원금 £1+3개월이자 지급으로 거래종결

기 시 적용되는 환율이 계약 시 환율인 $1.7850과 같은 대신 만기에 원금과 함께 3개월간 이자수입이 지급된다.

3. 외환스왑거래의 특징

외환스왑거래는 외환거래의 형식을 취하고 있으나 스왑기간 동안 한 통화를 담보로 맡기고 다른 통화자금을 창출하여 사용하는 일종의 자금거래이므로 실제로는 단기금융시장과 대체관계에 있으며 다음과 같은 특징이 있다.

(1) 회계처리상의 장점

자금의 차입은 대차대조표상 부채로 계상되기 때문에 부채비율이 증가하여 신용도 평가에 있어서 불이익을 초래할 수 있다. 그러나 외환스왑거래는 부외거래(off-balance transaction)로 처리되기 때문에 신용도 평가에 영향을 주지 않는다.

(2) 신용위험의 최소화

외환스왑거래는 근월물에 거래 당사자간에 해당통화의 실질적인 교환이 일어나므로 마치 보유통화를 담보로 거래하는 것과 같다. 따라서 신용만으로도 거래가 성립되는 단기금융거래와는 달리 반드시 상대통화의 여유자금이 있어야 거래가 성립될 수 있으므로 단기금융거래에 비해 채무불이행 위험(default risk)이 상대적으로 적다는 장점이 있다.

한편 자금시장에서는 투자원금을 회수할 때까지는 원금과 이자의 상환여부에 대한 위험이 있으나 외환스왑거래에서는 환율변동에 따른 위험만이 부담된다.

(3) 거래비용 절감효과

거래가 외환매매 방식으로 이루어짐에 따라 단기금융거래에 소요되는 대출관련 거래비용이 절감되는 효과가 있다. 또한 기업이 유로시장에서 자금거래를 할 경우 통상적으로 은행간 이자율(LIBOR)보다 불리한 이자율을 적용받는데 비해 외환스왑거래를 이용하면 은행간거래에 적용되는 이자율로 차입 및 투자를 할 수 있으므로 비용을 절감할 수 있다는 장점이 있다.

(4) 풍부한 유동성

앞에서 언급한 외환스왑거래의 장점으로 주요통화에 대한 유동성이 자금시장보다 더 풍부할 뿐 아니라 환율변동이 극심하거나 선물환시장 또는 현물환시장에서의 유동성이 부족한 경우에도 원하는 스왑포인트로 거래가 가능하기 때문에 유동성이 풍부하다.

4. 외환스왑거래의 종류

(1) 현선스왑과 선선스왑

현선스왑은 현물환과 선물환 거래가 동시에 발생하는 거래로 현물환 매입/선물환 매도 또는 현물환 매도/선물환 매입거래로 구분한다.

선선스왑은 두 거래가 모두 선물환시장에서 발생하는데 선물환 매입/선물환 매도 또는 선물환 매도/선물환 매입거래로 구분한다. 선물환 결제일이 거래일로부터 모두 1개월 미만으로 짧으면 단기스왑이며, 1개월 이상이면 선물환스왑이다.

일반적으로 스왑거래의 대부분은 현선스왑이며 이 경우 선물환 결제일은 1주 이내인 단기스왑이 대부분이며 장외시장에서 거래되고 있다.

(2) 매입/매도(buy/sell)스왑과 매도/매입(sell/buy)스왑

매입/매도 스왑은 근월일에 기준통화를 매입하고 원월일에 매도하는 스왑을 의미하며, 매도/매입 스왑은 근월일에 기준통화를 매도하고 원월일에 매입하는 스왑을 의미한다. 예를 들면 한 거래자가 달러로 현물 파운드를 매입하고 6개월 파운드 선물을 매도하였다면 이 거래는 파운드 매입/매도 현선스왑이라고 한다.

(3) pure swap과 engineered swap

스왑은 일반적으로 동일 당사자와 서로 반대 방향의 외환거래를 동시에 체결하는데 이러한 스왑을 pure swap 이라고 한다. 이에 비해 한 상대방과 선물환(forward outright) 계약을 체결하고 또 다른 상대방과 현물환거래를 체결함으로써 스왑 포지션을 창출하기도 하는데 이러한 형태의 스왑을 engineered swap 이라고 한다. 전문적인 외국환은행이 일반 고객과 선물환계약을 체결하는 경우 동 외국환은행이 동일한 일반고객과 반대방향의 또 다른 선물환계약을 체결함으로써 당초의 포지션을 해소하기란 매우 힘든 일이다. 따라서 대부분의 경우 다른 상대방을 찾아 반대방향의 현물환거래를 행함으로써 engineered swap 을 창출하고 이 스왑과 반대방향으로 또 하나의 스왑거래를 행함으로써 당초의 선물환포지션을 해소하고 있다. 그러나 engineered swap은 pure swap과 달리 거래비용을 이중으로 부담해야 하며, 거래 상대방이 서로 달라 원하는 스왑포인트로 거래하지 못하고 손해를 볼 가능성이 존재하므로 불리하다.

제 2 절 외환스왑의 가격

외환스왑거래는 서로 다른 시점에서 기준통화의 동일한 금액이 재교환되므로 문제가 되는 것은 각 시점에서의 환율자체보다는 환율의 차이이다. 따라서 두 환율의 차이를 스왑가격(swap price) 또는 스왑포인트(swap point)라고 한다. 이러한 형태의 스왑은 통화스왑(currency swap)과는 다르므로 혼동하지 않도록 주의해야 한다.

스왑포인트(swap point)는 제 7장 선물환거래에서 설명한 선물환 마진과 같은 개념이다. 따라서 제 7장에서 도출한 스왑포인트를 다시 쓰면 식 (8-1)과 같다.

$$\text{스왑포인트} = \frac{S \times (i - i^*) \times \frac{d}{360}}{1 + i^* \times \frac{d}{360}} \qquad (8\text{-}1)$$

식 (8-1)에서 S는 현물환율, i와 i^*는 피고시통화와 기준통화의 이자율, d는 선물환거래일수이다. 스왑포인트는 현물환율과 선물환율의 차이로 두 통화의 이자율차이를 반영하며, 이를 선물환 조정(forward adjustment)이라고도 한다.

스왑포인트가 (+)이면 기준통화의 선물환율은 현물환율에 스왑포인트를 더하여 구하므로 선물환율이 현물환율보다 높다. 이 경우에 기준통화의 현물환매입-선물환매도 거래를 하면 스왑포인트에 해당하는 이익을 얻지만 반대로 현물환매도-선물환매입은 손실을 초래한다.

같은 논리로 스왑포인트가 (-)이면 선물환율이 현물환율보다 낮으므로 기준통화의 현물환매입-선물환매도 거래는 스왑포인트에 해당하는 손실을 초래하며, 반대로 현물환매도-선물환매입은 이익을 얻는다.

다음은 예를 들어 스왑포인트가 (-)인 경우에 현물환매도-선물환매입은을 통하여 이익을 얻을 수 있음을 설명하고자 한다. 영국의 B기업은 현재 파운드로 5백만 달러를 매입한 후 6개월 후에 이를 다시 팔기로 하는 스왑계약을 거래은행 A와 체결하였다고 하자. GBP/USD 현물환율은 1.7845-55이고 6개월 선물환 포인트는 3.61-3.56이다. 이러한 조건 하에서 외환스왑거래를 통한 B기업과 은행의 손익을 살펴보면 다음과 같다.

먼저 은행입장에서 근월물 계약은 £현물매입/U$현물매도이며, B기업입장에서는 반대로 £현물매도/U$현물매입 거래이므로 적용되는 환율은 1.7845가 되지만 매입률과 매도율의 중간환율을 적용하면 1.7850이다. 중간환율을 적용할 경우 B기업은 5백만 달러를 매입하기 위하여

£2,801,120.45(=5백만/1.7850)를 지불한다.

다음으로 원월물인 달러매도/파운드매입 6개월물 선물환계약에서 B기업에게 적용되는 환율은 다음과 같다. 선물환포인트 매입율이 매도율보다 크므로 현물환율에서 선물환포인트 매도율을 디스카운트해야 한다. 따라서 적용되는 환율은 1.7846(=1.7850-0.000356)이며, 원월물거래에서 되사는 파운드 가치는 £2,801,748.29이므로 B기업은 스왑거래를 통하여 £627.84(=£2,801,748.29-£2,801,120.45)만큼 이익을 얻는다. 즉 앞에서 언급한 바와 같이 선물환 스왑포인트가 (-)인 경우에 B기업은 현물환매도-선물환매입은을 통하여 이익을 얻었으나 반대 포지션을 취한 은행은 위의 스왑거래에서 매도율보다 더 높은 매입률로 파운드를 샀기 때문에 손실을 보았음을 알 수 있다. 그러나 은행은 현물 매입한 파운드를 더 높은 이자율로 6개월 동안 투자하거나 대출함으로써 스왑거래에서의 손실을 커버하거나 오히려 이익을 얻을 수 있다.

이와 같이 외환스왑거래는 거래 당사자 모두에게 이익을 줄 수 있다는 점에서 제 3장에 있는 [표 3-3]에서 보는 바와 같이 전통적 외환시장에서 현물환이나 일방적인 선물환거래에 비해 거래비중이 높음을 알 수 있다.

제 3 절 외환스왑거래의 동기 및 사례분석

외환스왑은 외환의 포지션을 활용하거나 특히 오픈포지션을 헷지하기 위하여 사용될 뿐 아니라, 국내외 자금시장과 외환시장을 연계함으로써 자금조달비용을 절약하거나 자금운용수익을 증가하기 위하여 활용되며, 만기일을 앞당기거나 연장하고자 할 때에도 이용된다.

1. 포지션 활용

은행이나 기업은 일시적으로 특정통화를 과다보유하거나 또는 부족한 상황에 직면할 수 있다. 예를 들면 한 은행이 1개월 동안 달러를 과다하게 보유한다고 하자. 현재 원화이자율이 달러이자율에 비해 상대적으로 높을 뿐 아니라 원화의 강세가 예상된다고 하자. 이러한 상황을 고려하여 은행은 1개월 후에 달러가 필요하므로 현물환시장에서 지금 달러를 팔고 원화를 매입하여 운용한 후 1개월 후에 달러를 되사는 선물환계약을 동시에 체결하는 스왑거래를 활용할 수 있다.

이와 같이 스왑은 여유자금이나 투자자금을 이자율 차이를 이용하여 단기로 이자율이 높은 통화로 운용함으로써 이익을 얻을 수 있는 기회를 제공하기도 한다.

2. 환헷지

외환스왑은 외환포지션을 헷지하거나 투기목적으로 사용된다. 투자자들은 특정통화의 일시적 여유자금을 유동성이 더 좋은 다른 통화로의 스왑을 통하여 기존의 외환노출을 헷지하고자 한다. 예를 들어 한 은행의 달러가 한 통화에서 롱포지션에 있다면 그 통화가치 상승에 투기하는 것이며, 반대로 숏포지션은 통화가치 하락에 대비하여 투기한 것과 같다. 그러나 환율이 불리하게 움직일 경우에는 이러한 오픈포지션으로 환손실을 입을 수 있기 때문에 헷지를 위하여 스왑거래를 이용하게 된다.

3. 자금의 조달과 운용

외환스왑은 국내외 자금시장의 연계성(market linkage)을 강화하여 전세계의 자본시장을 통합시키는 기능을 한다. 금융기관은 자금의 조달과 운용 면에서 상대적으로 비교우위(comparative advantage)에 있는 시장에서 자금을 차입하거나 운용하면서 환율변동에 따른 위험을 헤지하기 위하여 외환스왑거래를 활용한다. 이와 같이 금융기관이 조달비용이 가장 저렴한 시장에서 자금을 조달한 후 수익률이 가장 높은 시장에 투자하는 행태로 세계금융시장은 하나로 통합되고 있는 추세이다.

예를 들어 영국의 한 기업은 파운드와 달러 두 통화로 차입할 수 있으며 자금시장과 외환시장의 상황은 [표 8-1]과 같다고 하자.

[표 8-1] 자금시장과 외환시장의 상황

자금시장	외환시장		
영국: 파운드표시 BA 할인율 연 6.1875% 뉴욕: 달러표시 BA 할인율 연 5.625%	현물환율	1.5414	- 1.5420
	선물환포인트	12	10
	선물환율	1.5402	1.5410

이 기업이 영국에서 파운드화표시 BA를 발행하여 차입하는 경우에는 3개월 동안 6.1875%로 할인할 수 있으나 뉴욕에서 달러표시 BA를 발행할 경우 할인율은 5.625%이므로 뉴욕에서 차입하는 것이 더 유리하다. 따라서 이 기업은 [그림 8-2]와 같이 뉴욕자금시장에서 3개월 만기 달러표시 BA를 $1000만 발행하여 외환시장에서 달러현물매도/파운드현물매입과 동시에 3개월물 달러선물매입/파운드선물매도의 현선스왑계약을 이용하여 헷징하는 방법으로 자금을 조달·운용하기로 하였다. 이 과정을 구체적으로 살펴보면 다음과 같다.

[그림 8-2] 자금시장과 외환시장을 연계하는 스왑거래

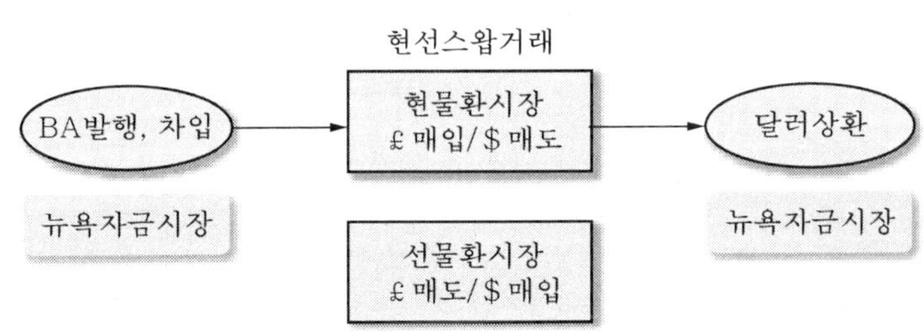

먼저 이 기업은 뉴욕에서 만기가 90일인 U$1000만의 BA를 발행하여 연 5.625%로 할인하면 할인금액은 U$140,625.00(=U$10,000,000×0.05625×90/360)이다. 따라서 실제 받는 금액은 $9,859,375.00(=U$10,000,000-U$140,625.00)가 된다.

다음은 현물환시장에서 이 달러금액으로 파운드를 매입하는 경우에 적용되는 현물환율이 ￡/$1.5420이므로 $9,859,375.00/1.5420=￡6,393,887.80이 된다.

한편 파운드 현물매입과 동시에 헷징을 위하여 선물환시장에서 3개월 파운드선물매도계약을 체결해야 한다. 이 경우에 적용되는 선물환율은 $1.5408(=$1.5420-0.0012)이며, $10,000,000을 상환하기 위하여 선물환율 $1.5408로 선물환 커버를 하면 금액은 ￡6,490,134.90(=10,000,000/$1.5408)이 된다. 따라서 자금조달비용은 ￡96,247.10(=￡6,490,134.90-￡6,393,887.80)으로 실효이자율은 6.1048%(=96247.10/6393887.80×4×365/360)로 영국에서의 할인율보다 유리함을 알 수 있다.[1)]

그리고 만일 이 기업이 외환스왑거래를 이용하지 않고 단순 선물환 매입거래를 했다면 3개월 달러선물매입에 적용되는 환율은 $1.5402이므로 1000만 달러를 매입하기 위해 필요한 파운드금액은 ￡6,492,663.20(=$10,000,000/1.5402)가 된다. 그런데 이 기업이 스왑을 이용함으로써 $1.5408로 달러를 매입하는데 필요한 파운드는 ￡6,490,134.90이었다. 즉 단순 선물환 매입헷징거래에 비해 스왑거래를 이용함으로써 ￡2,528.30을 절약할 수 있었다.

---

1) 외환스왑과 관련하여 알아야 할 사항은 3개월 선물환기간 동안 달러 현물매입률보다는 달러 현물매도율에서 달러매입 선물환포인트를 제하였다. 고객이 같은 통화를 사고팔면 보통의 거래에서는 두개의 서로 다른 거래로 스프레드가 발생하지만 스왑거래에서는 두 거래가 하나의 스왑거래로 이루어지기 때문에 스프레드가 없다. 이는 고객이 그만큼 유리한 거래를 할 수 있음을 의미한다.

4. 선물환 계약의 연장, 단축 및 종료

외환거래를 하는 기업들은 수입이나 지급이 늦어지거나 예상되는 수입이나 지급이 이루어지지 않아 부도가 나는 등 예기치 않은 상황이 발생할 수 있다. 이 경우에 은행과 선물환 계약을 한 회사는 고객의 현금거래가 더 이상 발생하지 않는다면 기존의 계약을 종료하지만 예상보다 늦거나 빠르게 발생한다면 외환스왑을 이용하여 기존의 계약을 연장하거나 단축할 수 있다.

(1) 만기연장

스왑은 선물환계약의 만기를 연장(extensions)하거나 단축할 경우에 사용된다. 예를 들어 한국의 K기업은 1월 28일에 미국회사로부터 10만 달러하는 기계를 구입하고 대금은 기계가 인도되는 4월 말에 지불하기로 하였다. 따라서 4월 30일에 만기 결제되는 달러 선물환을 1165원에 매입하기로 하는 계약을 체결하였다. 그런데 3월 말쯤에 미국회사에서 기계가 두 달 정도 연기된 6월에 인도될 것이라는 통보가 왔다. 그 결과 K회사는 3월 말에 원계약(4월 만기)을 1개월 선물환 매도로 종료함과 동시에 6월 30일에 만기되는 3개월 선물환을 매입하는 선-선스왑계약을 체결함으로써 만기를 연장하기로 하였다. 3월말에 1개월물 선물환율은 1163원이고 3개월물은 1160원이라고 하자.

이 경우에 스왑을 이용하지 않으면 고객이 4월 30일에 만기 결제되는 달러 선물환을 매도하고 다시 6월물 선물환을 매입하는 두개의 서로 다른 거래를 해야 하므로 스프레드가 발생한다. 그러나 스왑거래를 이용하면 두 거래가 하나의 스왑거래로 이루어지기 때문에 스프레드가 없어 고객이 그만큼 유리한 거래를 할 수 있음을 의미한다. 스왑거래의 과정은 [그림 8-3]과 같다.

위의 예에서 만기연장은 두개의 선물환 계약으로 이루어졌다. 하나는

3/30에 원래 계약을 종결하기 위한 1개월 선물환 매도계약이고 다른 하나는 $100,000 지급을 커버하기 위한 3개월 선물환매입계약이다. 스왑의 결과는 다음과 같다. 먼저 3/30에 원계약 1165원인 선물환매입을 1163원 1개월 선물환매도로 종료하였으므로 원화가치상승에 따라 원계약 종료 시 200,000원 손실을 보았다. 하지만 3/30에 또 하나의 계약으로 3개월 선물환을 1160원에 매입하였으므로 원계약에 비하여 환율이 5원 하락하여 달러당 5원 즉 500,000만원의 이득을 실현하였다. 따라서 만기 연장에 따른 스왑거래의 결과 300,000원의 순이익을 실현하였다. 이러한 스왑을 선-선스왑이라고 한다.

[그림 8-3] 만기연장

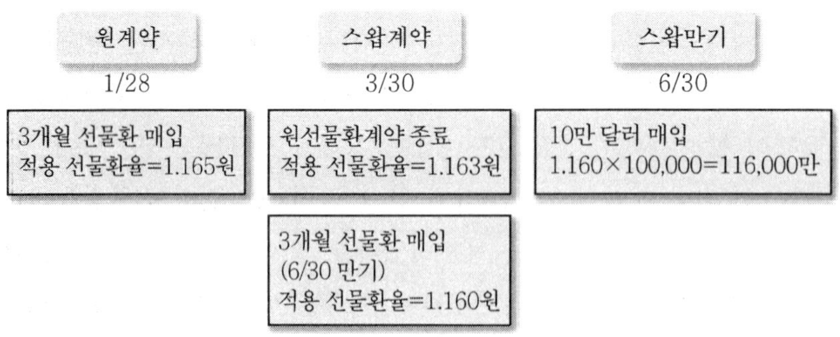

(2) 만기단축

위의 예에서 1/28에 3개월 선물환계약(4/30 만기일)으로 $100,000의 노출을 헷지하였는데 2월에 미국회사로부터 3월 말에 1개월 앞당겨 대금지불을 요구받았다고 하자. 이 경우에도 이 기업은 스왑을 이용할 수 있다. 즉 2월말에 3/30에 결제하기 위하여 1개월 선물환 $100,000를 매입함과 동시에 원계약을 선물환 매도 종료하는 선-선스왑계약을 체결한다. 스왑거래의 과정을 표시하면 [그림 8-4]와 같다.

[그림 8-4] 만기단축

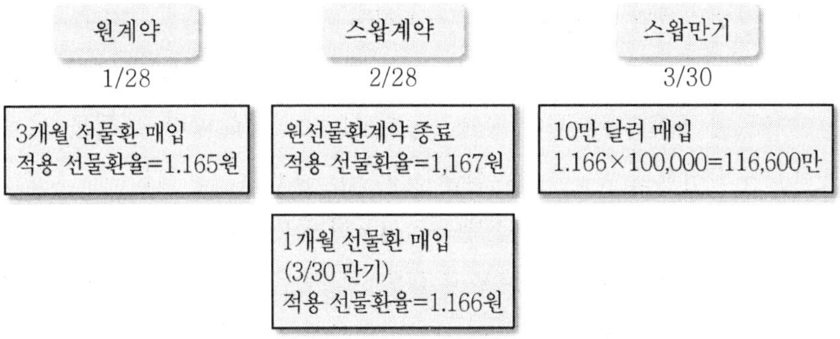

위의 예에서 2월 28일에 4/30에 만기되는 2개월 선물환율이 1167원이고, 3/30일 만기 1개월 선물환율은 1166원이라면 만기단축과 관련하여 스왑거래의 결과로 100,000원의 이익이 발생한다. 왜냐하면 원계약에 적용된 선물환매입률은 1165원이었으나 2/28일 원계약 종료 시 선물환율은 1167원으로 상승하여 선물환 매도거래에서 달러당 2원의 이익이 발생하였다. 그러나 3월 30일에 달러 당 1166원에 1개월 선물환 100,000달러를 매입계약했기 때문에 원계약에 비하여 달러당 1원 비싸게 매입하였다. 그 결과 만기단축을 위한 스왑거래를 통하여 달러 당 1원의 이익 즉 총 100,000원의 이익이 발생한 것이다.

(3) 선물환 계약의 종료

종료(closeouts)는 고객이 은행과 매도 또는 매입하기로 한 계약을 이행할 수 없을 경우에 은행이 선물환계약을 완료하기 위하여 취하는 행동이다. 이 경우에 은행은 고객에게 계약 만기일에 선물환율로 통화를 매입하거나 매도함으로써 계약의 일부를 이행하도록 하고, 고객의 은행계좌는 두 거래의 차이만 반영한다. 두 거래에서 선물환율과 현물환율의 차이에 따라 거래종료 시 고객은 손실 또는 이익을 볼 수 있다.

종료의 예를 설명하면 다음과 같다. 3월 5일 현재 £/U$ 현물환율이 1.4955이며, 영국회사는 3개월 후 U$350,000을 받을 예정이어서 거래은행과 £/U$=1.4685로 3개월 달러선물환 매도계약을 체결하였다. 이 경우 3개월 선물환 마진은 0.0270이며, 디스카운트이다.

그런데 4월 5일에 이 회사는 이 돈을 받을 수 없음을 알고 거래은행에게 이 사실을 알렸다. 은행은 회사의 요구에 따라 은행을 보호할 수 있는 방법으로 만기일에 선물환계약을 종료할 것이다. 종료과정은 [그림 8-5]와 같다. 즉 은행은 선물환계약대로 만기일인 6월 5일에 £1=U$1.4685로 회사로부터 U$350,000을 매입하고, 4월 5일 현재 6월 5일 선물환율로 U$350,000를 회사에 매도함으로써 계약을 종료하게 된다.

[그림 8-5] 선물환 계약의 종료

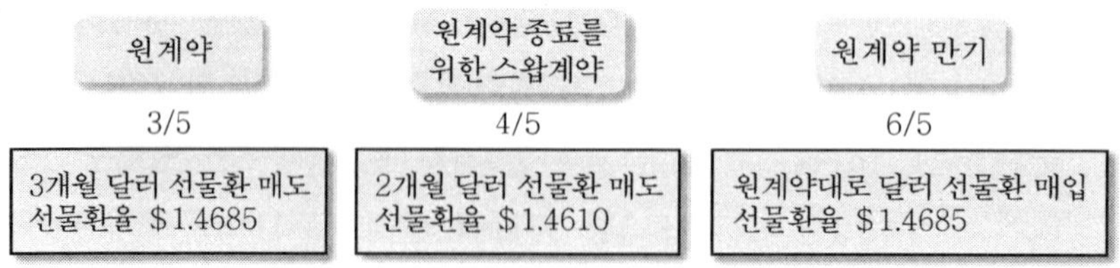

4월 5일 현재 6월 5일 선물환율이 $1.4610-$1.4620이라면 종료절차에 따른 결과는 다음과 같다. 즉 파운드의 약세로 영국회사는 손실을 입는 한편 은행은 이익을 얻었다.

· 은행이 £1=U$1.4685로 U$350,000 매입	£238,338.44 지급
· 은행이 £1=U$1.4610로 U$350,000 매도 및 종료	£239,561.94 수입
은행이익 (고객 손실)	£1,223.50

반대로 4월 5일 현재 6월 5일 선물환율이 $1.4800-$1.4810로 파운드가 강세라면 종료절차에 따라 다음과 같이 은행은 손실을 입는 한편 영국회사는 이익을 얻게 된다.

· 은행이 £1=U$1.4685로 U$350,000 매입	£238,338.44 지급
· 은행이 £1=U$1.4800로 U$350,000 매도 및 종료	£236,486.49 수입
은행손실 (고객 이익)	£1,851.95

연습문제

1. 일본의 J기업은 6개월간 1억 엔의 여유자금을 보유하게 되었다. 따라서 1억 엔의 여유자금을 6개월간 달러로 운용하고자 스왑계약을 체결하려고 한다. 스왑거래의 과정을 설명하고 자금의 운용결과를 구하라.

   현물환율 엔/달러환율 106.10-106.32,
   6개월 선물환율 105.82-105.92
   엔화 이자율 연 1%
   달러 이자율 연 3.5%

2. 8월 1일 현재 영국의 회사가 U$500,000어치의 상품을 미국에 있는 고객에게 팔고 대금은 3개월 후인 11월 3일에 받기로 하였다. 따라서 영국회사는 8월 1일에 거래은행에 U$500,000을 3개월 선물환매도계약을 체결하였다. 그런데 10월 1일에 영국회사는 고객으로부터 대금을 계약보다 1개월 후인 12월 3일에 지급하겠다는 통보를 받았다. 그 결과 영국회사는 10월 1일에 원계약을 종료함과 동시에 만기를 1개월 연장하는 스왑계약을 체결하기로 하였다. 적용되는 환율이 8월 3일 기준 현물환율은 U$1.4850/60, 3개월 선물환포인트는 226-223이며, 10월 3일 기준 현물환율은 U$1.4640/50, 1개월 선물환포인트는 72-70, 2개월 선물환포인트는 102-100이라고 할 경우에 스왑거래과정과 그 결과를 설명하라.

3. 2005/6/1에 한 영국회사가 미국 고객에게 U$5백만의 상품을 팔고 대금은 다음 해인 2006/6/3일에 받기로 하였다. 따라서 이 회사는 헷지목적으로 일년 후에 U$5백만을 매도하는 선물환계약을 체결하였다. 그런데 2005/9/1에 미국고객이 결제일을 변경하여 대금을 12/3에 미리 지급하겠다고 9월에 알려왔다. 적용되는 환율은 다음과 같을 경우에 스왑거래과정과 그 결과를 설명하라.

	현물환율(£/U$)		선물환 discount
2005/6/1	1.4995-1.5005	1년물	425-417
2005/9/1	1.4615-1.4625	9개월물(2006/6/3)	375-370
		3개월물(2005/12/3)	150-142

제 9 장

통화선물거래

브레튼 우즈체제의 붕괴로 선진 주요국들이 변동환율제도를 도입한 이후 국제외환시장에서 이들의 환율이 시시각각 변동할 뿐 아니라 그 변동 폭이 확대됨에 따라 국제거래를 하는 기업과 금융기관들의 위험이 크게 증대되었다. 이러한 위험을 관리하기 위한 수단으로 제 7장에서 다룬 선물환거래가 활용되어 왔다. 그러나 선물환시장에서 거래되는 외환의 규모가 100만 달러 이상으로 크기 때문에 중소기업이나 개인들은 쉽게 이용할 수 없었을 뿐 아니라 상품의 표준화가 이루어지지 않아 기업이나 개인들의 시장참여가 제한되었다.

선물환시장의 이러한 제약으로 성격은 대체로 동일하나 거래방식을 다소 변형시킨 통화선물시장이 등장하였다. 통화선물은 시카고 상업거래소 내에 국제통화시장이 개설된 1972년 5월부터 거래를 시작한 것이 그 효시가 되었다. 우리나라는 1999년 4월 23일 한국선물거래소 개장과 함께 원/달러선물이 상장되어 거래되기 시작하였다.

본장은 제 1절에서 통화선물거래 개요를 다룬다. 주로 통화선물거래의 의의와 특징 및 경제적 기능을 설명한다. 제 2절은 통화선물시장의 조직과 거래방법 등을 통하여 통화선물거래의 현황을 파악하고자 한다. 제 3절은 현물가격과 선물가격의 관계를 통하여 통화선물의 가격결정이론을 설명하고 제 4절은 통화선물거래가 어떻게 활용되는지를 예를 들어 설명한다.

9
chapter

통화선물거래

제 1 절 통화선물거래 개요

1. 통화선물거래의 의의

통화선물거래는 공인된 선물거래소를 통하여 수량, 규격 등이 표준화된 특정통화를 계약시점에서 미리 정한 가격(선물가격)으로 미래의 일정시점(선물만기일)에 인수 또는 인도할 것을 약정하는 거래를 말한다. 선물거래는 만기 이전에라도 매입자나 매도자에게 가격이 유리 또는 불리하게 움직일 경우에는 원래 계약과 상쇄되는 반대매매를 통하여 계약청산을 제도적으로 인정하는 거래이다. 통화선물계약에는 거래대상이 되는 특정통화, 선물만기일, 선물가격, 거래량, 인도 및 결제방법 등이 포함되어야 한다.[1)]

1) 일반적으로 선물거래의 대상이 되는 상품을 기초자산(underlying asset)이라고 하며, 선물시장은 기초자산의 종류에 따라 다양하다. 선물시장에 거래되는 대표적인 기초자산에는 대두, 밀 등의 농산물, 원유, 구리 등의 상품선물과 금리, 주가지수, 통화와 같은 금융선물이 있다.

선물거래는 매매계약의 성립과 동시에 대상통화의 인도와 대금지불이 이루어지는 현물거래와는 구분되지만 매매계약시점과 인도 및 대금지불시점이 서로 다르다는 점은 제 7장에서 설명한 선물환거래와 유사하다.

선물거래는 선물매입거래와 선물매도거래가 있다. 선물매입(longt futures)거래란 만기일에 기초자산을 매입하고 그 대가로 미리 약정한 대금을 지불할 것을 약속하는 것을 말하며, 선물을 매입한 상태를 long position이라고 한다. 선물매도(short futures)거래란 만기일에 기초자산을 매도하고 그 대가로 미리 약정한 대금을 수취할 것을 약속하는 것을 말하며, 선물을 매도한 상태를 short position이라고 한다.

선물거래는 만기 이전이라도 반대매매를 통하여 포지션을 정리함으로써 실물인수도의 의무에서 벗어날 수 있다 이와 같이 만기이전에 반대매매를 통하여 포지션을 정리하는 것을 청산(liquidation)이라고 한다. 설정된 매입포지션(long position)을 매도(short)를 통하여 청산하는 것을 전매도(long liquidation)라고 하며, 반대로 설정된 매도포지션(short position)을 매입(long)을 통하여 청산하는 것을 환매수(short cover)라고 한다.

한편 미청산포지션(open interest) 또는 미결제약정이란 계약이 이루어졌으나 아직 만기가 되지 않아 거래가 종료되지 않았거나 조기에 반대매매청산이 되지 않아 향후 인수도를 해야 하는 상태로 남아있는 매도포지션과 매입포지션을 합한 총계약수를 의미한다.

선물거래 역시 선물환거래와 마찬가지로 부외거래이며, 매입과 매도에는 각각 상응하는 반대행위가 반드시 대응되어 연결되기 때문에 한쪽이 이익을 보게 되면 상대방은 손실을 보게 되는 일종의 영합게임(zero-sum game)이라고 할 수 있다.

2. 통화선물거래의 특징

선물거래는 계약의 체결시점과 이행시점이 서로 다르다는 점은 선물환거래와 유사하지만 거래장소 및 거래방법, 거래조건, 정산방법 등에 있어서 매우 다르다. 선물거래의 특징을 선물환거래와 비교하여 설명하면 다음과 같다.

(1) 조직화된 거래소 거래

선물환거래는 [그림 9-1]에서 보는 바와 같이 지정된 장소가 없이 직접 거래당사자간의 협상을 통하여 계약하고 미래 일정시점에 계약이 실행되는 장외거래이다. 따라서 계약의 조기처분이 원칙적으로 불가능하며, 계약의 이행여부는 전적으로 상대방의 신용도에 의존하므로 거래상대방의 신용위험이 존재한다.

이에 비해 선물거래는 불특정 다수의 사람이 정해진 시간에 조직화된 거래소를 상대로 자격이 있는 회원의 중개에 의하여 이루어지는 장내거래이다. 따라서 통화선물은 계약의 이행을 거래소가 보증하므로 계약 불이행의 위험이 없다. 또한 선물가격은 경쟁매매 방식에 의하여 결정되므로 투명성이 보장되며, 모든 거래가 지정된 장소에 집중되므로 시장관련 정보를 획득하기 쉽고, 유동성이 풍부하여 거래 성립률이 높다. 그리고 거래소를 통한 집중거래방식으로 수수료가 저렴하다는 장점이 있다.

한편 선물환 거래는 거래단위가 크고 수수료가 비싸 개인이나 중소기업이 헤지거래에 이용하기가 어렵다는 단점이 있다. 이에 비해 선물거래는 계약단위가 선물환거래에 비하여 적으며, 기존의 신용도나 거래실적에 관계없이 소정의 증거금을 예치하는 것으로 거래가 가능하므로 기업이나 일반인의 참여가 용이하다.

[그림 9-1] 선물환거래와 선물거래의 차이

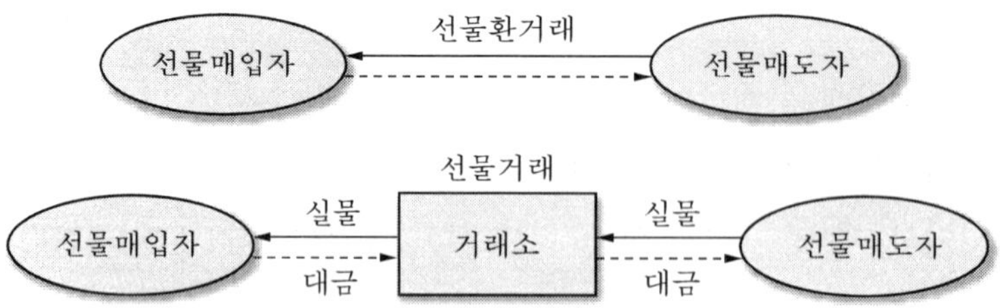

(2) 계약의 표준화

선물환거래는 대상물을 인도하는 자나 인수하는 자가 자신이 원하는 거래조건을 임의로 정할 수 있다는 장점이 있으나 거래 당사자의 조건을 정확히 충족시켜 줄 상대방을 찾기가 어렵다는 단점이 있다. 이에 비해 선물거래는 불특정 다수의 사람이 거래에 참여하기 때문에 대상상품이 표준화되어 있지 않으면 시장참여자 개개인의 다양한 거래조건을 충족시키기가 어려워 거래를 성사시킬 수 없다. 따라서 거래소는 거래대상이 되는 상품의 거래단위, 호가단위, 최소가격 변동폭, 일일가격제한, 거래시간, 인도조건 등의 모든 계약조건을 표준화하여 명시함으로써 거래의 편의를 제공하고 있다.

[표 9-1] CME 주요통화선물계약의 거래조건

	파운드 (BP)	캐나다 달러(CD)	일본 엔 (JY)	스위스프랑 (SF)	호주 달러(AD)	유로(EUR)
거래단위	62,500	100,000	12,500,000	125,000	100.000	125,000
가격고시	U$ per foreign currency					
최소가격 변동폭	0.0002 =$12.5	0.0001 =$10.00	0.000001 =$12.5	0.0001 =$12.5	0.0001 =$10.00	0.0001 =$12.5
계약월(만기월)	3, 6, 9, 12					
최종거래일	만기월의 3번째 수요일 전 2번째 영업일					
인수도일	만기월의 3번째 수요일					

[표 9-1]은 시카고 통화선물시장에서 거래되고 있는 통화선물의 상품내역이다. 거래단위는 계약이며, 한 계약의 크기는 기초자산의 단위수로 나타낸다. [표 9-1]을 보면 영국 파운드의 경우 1계약의 거래단위는 62,500파운드이며, 가격은 파운드당 미국 달러화로 고시된다. 그리고 최소가격 변동폭(tick)은 파운드당 0.0002달러로 1계약의 크기가 62,500파운드이므로 $12.5(=62,500×0.0002)가 된다. 선물거래에서 거래단위의 크기는 매우 중요하다. 1거래단위의 크기가 너무 작으면 거래비용이 커져 거래가 위축될 가능성이 있다. 반대로 거래단위가 너무 크면 개인이나 작은 기업들의 헤징이 어려워진다. 예를 들어 한 수출업자가 수출대금으로 받을 1,000만 엔을 헤지하려면 엔화 1계약이 1,250만 엔이기 때문에 아예 포기하거나 원하는 금액을 초과하여 헤지해야 한다.

[표 9-2] 한국의 통화선물상품의 거래명세

거래대상	미국 달러화	일본 엔화
거래단위	U$10,000	￥1,000,000
결제월	분기월 중 그 밖의 월중 4개로 1년 이내에 8개 결제월	
가격의 표시방법	U$당 원화	100엔당 원화
최소가격변동폭 및 금액	0.1원(1틱=0.1×10,000=1,000원)	0.1원(1틱=0.1×1,000,000/100 =1,000)원)
일일가격 제한폭	기준가격대비 ±4.5%	기준가격대비 ±5.25%
거래시간	09:00~15:15 (최종거래일 09:00~11:30)	
최종거래일	결제월의 세 번째 월요일	
최종결제일	최종거래일로부터 3일째 거래일	
결제방법	인수도 결제	
증거금률	거래증거금률 3% 위탁증거금률 4.5% 유지증거금률 3%	거래증거금률 4% 위탁증거금률 6% 유지증거금률 4%

주: 통화선물의 거래단위가 2009년 4월 27일부터 달러선물은 계약당 5만 달러에서 1만 달러로, 엔선물은 5백만 엔에서 1백만 엔으로 변경되었으며, 결제월도 1년 이내에 6개에서 8개로 증가되어 거래되고 있음.

[표 9-2]는 한국의 통화선물시장에 상장되어 있는 달러선물과 엔선

물의 계약명세이다. 1계약단위는 달러는 1만 달러, 엔화는 1백만 엔이며 최소가격 변동폭은 0.1원(10전)으로 1틱의 가치는 1,000원이다. 최종결제방법은 실물인수도이며 이외에도 거래소의 거래시간, 최종거래일, 최종결제일, 일일정산방법 등이 명시되어 있다.

(3) 계약이행 보증을 위한 제도적 장치

선물거래는 불특정 다수의 시장참여자 사이의 거래이며, 계약시점과 실물 인수도가 이루어지는 계약의 이행시점 사이의 기간이 길다. 따라서 이 기간 동안에 환율움직임이 계약 시의 예상환율에서 빗나가게 되면 시장참여자는 예상치 못한 손실을 입게 되므로 계약이행을 포기할 가능성이 있다. 선물거래는 다음과 같이 계약 불이행에 대비하여 다양한 제도적 장치를 마련함으로써 거래의 안정성을 확보하고 있다.

① 청산소

선물거래는 선물환거래와 달리 불특정 다수가 거래 상대방의 신용여부에 관계없이 거래소의 신용에 근거하여 거래에 참여한다. 따라서 선물거래소는 시장참여자들의 계약이행을 보증할 법적 기구로 청산소(clearing house)를 거래소 내의 한 조직이나 거래소 외부에 별도의 기관으로 설립·운영한다.

선물거래소는 청산소를 통하여 계약자에게 계약의 이행을 명령하고 정산을 보증하기 때문에 청산소가 거래소에서 차지하는 비중은 절대적이다. 이와 같이 선물시장에서 성립되는 계약은 개인 대 개인의 계약이 아니라 청산소와의 계약이다. 따라서 청산소는 매입자에게는 매도자로, 매도자에게는 매입자로서 그리고 계약의 이행을 보증하는 보증자로서의 역할을 수행한다.

② 증거금

환율이 선물거래 당사자의 예측과 반대로 움직일 경우 거래당사자는 통화선물거래에서 손실을 입게 된다. 선물거래소는 손실을 입은 고객이 계약을 포기하는 계약불이행의 위험을 방지하기 위한 제도적 장치로 거래 당사자에게 거래금액의 일정률에 해당하는 담보적 성격의 금액을 매매계약과 동시에 예치하게 하는데 이를 증거금(margin)이라고 한다.

증거금에는 위탁증거금과 거래증거금이 있다. [그림 9-2]에서 보는 바와 같이 위탁증거금은 고객이 선물중개회사에 납부하는 증거금이며, 거래증거금은 청산회원인 선물중개회사가 자신 또는 고객의 미결제약정을 성실히 결제하겠다는 증거로 거래소에 있는 청산기관에 납부하는 증거금이다. 위탁증거금은 다시 선물거래를 개시할 때 선물중개회사에 일정금액을 납부하는 주문증거금 또는 개시증거금(initial margin)과 주문체결 후에 선물계약 잔고를 유지하는 데 필요한 유지증거금(maintenance margin)으로 구분할 수 있다. 만일 미청산 선물계약에 손실이 발생하여 증거금잔고가 유지증거금수준 이하로 떨어진다면 고객은 부족한 금액을 추가로 예치하도록 통보(마진콜)를 받는데 이를 추가증거금이라고 한다. 이 때 추가증거금의 규모는 개시증거금수준을 회복하는 데 필요한 금액이다. 예를 들어 우리나라에서 거래되는 달러선물에 적용되는 증거금률은 [표 9-2]에서 보는 바와 같이 거래증거금률은 3%, 위탁증거금률은 4.5%, 유지증거금률은 3%이다. 일반적으로 유지증거금은 위탁증거금의 약 2/3 수준이다.

[그림 9-2] 위탁증거금과 거래증거금

③ 일일정산제도

일일정산(daily marked to market)이란 선물거래에 있어서 가격의 변화에 따라 고객의 미청산 포지션(open interest)에 대해 매일의 정산가격을 기준으로 거래자의 손실이나 이익을 매일 계산하는 것을 말한다. 선물가격의 변동에 따라 고객이 입은 손실이 큰 경우에는 고객의 위탁증거금이 계약이행의 보증금으로서 역할을 하지 못하는 경우가 발생한다. 이러한 경우를 대비하여 선물거래에서는 매일 정산가격을 기준으로 고객이 보유한 미청산 포지션(open interest)을 평가한 후 잠정손실이나 잠정이익을 고객의 증거금에 반영하는 일일정산제도를 시행하고 있다.2)

일일정산의 주요 목적은 거래 당사자들로 하여금 일정수준의 증거금을 유지하도록 하여 계약불이행의 위험을 미리 방지하는 것이다. 따라서 일일정산의 결과 이익이 발생하면 유지증거금 이상의 증거금에 대하여 인출이 가능하지만 반대로 손실이 발생하면 개시증거금 수준으로 증거금을 추가로 입금해야 한다.

일일정산제도의 예를 들면 다음과 같다. 계약단위가 5만 달러인 미국 달러선물 2008년 6월물 1계약을 7월 27일에 달러당 1,000원에 매입하였으며 이후 5일 동안 달러선물의 정산가격이 [표 9-3]과 같다고 가정한다. 개시증거금은 계약당 200만원, 유지증거금은 계약당 150만 원이며, 최소가격변동단위는 10전(계약당 5000원)이다.

[표 9-3] 일일정산의 예

일자	정산가격	손익변동	증거금수준	추가증거금	증거금잔액
3/27	1000.0		2,000,000		2,000,000
3/28	1000.6	1000.6-1000.0 = 6tick 6×5000원=30,000원	30,000		2,030,000
3/31	998.2	998.2-1000.6 = -24tick	-120,000		1,910,000
4/1	995.3	995.3-998.2 = -29tick	-145,000		1,765,000
4/2	986.5	986.5-995.3 = -88tick	-440,000	675,000	1,325,000
4/3	986.0	986.0-986.5 = -5tick	-25,000		1,975,000
최종손익 : 30 -120 - 145 - 440 -25 = -700(천원)					

[표 9-3]을 보면 먼저 5만 달러에 해당하는 선물거래를 하는데 필요한 금액은 개시증거금에 해당하는 200만 원이다. 매입 후 다음날에는 선물가격이 달러당 0.6원 또는 6틱이 상승하여 일일정산한 결과 총

2) 일반적으로 정산가격은 청산소에서 거래종료 수분간의 평균가격이나 종가를 사용한다.

30,000원의 이익이 발생하여 증거금 잔액이 2,030,000이 되었다. 그러나 3/31에는 3/28에 비해 2.4원 또는 24틱이 하락한 결과 12만원의 손실이 3/31의 증거금잔액에 반영되어 1,910,000이 되었다. 이와 같이 선물가격이 상승하면 증거금 잔액이 증가하며 선물가격이 하락하면 증거금 잔액은 감소한다. 4/2의 경우를 보면 선물가격이 전날에 비해 88틱 하락하여 44만원의 손실이 발생하였다. 그 결과 증거금잔액은 1,325,000원으로 유지증거금 수준 이하로 떨어졌다. 이 경우 거래소는 고객의 선물중개회사를 통하여 고객에게 개시증거금 수준까지의 부족분인 추가증거금 675,000원을 납부하도록 마진콜을 통보한다. 그리고 마진콜을 통보받은 고객은 다음 날 아침까지 즉시 추가증거금을 납부해야 한다.

④ 결제월 거래

선물거래에서 매매계약이 이행되는 날 즉 최종결제일의 해당 월을 결제월이라고 하며 선물거래는 결제월을 하나의 종목으로 하여 이루어진다. 예를 들어 3월 세 번째 수요일이 최종결제월인 통화선물과 6월 세 번째 수요일이 최종결제월인 통화선물은 각각 다른 종목의 상품이다. 그러므로 통화선물의 종목 수는 거래소가 정하는 결제월의 수에 따라 결정된다. 그리고 해당월의 최종거래일이 경과되면 그 종목은 자동적으로 상장 폐지되고 새로운 결제월 종목이 새로 상장된다. 우리나라의 경우 당월물 포함 연속 6개월과 3, 6, 9, 12 중 2개의 결제월을 합한 8개의 결제월이 있다. 예를 들어 2010년 1월 2일 현재 거래되는 달러선물은 1, 2, 3, 4, 5, 6월물과 9월물, 12월물 총 8개이다. 만일 1월물의 최종 거래일인 1월 세 번째 월요일이 지나면 1월물은 상장폐지되고 7월물이 새로이 상장된다.[3)]

[표 9-4]는 앞에서 설명한 선물환과 통화선물의 차이점을 정리한 것이다.

3) 최종결제일이 해당월의 세 번째 수요일이므로 최종거래일은 2영업일 전인 세 번째 월요일이 된다.

[표 9-4] 선물환거래와 통화선물거래

내용	선물환	통화선물
거래형태	장외거래, 일정한 장소 없이 전화 등을 이용한 당사자간의 직접거래	장내거래, 거래소라는 물리적 장소에서 불특정 다수의 시장참여자들에 의한 공개거래
거래조건	매매당사자간의 합의에 따름	기초자산, 거래단위, 결제월 등이 표준화되어 있음.
가격결정	당사자간의 협상으로 결정되므로 제 3자에게 알려지지 않음.	경쟁입찰방식으로 계약체결 즉시 거래소에 공시됨.
신용위험	거래 상대방의 신용에 의존하므로 신용위험 가능성	거래소가 계약이행을 보증하므로 신용위험은 없음.
증거금	원칙적으로 증거금제도가 없으나 거래 상대방의 신용에 따라 계약이행 보증금을 요구함.	계약당 주문증거금과 유지증거금을 납부해야 선물거래가 가능함.
손익정산	계약 종료일에 정산	거래소를 통한 일일정산
인수도	대부분 실물 인수도	만기일 이전에 반대매매로 중도청산되나 일부는 만기일에 실물인수도로 정산
결제일	거래당사간의 합의에 의하여 결정됨	만기월의 특정일

3. 통화선물거래의 경제적 기능

통화선물거래는 1971년 브레튼 우즈체제의 붕괴로 주요통화의 환율이 변동하기 시작하면서 환율변동에 따른 위험의 효율적 관리수단으로 그 기능을 수행하였으나 시간이 지남에 따라 금융시장의 효율성제고와 새로운 투자수단을 제공하는 등 그 유용성이 확대되고 있다. 통화선물거래의 주요한 경제적 기능을 살펴보면 다음과 같다.

(1) 환율변동에 따른 위험전가 기능

외환의 실수요자들은 환율변동에 따른 위험을 회피하고자 선물거래를 이용한다. 즉 선물시장에서 실물포지션과 반대되는 포지션을 개설하여 현물환율의 불리한 움직임으로부터 초래되는 손실을 선물시장에서 예상되는 이익으로 상쇄하고자 한다. 이와 같이 실물과 연동하여 환율 변동에 따른 위험을 회피할 목적으로 선물시장을 이용하는 것을 헷지(hedge)라고 하며, 선물시장 참여자의 대부분은 헷지를 위하여 선물시장에 참여한다. 이에 비해 실물과 연동하지 않고 단지 환율변동에 따른 위험을 감수하면서 이익을 얻고자 선물거래를 활용하는 것을 투기(speculation)라고 한다.

선물시장은 엄격한 절차와 규제에 따라 가격변동에 따른 위험을 원치 않는 헷저(hedger)로부터 가격변동위험을 감수하면서 보다 높은 이익을 추구하려는 투기자(Speculator)로 이전시켜주는 역할을 하고 있다.

이와 같이 선물시장이 제공하는 헷징기회는 위험전가의 기능을 통하여 실수요자들로 하여금 환율 변동위험을 효율적으로 관리할 수 있는 수단을 제공하고 더 나아가 현물시장의 유동성과 안정성을 향상시키고 사회 전체적인 효용을 증대시킨다.

(2) 미래현물가격 예시 기능

통화선물시장에서 결정되는 선물가격은 해당통화의 수요와 공급에 관련된 각종 정보가 반영되어 결정된다. 따라서 선물가격은 현재시점에서 미래 현물가격에 대한 수많은 시장 참가자들의 공통된 예측을 반영한다. 물론 현재 거래되고 있는 통화선물의 가격이 3개월, 6개월 또는 1년 후의 실제 가격과 일치하지는 않겠지만 최소한 현재시점에서 미래의 환율에 대하여 어느 정도의 예시기능은 할 수 있다고 볼 수 있다. 이와 같이 선물시장에서 이루어지는 현재의 선물가격이 미래의 현물가격에 대한 가격예시기능을 갖게 됨으로써 시장참여자들의 의사결정에 영향을 주고 더 나아가 현물환시장의 수요와 공급에도 영향을 미치게 된다.

따라서 기업 등 시장참여자들은 이 정보에 기초하여 미래의 계획을 수립할 수 있고 정부당국은 효율적인 정책 자료로 활용 할 수 있다.

(3) 금융시장의 효율성 제고

통화선물시장은 거래비용이 저렴하고 거래체결이 신속하게 이루어지므로 유동성이 풍부한 시장이다. 이러한 선물시장은 현물시장과의 연계거래를 유발함으로써 현물시장의 활성화를 촉진시키고 자원의 효율적 배분을 제고한다. 특히 환율변동위험의 전가, 시장가격의 예시 등으로 인해 선물거래 참여자가 늘어나면 시장의 정보전달 및 가격변동이 신속하게 나타나게 되어 금융시장의 효율성이 증대될 것이다.

(4) 새로운 투자수단의 제공

선물시장은 헷저에게는 가격변동위험을 회피할 수 있는 수단을 제공하는 한편 투기거래자에게는 레버리지효과로 인해 높은 투자이익을 얻을 수 있는 기회를 제공한다. 이와 같이 선물시장은 기업에게는 가격변동 위험으로부터 안정적인 자금관리를 가능케 할 뿐 아니라 투기자의 부동자금을 흡수하여 기업의 자금관리와 자금형성에도 도움을 준다.

특히 국제거래에 종사하는 기업들의 환위험을 관리를 위하여 증거금 정도의 소액자본으로 대규모 자원을 통제할 수 있으므로 선물시장이 없을 때보다 큰 규모의 여유자금을 운용할 수 있다.

제 2 절 통화선물거래 현황

1. 통화선물시장의 조직

통화선물시장은 증권시장과 마찬가지로 거래소, 고객, 선물업자(중개업자, 투자자문업자, 투자신탁업자)와 선물감독기관으로 구성되어 있다.

(1) 선물거래소

선물거래소(exchange)의 기능은 나라마다 약간씩 다르지만 대체로 다음과 같다.

첫째, 물리적인 시장을 개설하고 이곳에서 회원들의 거래가 효율적으로 이루어지도록 제반 서비스를 제공한다.

둘째, 표준화된 선물상품을 개발·상장하여 거래의 활성화를 도모하며

셋째, 원활하고 공정한 거래를 보장할 수 있는 거래규정 및 규칙을 제정하고 시행해야 하며,

넷째, 회원의 자격심사, 및 매매의 공정성 여부 심사하고

다섯째, 시장에서 성립된 매매거래에 대한 청산업무를 직접 담당하거나 자회사로 청산기관을 운영한다.

선물거래소는 대부분 회원제로 구성되어 있으며 회원의 자격은 국가마다 다르나, 일반적으로 회원은 청산회원과 비청산회원으로 구분된다. 청산회원은 일정자격을 갖춘 자로써 자신의 청산업무를 하거나, 비청산회원의 청산업무를 대행해 주고 수수료를 받는 회원을 말한다. 이러한 청산회원은 다른 청산회원이 청산을 이행하지 않는 경우 공동으로 청산을 이행할 책임을 지게 된다. 이에 반해 비청산회원은 거래체결은 할 수 있으나 거래의 청산은 반드시 청산계약을 체결한 청산회원을 통해서만 가능하다.

거래소의 운영 및 주요 의사결정은 회원으로 구성된 상임위원회를 중심으로 이루어지며, 시장의 기능뿐만 아니라 가격정보와 같은 기타 제반서비스도 제공해 준다. 한편 거래소는 선물계약의 확실한 이행을 보장하는 청산소를 거래소 내의 한 조직이나 거래소 외부에 별도의 기관으로 설립·운영하기도 한다.

(2) 감독기관

선물감독기관은 선물시장의 공정한 거래 및 투자자 보호에 목적을

두며 주요기능은 거래소 및 시장참여자의 등록, 신상품의 인가, 위험공시의무 감독, 감찰 중재 및 보상처리업무로 요약될 수 있다. 미국의 경우 미국 내의 모든 상품선물, 금융선물 및 옵션거래를 규제하는 대통령 직속 독립기관인 상품선물거래위원회(Commodity Futures Trading Commission : CFTC)를 두고 있으며, 참여자간의 자율규제를 위한 전국선물업협회(NFA)가 운영되고 있다. 우리나라의 경우에는 선물거래소의 외부감독기관으로 금융위원회, 증권선물위원회 및 집행기관인 금융감독원을 두고 있다.

(3) 참여자

선물시장 참여자로는 개인과 은행, 금융중개기관, 투자회사, 뮤추얼펀드, 연금기금, 회사 등이 있다. 이들은 직접 시장에 참여하기도 하지만 이들의 참여를 간접적으로 도와주는 IB, CTA, CPO, AP가 있다.

1) 고객

선물시장에 참여하는 고객은 거래전략에 따라 헷저(hedger), 투기자(speculator, 재정거래자(arbitrager)로 구분할 수 있다.

① 헷저

헷저는 현재 외환을 보유하고 있거나 장래에 보유할 예정인 사람으로 장래에 예상되는 환율변동으로 인한 위험을 회피하고자 선물시장에 참여하는 고객이다. 헷저는 현물시장에서 포지션을 보유하고 있기 때문에 현물환율의 변동으로 인한 위험을 회피하기 위하여 현물포지션과 반대인 선물계약을 통하여 위험을 줄이고자 한다.

예를 들어 A은행이 3개월 만기 100만 달러를 연이자율 3%로 차입하였다고 하자. 3개월 후 환율이 예컨대 3% 상승한다면 이 은행의 원리금 부담은 실제로 6%가 될 것이다. 만일 현재 환율수준으로 3개월 선물을 매입한다면 환율상승과 상관없이 3개월 후의 원리금 상환액은 고정되기 때문에 은행은 안정적인 자금운용을 할 수 있게 된다. 이와 같이 선물헤징은 수출입업자, 금융기관 등 대부분 실물과 연관된 개인이나 법인이 환율의 변동에 관계없이 본래의 계획된 이익을 확보하기 위하여 이용한다.

② 투기자

투기자는 선물가격을 예측하여 이익을 얻고자 하는 참가자이다. 투기자들은 선물시장이 제 기능을 하도록 시장에 유동성을 공급하고, 헷저가 전가하고자 하는 위험을 인수함으로써 거래 성립을 가능케 하는 중요한 역할을 담당한다.

이와 같이 투기자 자신은 선물시장에서 단순히 시세차익만을 목적으로 참여하지만 선물시장 전체적으로는 유동성 공급이라는 매우 중요한 기능을 수행한다. 그리고 투기자는 헷저들이 가격변동에서 생기는 위험을 전가 시킬 수 있는 필수적인 구성원이 되고 있다.

③ 차익거래자

차익 또는 재정거래자(arbitrager)는 선물가격과 현물가격의 일시적인 불균형을 이용하여 선물과 현물 중 상대적으로 저평가된 것을 매입하거나 고평가된 것을 매도함으로써 무위험 수익을 얻으려는 투자자이다.

2) 선물중개업자

선물중개업자(FCM : Futures Commission Merchant)는 고객을 대신하여 선물거래를 수행한다. 선물중개업자는 단순히 고객으로부터 선물계약이나 옵션의 매매주문을 받아 거래를 체결해주는 알선중개업자(IB : Introducing Broker)와 투자자로부터 선물상품에 투자할 목적으로 조성된 선물기금의 운영을 담당하는 개인이나 법인인 선물기금업자(CPO : Commodity Pool Operator), 고객에게 선물거래와 관련하여 자문을 제공하고 그 대가로 수수료를 받거나 이익을 추구하는 선물자문업자(CTA : Commodity Trading Adviser)로 구분할 수 있다. 이외에도 FCM, IB, CPO 또는 CTA의 대리인으로서 이들에 소속되어 매매주문을 받는 선물거래사(AP : Associated Person)가 있다.

3) 장내거래인

거래소 장내에서 자신의 계산 또는 타인의 계산 하에 주문을 성사시키는 자로써 장내거래인(floor trader)은 로컬트레이더(local trader)와 장내중개인(floor broker)으로 구분된다. 로컬트레이더는 자신의 계정을 위해 주문을 성사시키며, 장내중개인은 타인의 계정을 위해 주문을 성사시킨다.[4] 로컬트레이더는 거래의 유동성을 증가시키는 시장조성자(market maker)의 역할을 하게 된다.

장내거래인은 거래소 내에서의 거래형태에 따라 스캘퍼(scalper), 데이트레이더(day trader), 포지션트레이더(position trader)로 구분할 수 있다.

① **스캘퍼(scalper)**: 시장의 초단기 움직임을 이용하여 매매하는 참여자로서 일반적으로 포지션을 수분 이상을 보유하지 않는 초단기 거래자이다. 스캘퍼는 거래비용이 매우 낮기 때문에 소폭의 환율변화에도 이익을 얻을 수 있다. 따라서 대량의 주문과 단기추세에 항상 주의를 기울인다.

② **데이트레이더(day trader)**: 데이트레이더(day trader)는 포지션을 하루 거래시간 이상을 보유하지 않는 단기 매매자이다. 스캘퍼와 같이 단기 움직임으로부터 이익을 얻고자 하지만 스캘퍼보다는 포지션을 오래 보유한다.

③ **포지션트레이더(position trader)**: 포지션트레이더(position trader)는 스캘퍼나 데이 트레이더와 달리 포지션을 수주정도 보유한다. 이들은 시장의 주요한 움직임을 기다림으로써 이익을 얻을 수 있다고 믿는다.

그러나 스캘퍼, 데이 트레이더, 포지션 트레이더는 상호 배타적이 아니라 상황에 따라 초단기, 단기 또는 수주간의 포지션 거래 중 하나를

---

4) 공개호가방식이 아닌 전산거래방식을 활용하는 경우에는 물리적인 거래장소가 존재하지 않고 직접 전산터미널을 통해 고객주문을 처리하기 때문에 장내중개인은 존재하지 않는다.

택하여 수행한다.

2. 통화선물의 거래방법

(1) 선물거래소의 거래방식

선물거래소의 거래방식은 전통적인 공개호가방식과 전자거래방식으로 구분된다. 먼저 공개호가방식(open-outcry trading method)은 선물시장의 전통적 거래방식으로 거래원들이 특정장소(trading pit)에 모여 육성 또는 독특한 수신호로 거래의사를 표명해 가격과 수량이 일치되면 거래체결이 이루어지는 거래방식으로 거래상 오류가 자주 발생하여 청산소에서 오류정정 절차가 필요하다.

전산거래방식(computer trading method)은 [그림 9-3]에서 보는 바와 같이 거래소의 중앙컴퓨터와 고속 통신망으로 연결된 컴퓨터 단말기를 활용해 매매주문이 처리되고 모든 업무의 흐름이 자동으로 이루어져 공개호가방식에 비해 훨씬 간편할 뿐 아니라 거래체결이 신속·정확하고 24시간 거래가 가능하다. 이에 따라 세계 3대 거래소인 CBOT, CME, LIFFE를 포함하여 유럽과 아시아의 거래소들은 대다수가 전산거래방식을 채택하고 있다.

[그림 9-3] 전산거래방식

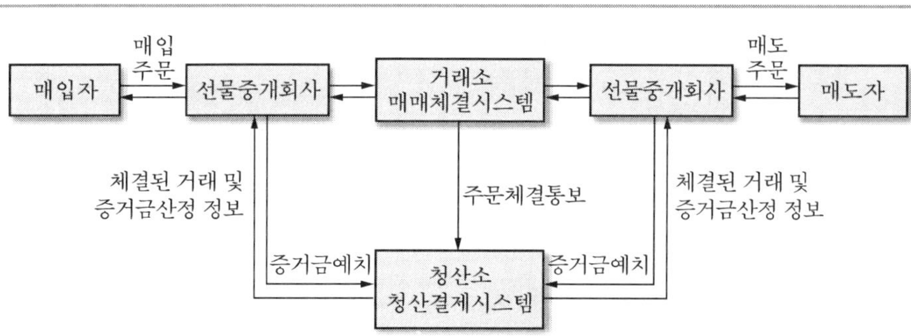

(2) 선물거래의 매매 및 청산절차

선물거래방식은 선물거래소마다 매매체결 및 청산업무와 관련하여 약간의 차이가 존재한다. 그러나 주문처리 방식과 관련하여 그 절차를 최근의 주요 추세인 전산거래방식을 중심으로 살펴보면 다음과 같다.

1) 선물거래중개회사 선택 및 거래계좌의 설정

선물을 거래하고자 하는 고객은 먼저 선물거래중개회사를 선택하여 계좌를 개설한 후 선물거래를 하게 된다. 계좌개설시 투자위험도가 높은 만큼 선물거래설명서를 반드시 잘 읽어 본 뒤 거래개설 약정서를 작성하고 매매주문은 주식거래와 비슷해 전화나 인터넷 등으로도 가능하다.

2) 위탁증거금(customer margin)의 납부

고객이 선물중개회사에 계좌를 개설한 후 매도 또는 매수주문을 위탁할 때에는 위탁금액의 일정률을 개시증거금으로 선물중개회사에 납부해야 한다. 그리고 선물거래소는 고객의 선물거래주문을 위탁받은 선물중개회사에 대하여 계약이행의 표시로 소정의 거래증거금을 요구하게 된다. 선물시장은 이러한 증거금제도를 운용하기 때문에 선물거래중개회사는 주문시점 또는 주문이전에 소정의 위탁증거금을 고객에게 요구한다.

3) 주문(order)의 접수와 전달

선물회사는 [그림 9-3]에서 보는 바와 같이 고객으로부터 위탁 받은 주문을 접수하여 주문의 적격 여부를 점검(위탁증거금의 충족여부)한 후 거래소에 전달한다. 선물계약의 매입 또는 매도 시 가격은 거래소에서 정한 호가단위(tick size)에 따른다. 호가단위란 가격의 최소변동폭을 말하며 여기에 계약단위를 곱하면 최소호가단위의 가치(tick value)가 된다. 예를 들어 원-달러 선물계약의 호가단위는 0.1원이며 1계약은 1만 달러이므로 1틱의 가치는 1,000원(=0.1×10,000)이다.

4) 거래체결

거래소에 전달된 고객의 주문은 매매체결시스템 상에서 자동적으로 주문접수시간이 기록되고 가격우선, 시간우선 등의 정해진 원칙에 따라 거래체결이 이뤄진다. 매매체결이 이루어지면 거래소는 회원인 중개회사에게 온라인상으로 즉시 통보하고, 회원은 체결결과를 고객에게 통지한다. 이때 미체결 된 주문은 입력된 상태로 순차적으로 가격/시간우선의 체결원칙에 따라 자동적으로 체결이 이루어지게 된다.

거래소 내부적으로는 매매체결이 이루어지면 거래 체결결과가 자동적으로 청산결제시스템에 통보되어 거래 확인 및 증거금정산업무 처리가 시작되고 당일 장이 끝나면 모든 시장참여자들에 대한 거래결과를 산정하게 된다.

5) 일일정산

거래소는 계약이행에 대한 신용보증차원에서 당일에 거래된 미결제약정과 기존의 미결제약정을 회원별로 당일정산가격으로 재평가하여 손익을 산출하는 일일정산(daily marketing to market)제도를 운용한다.[5] 이 때 당일평가 손실수준이 특정범위를 넘는 경우 거래소는 추가로 변동증거금(variation margin) 납부를 요구하게 된다. 고객이 회원으로부터 받은 증거금의 추가납부를 다음날 아침까지 이행하지 않을 경우 선물계약이행의 의사가 없는 것으로 간주하여 다음날 아침 개장가격 기준으로 반대매매로 처분하는데 이 때 생긴 손실분은 1차로 납부했던 증거금잔액에서 공제함으로써 선물시장의 신용을 유지하게 된다.

6) 전매 또는 환매에 의한 결제

고객이 최종 결제일 이전에 기존의 약정을 반대매매한 경우는 고객

5) 미결제약정이란 선물거래가 이루어진 후 반대매매나 최종결제가 이루어지지 않은 약정을 말한다. 전체 미결제약정 수량의 증가나 감소를 이용하여 시장의 중요한 투자지표로 사용되는데, 상승 또는 하락 추세에서 해당 미결제약정이 증가하면 현재의 추세를 지속시킬 자금의 유입으로 판단할 수 있으며, 반대로 미결제약정이 감소하면 자금의 유출 및 추세의 전환이나 반전될 것을 예측할 수도 있다.

이 기존의 약정을 취할 때의 약정금액과 전매 또는 환매한 약정금액과의 차이에 해당하는 금액을 정산함으로써 거래관계가 종결된다.

7) 최종결제

거래소가 지정한 최종거래일까지 반대거래로 종결되지 않은 미결제약정(open interest)은 실물인수도나 현금결제방식으로 최종결제 처리된다. 최종결제 절차는 거래소마다 각각 별도의 규정이 있으며 각 상품별로도 차이가 있다. 최종결제일(만기일)까지 청산되지 않은 선물포지션을 결제하는 방식으로 실물인수도(physical delivery)방식과 현금정산(cash settlement)방식이 있다.

3. 주문유형

선물거래를 원하는 투자자는 선물거래 중개회사를 통하여 매입주문(bid order)또는 매도주문(offer order)을 위탁해야 한다. 선물거래를 위한 주문의 유형(order type)은 현물환거래와는 달리 매우 다양할 뿐 아니라 선물거래소에 따라 허용되는 주문의 유형이 다르기 때문에 이에 대한 사전지식이 필요하다. 주문의 형태는 크게 가격에 대한 조건을 명시하는 주문과 주문의 유효기간 및 체결수량에 관한 조건을 명시하는 시간제한주문과 수량제한주문 등이 있다. 선물거래소에서 주로 허용되는 주문의 유형은 다음과 같다.

(1) 시장가 주문

선물거래소에서 가장 많이 활용되는 주문방식으로 고객이 종목 및 수량은 지정하되 가격은 현재 거래되고 있는 시장가격 중에서 가장 유리한 가격으로 신속히 거래를 체결하고자 할 때 이용된다. 시장가 주문(market order)은 신속한 거래체결이 보장되는 장점이 있지만 가격이 급변하는 경우나 유동성이 부족한 경우에는 고객의 기대에 못미치는 가격으로 주문이 체결될 위험이 있다는 단점이 있다.

(2) 지정가 주문

지정가 주문(limit order)은 고객이 지정한 가격 또는 이보다 유리한 가격에서 주문이 체결되는 방법이다. 즉 매수 시에는 지정가격 또는 이보다 낮은 가격에서 체결되고, 매도 시에는 지정가격 이상에서 체결되므로 거래자에게 좀 더 유리한 체결이 될 수 있는 장점이 있다. 그러나 시장가격이 지정가격보다 유리하지 않은 경우에는 체결을 보장할 수 없다는 단점이 있다. 특히 환율이 반대 방향으로 움직일 경우에는 손실을 제한할 수 없는 단점이 있다. 예를 들어 'Buy 10 USD508 1,013.40'의 형태로 주문을 냈다면 2008년 5월물 미국 달러선물계약 10계약을 1,013.40 또는 그 이하의 가격으로 매입할 것을 요구하는 주문의 형태이다.

(3) 역 지정가 주문

현재 환율보다 불리한 환율을 지정해 놓고 시장가격이 지정가격에 도달하게 되면 자동적으로 주문이 시장가 주문(market order)으로 바뀌어 실행되는 주문방법이며, 주로 이미 보유하고 있는 포지션의 손실제한(stop loss)이 주목적일 때 주로 사용된다.

따라서 역 지정가 주문(stop loss order)을 이용하려는 고객은 지정가 주문과는 달리 매도주문(short order)시에는 지정가를 현재 시장환율보다 낮게 제시해야만 시장가격이 지정가격 이하에서 형성되면 자동적으로 시장가 주문으로 전환되어 즉시 매도주문이 체결된다. 즉 롱포지션에 있는 경우는 시장환율이 stop loss 지정환율보다 낮으면 stop loss 주문이 발효되어 롱포지션이 자동적으로 종료될 것이다.

반대로 매입주문(long order) 시에는 지정가를 현재 시장환율보다 높게 제시해야 시장가격이 지정가격보다 높게 형성되면 자동적으로 시장가 주문으로 전환되어 매입주문이 체결된다. 즉 숏포지션인 경우에는 시장환율이 stop loss 지정환율보다 높으면 숏포지션이 자동적으로 종료될 것이다. 이 주문의 체결은 시장가 주문 다음으로 우선권이 있기 때문에 체결가능성이 매우 높다. 예를 들어 1013.40에 달러선물 10계약을 매입한 고객이 가격이 1000이하로 하락할 경우 더 이상의 손실을 원치 않는다면 1000에 역지정가 주문을 내게 된다. 이 경우 중개회사는 시장가격이 1000이 되면 즉시 시장가 주문으로 전환하여 기존의 선물매입계약을 매도함으로써 고객의 추가손실을 방지하고자 한다.

(4) 지정폭 주문

지정폭 주문(stop limit order)은 역지정가 주문(stop order)과 지정가 주문(limit order)을 합성한 주문으로 환율변동이 클 때 효과적이다. 즉 주문 처리조건은 역지정가주문과 같지만 고객이 지정한 가격 이상을 벗어날 수 없는 주문유형으로 현재가가 지정가격에 도달하게 되면 시장가주문으로 바뀌어 역지정가주문(stop order)과 같으나 실제 체결은 지정가 주문에 따라 실행된다. 따라서 지정폭주문의 경우 조건가격과 실행가격을 지정하여야 하는데 매수주문은 현재가보다 높게 조건가격을 지정해야 하며, 매도주문의 경우 현재가보다 낮게 조건가격을 지정해야 한다. 예를 들어 "short 2 march yen 103.2 stop limit 103.00"이라는 주문은 3월물 엔화 환율이 103.2에 도달하면 시장가 주문이 되는데 단 103.00 이상에서 매도주문을 체결하라는 의미이다.

(5) MIT(market if touched) 주문

시장가주문과 지정가주문의 특성을 공유한 주문방식이다. 즉 지정가 주문과 마찬가지로 시장가격이 지정가격에 도달하면 가장 유리한 가격으로 거래체결을 시작하고 거래가 시작되면 시장가주문으로 전환된다. 따라서 매입주문은 시장가격이 지정가격 이하가 되면 시장가주문이 되고 반대로 매도주문은 시장가격이 지정가격 이상이 되면 시장가주문이 되어 마치 지정가주문과 시장가주문을 결합한 것과 같다.

(6) 기타 주문

고객은 거래 주문시 가격 이외에 주문의 유효기간 및 체결수량에 관한 조건을 명시하여 주문을 제시하는데 시간제한주문과 수량제한주문이 있다.

① 시간제한 주문

시간제한주문(timed order)은 고객이 원하는 주문의 유효기간을 지정하여 그 시간이내에 주문이 체결되거나, 그 시간 동안에 주문이 유효하도록 하는 주문의 형태이다. 대표적인 시간제한주문의 유형인 GTC(good till cancelled) Order는 고객이 취소할 때까지 주문의 효과가 지속되는 주문유형이고, GFD(good for the Day) Order는 주문 당일동안만 유효하고, GTW(good till week) Order는 1주일동안 유효하다. 구체적인 시간제한을 명시하지 않은 경우에는 당일동안에만 유효한 것으로 간주되는 FAS(fill and store) 주문이 있다.

② 수량제한 주문

수량제한 주문은 고객이 원하는 주문량이 시장상황에 따라 일괄 체결되지 않을 경우에 대비하여 체결수량에 대하여 제한을 가하는 주문의 형태이다. FAK(fill and kill) Order는 주문전달 즉시 주문량의 일부만 체결될 경우 잔여물량에 대한 주문은 자동적으로 취소되도록 하는 주문방식이고 FOK(fill-or-kill) Order는 주문전달 즉시 모든 물량이 체결되지 않으면 모든 주문이 자동적으로 취소되도록 하는 주문방식이다. 대량 주문 시 동일가격에 모두 집행하기 위하여 사용되는 주문방식이다.

시장가주문은 전량조건(FOK) 또는 충족조건(FAK)만 허용하므로 주문접수 당시 시장에서 가장 유리한 가격의 상대지정가 주문과 체결되고 미체결주문 잔량은 취소되며 체결가격은 주문의 일반체결규칙에 따라 주문상에 등록된 매도(매수)주문가격으로 결정된다.

제 3 절 통화선물의 가격결정이론

시장경제에서 모든 상품의 가격이 수요와 공급에 의하여 결정되듯이 통화선물가격도 통화선물에 대한 수요와 공급에 의하여 결정된다. 여기서 통화선물에 대한 수요(매수)는 장래에 환율상승에 따른 위험을 회피하려는 매입헤저와 장래에 환율상승을 예상하고 차익을 얻으려는 투기매입자로 구성된다. 반면에 통화선물에 대한 공급(매도)은 장래에 환율하락에 따른 위험을 회피하려는 매도헤저와 장래에 환율하락을 예상하고 차익을 얻으려는 투기매도자로 구성된다. 그런데 매입헤저와 매도헤저의 선물거래량은 현물시장의 거래규모에 의하여 사전적으로 결정되므로 선물가격은 투기거래의 향방에 따라 단기적으로 변동할 수 있다.

이와 같이 통화선물가격이 현물시장의 수급과 상관없이 투기자들의 수급에 의하여 결정되다 보니 선물가격이 불안하게 되고 그 여파로 현물가격도 불안하게 될 가능성이 크다. 이러한 현상을 "The tail wags the dog"이라고 표현하기도 한다. 이는 꼬리에 해당하는 선물시장이 몸체인 현물시장을 움직이는 현상을 빗대어 표현한 것이다.

1. 선물가격과 현물가격의 관계 : 베이시스

이론적으로 선물가격은 현물가격에 현물을 만기까지 보유하는데 필요한 비용만큼을 더한 것과 같다. 즉 선물가격과 현물가격의 차이는 만기까지 현물의 보유비용(cost of carry)에 해당하며 이를 베이시스(basis)라고 한다. 그런데 금융상품의 경우에는 만기까지 보유 시 보유에 따른 차입이자와 같은 금융비용뿐 아니라 이자수입이나 배당금 등의 수입도 발생한다. 따라서 보유비용은 현물보유수입을 금융비용에서 뺀 것과 같다.

베이시스 = 선물가격 -현물가격 = 보유비용

베이시스 = 보유비용 = 금융비용 - 현물보유수입

일반적으로 보유비용이 수입보다 크기 때문에 선물가격이 현물가격보다 높게 형성되는 것이 정상이며, 이러한 시장을 정상시장(normal market)이라고 하며 이때의 베이시스를 콘탱고(contango)라고 한다. 반대로 선물가격이 현물가격보다 낮게 형성되는 경우가 있는데 이러한 시장을 역조시장(inverted market)이라고 하며 이때의 베이시스를 백워데이션(backwardation)이라고도 한다.

따라서 콘탱고인 경우에는 근월물보다 원월물의 가격이 높고, 반대로 백워데이션인 경우에는 근월물보다 원월물의 가격이 낮다.

선물은 만기에 가까울수록 보유비용이 감소하며, 최종결제일(만기일)에는 현물이 되므로 선물과 현물의 구별이 없어진다. 즉 통화선물의 경우 현재의 선물환율은 장래에 현물환율이 된다. [그림 9-4]에서 보는 바와 같이 만기에 가까이 갈수록 선물가격이 만기 시 현물환율과 같아지는 현상을 베이시스 수렴(basis convergence)이라고 한다.

베이시스는 항상 일정한 것이 아니다. 베이시스에 영향을 미치는 요인은 크게 세 가지이다. 첫째, 만기까지의 기간이다. [그림 9-4]에서 보는 바와 같이 만기에 가까이 갈수록 베이시스는 0에 가까워진다. 둘째, 금융비용에 영향을 미치는 단기이자율의 변동이다. 셋째, 현물가격 자체의 변화이다. 이론적으로 현물가격과 선물가격은 보유비용만큼의 차이를 유지해야 한다. 그러나 예컨대 차익에 대한 과세제도의 변화나 일시적인 포지션불균형 등으로 현물가격이 크게 변동하는 요인이 발생하면 베이시스는 보유비용 이상으로 움직이게 된다.

[그림 9-4] 선물가격과 현물환율과의 관계

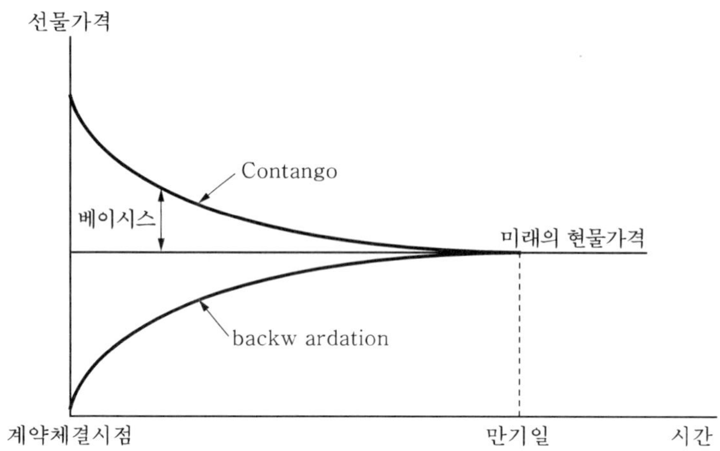

2. 통화선물가격의 결정원리

이론적으로 선물가격은 현물가격에 만기까지의 현물보유비용을 합한 것과 같아야 하는데 그 이유는 다음과 같다. 선물과 현물에 대한 투자는 대상물의 인수도 및 대금지불의 시기만 상이할 뿐 실질적으로 투자대상물이 동일하고 선물의 최종 결제일에는 선물과 현물의 구별이 없어지기 때문에(선물의 현물화) 투자결과는 동일해야 한다. 그렇지 않으면 수익률이 낮은 곳에서 높은 곳으로 차익거래가 발생한다. 이를 현물보유 차익거래(cash-and-carry arbitrage)라고 한다.

현물보유 차익모형에 근거한 선물가격결정은 [그림 9-5]와 같다. 현재환율은 S, 1년물 선물가격은 F, 원화대출의 연이자율이 i, 달러예금의 연 이자율을 i^*라고 하자. 1년 동안 1달러를 원화로 차입하여 보유하는데 드는 비용은 다음과 같다. 현재환율이 S이므로 1달러를 매입하는데 필요한 원화자금은 S이며 1년 동안 이자는 $S \cdot i$가 발생한다. 다음은 1달러를 1년 동안 미국에 i^*의 이자율로 예금하면 원리금은

$\$(1+i^{*})$이다. 만기 시 $표시 원리금을 원화로 미리 고정하기 위하여 선물가격 F로 매도하면 $(1+i^{*})\cdot F$원이 되므로 선물투자수익은 $[(1+i^{*})\cdot F-S]$가 된다. 따라서 차익거래가 발생하지 않는 균형상태란 선물투자수익과 원화차입비용이 같음을 의미하므로 $(1+i^{*})\cdot F-S=S\cdot i$가 된다. 이를 선물가격($F$)으로 정리하면 식 (9-1)과 같다.

$$F=\frac{S\cdot(1+i)}{(1+i^{*})} \qquad (9\text{-}1)$$

식 (9-1)을 이용하여 선물가격과 현물환율의 차이인 베이시스(b)를 구하기 위하여 양변에서 S를 뺀 후 정리하면 식 (9-2)가 된다.

$$b=\frac{S\cdot(i-i^{*})}{(1+i^{*})} \qquad (9\text{-}2)$$

식 (9-2)에 의하면 베이시스는 두 통화의 이자율 차이에 현물환율을 곱한 것으로 선물환시장에서 스왑포인트(swap point)와 같음을 알 수 있다.

[그림 9-5] 통화선물가격의 결정원리

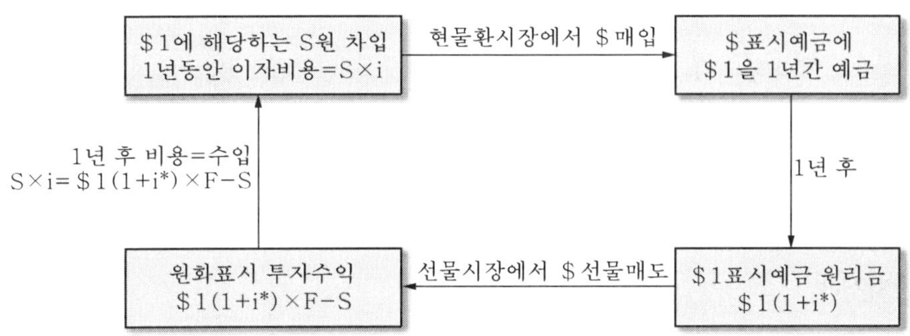

식 (9-1)을 이용하여 원/달러 현물환율이 1000원, 한국의 연이자율은 6% 미국의 연이자율은 3% 이며, 만기가 6개월인 선물환율을 구해보면 $F=1000\cdot(1+0.06\cdot 6/12)/(1+0.03\cdot 6/12)=1014.78$원이다. 한편 식(9-2)를 이용하여 베이시스를 구하면 14.78(=1000·(0.03-0.015)/

(1+0.015))이다.

식 (9-1)을 보면 선물가격에 영향을 미치는 요인이 현물환율수준과 양국의 이자율 차이임을 알 수 있다. 만약 현물환시장에서 수요와 공급의 변화로 현물환율이 변동하게 되면 장래의 예상 현물환율이 변하게 되므로 선물환율도 같은 영향을 받는다. 이와 같이 선물가격은 선물의 수급을 반영함과 동시에 당해 현물가격과 밀접한 관계를 가지면서 움직이는 특징을 보인다. 그리고 시장에서 선물가격이 현물가격에 비하여 보유비용 이상으로 높으면 현물을 매입하여 선물시장에서 매도함으로써 차익을 얻을 수 있을 것이며, 반대로 선물가격이 현물가격에 비하여 보유비용보다 낮다면 선물을 매입하여 현물시장에서 매도함으로써 차익을 얻는 재정거래가 가능하게 된다. 그 결과 선물가격은 현물가격에 보유비용을 더한 것과 같게 되는 일물일가의 법칙이 적용된다는 논리이다.

제 4 절 통화선물거래 활용

선물의 거래유형은 먼저 이용목적에 따라 헷지거래(hedge), 투기거래(speculation), 차익거래(arbitrage)로 구분되며 이밖에 스프레드(spread)와 베이시스거래가 많이 활용되고 있다.

1. 헷지거래

헷지의 기본개념은 미래의 환율변화로 인한 현물포지션의 가치손실을 최소화할 목적으로 현물환포지션(spot position)과 반대되는 포지션을 선물시장에서 취하는 것이다. 현물과 선물에서 서로 상반되는 포지션을 동시에 취함으로써 환율변동에 따라 발생하는 한편의 이익이 다른 한편의 손실을 상쇄시켜 손실의 가능성을 미리 방지하고자 하는 의미에서 일종의 보험의 성격을 띠고 있다.

헷지(hedge)는 기업과 같은 외환의 실수요자들이 시시각각으로 변동하는 환율 및 이자율 등락에 따른 위험으로부터 안정적인 자금흐름과 영업이익을 보호하기 위한 위험(risk)회피 방법이다. 그러나 현물가격과 선물가격의 차이인 Basis도 변동하기 때문에 완벽한 헤지는 현실적으로 불가능하다. 헷지에는 매입헷지와 매도헷지가 있다.

(1) 매입헷지

매입헷지(long hedge)란 현물시장에서 매도포지션(short position)을 취하고 있어 가격상승 시 발생되는 손실을 선물시장에서 상쇄시킬 목적으로 선물시장에서 매입포지션(long position)을 취하는 헷지를 말한다. [그림 9-6]은 매입헷지의 손익구조를 보여준다. 포지션을 취할 당시의 환율에 비해 미래 환율이 상승하면 선물에서는 이익이 발생하나 현물에서는 손실이 발생하며, 반대로 미래 환율이 하락하면 선물에서는 손실이 발생하나 현물에서는 이익이 발생하므로 환율이 어떻게 변하든 두 시장에서 발생하는 손익은 서로 상쇄된다. 즉 헷지의 목적은 환율변

[그림 9-6] 선물매입헷지 손익구조

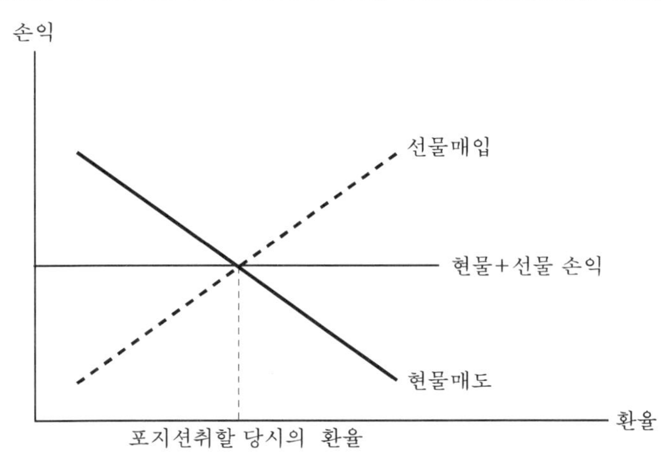

동에 따라 이익을 극대화하는 것이 아니라 손실을 최소화하는 것이다. 그리고 100% 헤지가 이루어지면 이익과 손실의 규모가 일치하여 마치 현재의 환율로 미래의 이익을 확정하는 것과 같다. 그러나 현물환율과 선물가격이 같은 폭으로 움직이지 않으므로 즉 베이시스가 변동하므로 현물자산과 같은 규모로 선물헷지를 하게 되면 100% 헷지가 이루어지지 않음을 다음의 매입사례를 통하여 확인할 수 있다.

[사례 9-1] 선물매입헷지 예를 들어 2005년 4월 11일 현재 A기업은 5월 12일에 원자재 수입대금 U$150,000을 결제하여야 한다. A기업은 현물매도포지션에 있으므로 대금 결제일까지 환율상승의 위험을 헷지하기 위하여 2005년 5월물 USD선물 3계약을 매수하였다. 선물은 중도청산이 가능하므로 대금결제일로부터 가까운 결제월 선물거래를 하면 된다. 4월 11일 현재 현물환율이 1015원이고 5월물 선물가격은 1016.20원이며, 5월 12일 현물환율은 1020원, 5월물 선물가격은 1020.20원이라고 하자. A기업의 헷지결과를 보면 [표 9-5]와 같다.

[표 9-5-A] 선물매입헷징결과 : 환율이 상승한 경우

날짜	현물시장	선물시장	베이시스
4/11	현물환율 1015원 15만×1015=15,225(만원)	5월물 달러선물가격 1016.2원 달러선물 3계약 매입	12
5/12	현물환율 1020원 15만×1020=15,300	5월물 달러선물가격 1020.2원 달러선물 3계약 매도청산	2
결과	달러당 5원 손실	달러 당 4원(40틱) 이익	10
손익	기회손실 75(만원)	선물이익 40틱×3×5000 (₩600,000)	

A기업이 선물매입헷징을 하지 않았다면 환율상승에 따라 현물거래에서 75만원의 손실을 볼 것이다. 그러나 매입헷징을 한 결과 선물거래에서 발생한 60만원의 이익으로 현물에서 발생한 기회손실의 대부분을 상쇄시켰다.

위의 예에서 5월 12일 현물환율이 예상과 달리 하락하여 1000.6원이

고, 5월물 선물가격은 1001.20원이라고 하자. 이 경우에는 환율예측이 반대로 빗나감에 따라 A기업은 현물에서는 216만 원의 이익이 발생하였으나 선물에서 225만 원의 손실이 발생하여 결과적으로 9만 원의 손실을 입게 된다.

[표 9-5-B] 선물매입헷징결과 : 환율이 하락한 경우

날짜	현물시장	선물시장	베이시스
4/11	현물환율 ₩1015 15만×1015=₩15225(만)	5월물 달러선물가격 ₩1016.2 달러선물 3계약 매입	12
5/12	현물환율 ₩1000.6 15만×1000.6=₩15009(만)	5월물 달러선물가격 ₩1001.2 달러선물 3계약 매도청산	6
결과	달러당 14.4원 이익	달러당 15원 손실	6
손익	기회이익 ₩216(만)	선물손실 150틱×3 (₩225만)	

위의 사례와 같이 Contango Market에서 매입헷지를 할 경우에는 항상 베이시스차이만큼의 손실(=6×5000×3계약)이 발생한다. 이는 만기가 다가올수록 베이시스는 "0"에 수렴하기 때문이다. 그리고 환율이 예상대로 상승하더라도 현물환율과 선물환율의 베이시스변동 위험에 의해 완벽한 헷지효과를 얻지 못하는 경우가 일반적이다.

(2) 매도헷지

매도헷지(short hedge)란 현물시장에서 매입포지션(long position)을 취하고 있어 가격하락 시 발생되는 손실을 선물시장에서 상쇄시킬 목적으로 선물시장에서 매도포지션(short position)을 취하는 헤지를 말한다. [그림 9-7]은 선물매도헷지의 손익구조를 보여준다. 포지션을 취할 당시의 환율에 비해 미래 환율이 하락하면 선물에서는 이익이 발생하나 현물에서는 손실이 발생하며, 반대로 미래 환율이 상승하면 선물에서는 손실이 발생하나 현물에서는 이익이 발생하므로 환율이 어떻게 변하든 두 시장에서 발생하는 손익은 서로 상쇄된다.

[그림 9-7] 선물매도헷지 손익구조

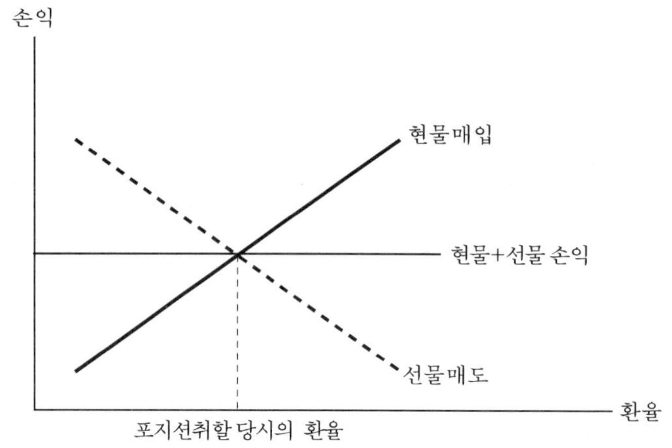

[사례 9-2] 선물매도헷지 한국의 B기업은 4월 1일 현재 U$300,000의 수출대금이 6월 1일에 인도될 예정이다. 따라서 B기업은 달러화 가치하락에 대한 위험에 노출되어 있으므로 선물시장에서 USD 6월물 6계약을 매도한다. 4월 1일 현재 현물환율이 1013원이고 6월물 선물가격은 1010.20원이며, 6월 1일 당일 현물환율은 1003.1원, 6월물 선물가격은 1002.4원이라고 하자. B기업의 헷지결과를 보면 [표 9-6-A]와 같다.

[표 9-6-A] 선물매도헷징결과 : 환율이 하락한 경우

날짜	현물시장	선물시장	베이시스
4/1	현물환율 ₩1013 30만×1013=30,390(만원)	6월물 달러선물가격 ₩1010.2 달러선물 6계약 매도	28
6/1	현물환율 ₩1003.1 30만×1003.1=₩3,0093(만)	6월물 달러선물가격 ₩1002.4 달러선물 6계약 매입청산	7
결과	달러당 9.9원 손실	달러당 7.8원 이익	21
손익	기회손실 ₩297(만)	선물이익 78틱×6×5000 (₩234만)	

B기업이 매도헷징을 하지 않았다면 환율하락에 따라 현물포지션은 달러 당 9.9원씩 총 297만 원 기회손실이 발생하나 선물에서 계약당 78

틱 즉 234만원의 이익이 발생하여 결과적으로 현물포지션의 손실을 63만원으로 줄일 수 있었다.

위의 사례와 같이 backwardation market에서 매도헷지를 할 경우에는 항상 베이시스차이만큼의 기회손실이 발생한다.

위의 예에서 4월 1일 현재 현물환율이 1013원이고 6월물 선물가격은 1014.20원이며, 6월 1일 현물환율이 예상과 달리 상승하여 1025.2원, 6월물 선물가격은 1025.8원이라고 하자. B기업의 헷지결과를 보면 [표 9-6-B]와 같다.

[표 9-6-B] 선물매도헷징결과 : 환율이 상승한 경우

날짜	현물시장	선물시장	베이시스
4/1	현물환율 ₩1013 30만×1013=30,390(만원)	6월물 달러선물가격 ₩1014.2 달러선물 6계약 매도	12
6/1	현물환율 ₩1025.2 30만×1025.2=30756(만원)	6월물 달러선물가격 ₩1025.8 달러선물 6계약 매입청산	6
결과	달러당 12.2원 이익	달러당 11.6원 손실	6
손익	기회이익 366만원	선물손실 116×6×5000=348만원	

이 경우에는 환율예측이 반대로 빗나감에 따라 B기업은 현물에서는 366만 원의 이익이 발생하였으나 선물에서 348만 원의 손실이 발생하여 결과적으로 18만 원의 이익만을 얻었다. 따라서 위의 사례와 같이 정상시장(contango market)에서 매도헤지를 할 경우에는 항상 베이시스차이만큼의 이익(180,000=6×5000×6계약)이 발생한다.

2. 투기거래

투기거래(speculation)는 현물을 보유하지 않은 투자자가 선물시장에서 장래의 선물가격을 예측하고 이를 바탕으로 위험을 감수하며 잠재적 이익을 추구하고자 하는 거래이다. 다시 말해서 투기거래는 현물시장과 상관없이 선물시장에서 선물가격의 움직임에 대한 예상을 이용하

여 차익을 얻을 목적으로 하는 거래이다. 따라서 원/달러환율이 상승할 것으로 예상되면 달러선물을 매수하고 실제로 환율이 상승하면 전매도하여 차익을 얻는다. 반대로 원/달러환율이 하락할 것으로 예상되면 달러선물을 매도하고 실제로 환율이 하락하면 환매수하여 차익을 얻는다. 이러한 거래를 단순투기거래(outright speculation)라고 한다.

투기거래는 위험을 회피하려는 헷저들의 매매를 가능케 하는 시장조성자로서 시장의 유동성을 제공하는 중요한 역할을 한다.

[사례 9-3] 투기거래 2005년 4월 1일 현재 현물환율이 1013원이고 6월물 선물가격은 1014.20원이라고 하자. 투자자 C는 미국의 재정적자와 경상수지적자폭이 확대됨에 따라 향후 달러약세를 예상하고 있다. 따라서 6월물 달러선물 10계약을 매도하기 위하여 증거금 2000만원(=200만 × 10계약)을 예치한 후 1014.20원에 매도계약을 체결하였다. 4월 25일에 6월물 달러선물의 가격이 예상대로 하락하여 1004.10이 되어 중도에 환매수 청산하였다. 이 경우 투자자 C는 계약당 101틱(=1014.2-1,004.1)의 이익이 발생하였으므로 총이익은 505만원(=101틱 × 5000원 × 10계약)이 된다. 따라서 거래비용을 무시한다면 25일 동안의 투자수익률은 25.3(=505만/2000만 × 100)%이며 연율로 환산하면 약 300%가 넘는다.

위의 예에서 보듯이 선물거래는 증거금률이 낮아 적은 증거금으로 거액의 포지션을 운용할 수 있기 때문에 레버리지 효과(leverage effect)가 매우 크다. 이러한 레버리지 효과는 투자자가 예상한대로 가격이 움직이는 경우에는 투자원금 대비 높은 수익률을 올릴 수 있지만 예상과 반대로 가격이 움직일 경우에는 투자원금 대비 큰 손실을 초래하는 위험이 있다.

3. 차익거래

보유비용모형에 의하면 통화선물의 이론가격은 현물환율에 만기까지의 보유비용을 더한 것과 같다. 그러나 실제 통화선물시장에서 형성되는 가격은 통화선물의 수요와 공급의 변화를 초래하는 요인에 더 큰 영향을 받기 때문에 이론가격과 차이를 보이는 것이 일반적이다. 이와 같이 선물의 이론가격과 실제가격 사이에 일시적인 괴리가 발생할 경우에 현물과 선물을 동시에 거래하여 무위험수익을 얻고자 하는 차익거래(arbitrage)가 발생한다.

실제 선물가격이 이론가격에 비해 비정상적으로 높은 경우 상대적으로 저렴한 현물을 매수하는 동시에 고평가된 선물을 매도하면 이익이 발생하는데 이러한 거래를 매수차익거래라고 한다. 같은 논리로 시장선물가격이 이론가격에 비해 낮은 경우에는 상대적으로 저평가된 선물을 매수하는 동시에 현물을 매도하는 매도차익거래를 통하여 무위험 차익을 얻을 수 있다.

[표 9-7-A]는 시장선물가격이 이론가격보다 높은 상황의 예를 보여주고 있으며 [표 9-7-B]는 [표 9-7-A]의 상황에서 매수차익거래를 통하여 발생한 무위험 차익을 보여주고 있다.

[표 9-7-A] 매수차익거래가 발생할 수 있는 상황

2005년 4월 18일 시장상황	D은행의 투자전략
· 현물환율 1018.5 · 한국의 3개월 CD 이자율 연 3.5% · 미국의 3개월 TB 이자율 연 2.8% · 잔존만기 30일 · 5월물 달러선물 이론가격 1019.1 · 5월물 달러선물 시장가격 1025.8	D은행은 달러선물시장에서 시장가격이 이론가격보다 높게 형성됨에 따라 10계약의 현물포지션을 매입하고 동시에 선물포지션을 매도하는 매수차익거래 체결함.

[표 9-7-B] 매수차익거래 결과

<table>
<tr><th>구분</th><th>현물시장</th><th>선물시장</th></tr>
<tr><td>금융비용</td><td colspan="2">• D은행은 50만 달러를 현물매입하기 위해 5억1천만 원을 연 3.5%로 30일간 차입하기로 함.
• 차입이자비용=5억1000만×0.035×30/360 =1,487,500원
• D은행은 50만달러를 현물매입한 후 2.8%로 30일간 예치함.
• 이자수입=50만×0.028×30/360=$1166.67
• 원화환산 이자수입 $1166.67×1010=1,178336.7(원)
(선물매도 시 현물환율 1010원)
• 순차입비용 =1,487,500 - 1,178336.7 = 309,163.3(원)</td></tr>
<tr><td>2005/4/18</td><td>현물달러매입대금
=$50만×1018.5=509,250,000원</td><td>선물매도대금=1025.8×5만×10계약
=512,900,000원</td></tr>
<tr><td>2005/5/18</td><td>현물환율 1010
매도금액=1010×50만=505(백만원)
현물손실=50925-505000=425(만원)</td><td>선물가격 1009.4로 매입청산
결과 16.4원/$ 이익
선물이익=16.4×5만×10=820(만원)</td></tr>
<tr><td>손익</td><td colspan="2">820-425-30.9=364.1(만원)</td></tr>
</table>

[표 9-8-A]는 시장선물가격이 이론가격보다 낮은 상황의 예를 보여주고 있으며 [표 9-8-B]는 [표 9-8-A]의 상황에서 매도차익거래를 통하여 발생한 무위험 차익을 보여주고 있다.

[표 9-8-A] 매도차익거래가 발생할 수 있는 상황

2005년 4월 18일 시장상황	D은행의 투자전략
• 현물환율 1018.5 • 한국의 3개월 CD 이자율 연 3.5% • 미국의 3개월 TB 이자율 연 2.8% • 잔존만기 30일 • 5월물 달러선물 이론가격 1019.1 • 5월물 달러선물 시장가격 1015.8	D은행은 달러선물시장에서 시장가격이 이론가격보다 낮게 형성됨에 따라 10계약의 현물포지션을 매도하고 동시에 선물포지션을 매입하는 매도차익거래 체결함.

[표 9-8-B] 매도차익거래 결과

구분	현물시장	선물시장
금융비용	• D은행은 50만 달러를 현물매도하기 위해 연 2.8%로 30일간 차입하기로 함. • 차입이자비용=$50만×0.028×30/365 =$1166.67 • 원화환산 이자비용 1166.67×1010=1,178,336.7(원) (선물매도 시 현물환율 1010원) • D은행은 50만달러를 현물매도한 후 3.5%로 30일간 예치함. • 이자수입=$50만×1018.5×0.035×30/360=1,485,312.5(원) • 순이익 =1,485,312.5-1,178,336.7 = 306,975.8(원)	
2005/4/18	현물달러매도대금 =$50만×1018.5=509,250,000원	1015.8로 달러선물 10계약 매입
2005/5/18	현물환율 1010 매입금액=1010×50만=505백만원 현물이익=50925-505000=425(만원)	1009.4로 달러선물매도청산 결과 ₩6.4/$손실 선물손실=6.4×5만×10=320(만원)
손익	425-320+30.7=135.7(만원)	

4. 스프레드거래

스프레드(spread) 거래는 결제월이 다르거나(inter-delivery spread) 또는 거래시장이 다른(inter-market) 선물계약간 또는 서로 유사한 선물상품간 가격차이의 변동상황을 예측하고 이를 근거로 매매차익을 얻으려는 거래이다. 따라서 스프레드거래는 선물가격 자체의 상승 또는 하락에 대한 예상보다는 서로 다른 선물가격의 차이가 확대 또는 축소될지에 대한 예상에 근거한 거래방법이다.

스프레드거래가 차익거래와 다른 점은 차익거래는 현물시장과 선물시장에서 동시에 반대포지션을 취하는 반면 스프레드거래는 선물시장 내에서 다른 종류의 선물(동일한 대상물 중 결제월이 다른 종목이나 대상물은 다르지만 가격움직임이 유사한 선물)에 서로 반대포지션을 동시에 취하는 것이다.

통화선물거래에서 동일한 통화의 선물들 사이에 결제월이 다르면 결제기간의 차이를 반영하여 선물가격에 차이가 난다. 그러나 이러한 가격차이가 비정상적으로 확대되거나 축소될 경우에 이를 이용하여 이익을 얻으려는 거래가 스프레드거래이다. 스프레드거래는 상대적으로 고평가된 선물을 매도함과 동시에 저평가된 선물을 매수하는 방법을 통하여 결제월간 또는 시장간 비정상적인 가격차이를 정상적인 수준으로 회복시킨다.

구체적인 거래방법에는 강세스프레드와 약세스프레드가 있다. 강세스프레드는 근월물을 매입하고 원월물을 매도하는 거래방법으로 원월물가격에 비해 상대적으로 근월물가격이 더 상승할 것을 예상하거나 또는 덜 하락할 것이라 예상하였을 때 활용할 수 있는 거래이다. 반대로 약세스프레드는 근월물을 매도하고 원월물을 매입하는 거래이며, 원월물가격에 비해 상대적으로 근월물가격이 덜 상승할 것을 예상하거나 또는 더 하락할 것이라 예상하였을 때 활용할 수 있는 거래이다.

[**사례 9-4**] **스프레드거래** 2005년 4월 1일 현재 5월물 달러선물가격은 1012.2, 6월물은 1012.6으로 스프레드가 4이다. 투자자 D는 이론적인 스프레드에 비해 상대적으로 축소되어 있어 곧 스프레드가 확대될 것으로 예상한다. 이에 따라 달러선물 1계약을 근월물인 5월물은 매도하고 동시에 원월물인 6월물은 매입하는 계약을 체결하였다. 이후 예상대로 4월 18일 선물시장에서 5월물은 1011.8, 6월물은 1012.8로 스프레드가 확대되어 5월물은 환매수하고 6월물은 전매도함으로써 스프레드거래를 청산하였다. 손익결과는 예상대로 스프레드가 확대됨에 따라 [표 9-8]에서 보는 바와 같이 근월물과 원월물에서 3만 원의 이익이 발생하였는바 이는 바로 스프레드의 차이에 해당한다.

[표 9-9] 스프레드거래 결과

날짜	근월물(5월물)	원월물(6월물)	스프레드
2005/4/1 2005/4/18	매도 : 1012.2 환매수 : 1011.8	매수 : 1012.6 전매도 : 1012.8	4 10
손익	이익 ₩0.4 4틱×5000=20000	이익 ₩0.2 2틱×5000=10000	

5. 베이시스거래

베이시스(basis)란 현물환율과 선물가격의 차이를 말하며, 만기일에 가까워질수록 현물환율이 선물가격에 수렴(converge)하므로 베이시스는 0에 가까워진다. 통화선물의 경우에 베이시스의 크기를 결정하는 요인은 현물환율과 통화간 이자율 차이에 의해 결정된다.

원-달러의 예를 들어보자. 원화의 3개월 CD이자율이 연 5%, 달러의 3개월 CD이자율이 연 2%, 원/달러 현물환율은 1010이라고 가정하자. 1개월 적정 베이시스는 2.52이다.

$$1010 \times (0.05 - 0.02) \times 30/360 = 2.52$$

따라서 1개월 적정 선물가격은 1012.52원이다. 만일 시장에서 1개월 베이시스가 2.52원보다 작다면, 앞으로 베이시스 확대가 예상된다. 1개월 선물가격이 현물환율에 비하여 과소평가되어 있는 컨탱고 상황이라면 현물환을 매도하고 통화선물을 매입하면 환율변동에 대한 위험 없이 이익을 얻을 수 있으나 이는 현물포지션을 보유한 사람만이 가능하다. 반대로 시장에서 1개월 베이시스가 2.52원보다 크다면, 즉 1개월 선물가격이 현물환율에 비하여 과대평가되어 있는 상황에서는 현물환을 매입하고 통화선물을 매도하면 환율변동에 대한 위험 없이 이익을 얻을 수 있다. 그러나 이러한 경우에는 단기간 내에 현물매입과 선물매도가 많이 빌생하기 때문에 선물과 현물의 환율차이가 줄어들게 되어 차익의 기회 역시 단기간 내에 사라지게 된다.

다음은 엔-달러의 예를 들어보자. 엔화의 3개월 CD 이자율이 연 1%, 달러의 3개월 CD이자율이 연 2%, 엔/달러 현물환율은 105.0이라고 가정하자. 1개월 적정 베이시스는 -0.09(=105.0×(0.01-0.02)×30/360)이다.

따라서 1개월 적정 베이시스는 -0.09가 되어 시장은 백워데이션이 된다. 백워데이션 상황에서 베이시스가 적정 베이시스에 비하여 커질수록 1개월 선물가격이 현물환율에 비하여 과소평가되어 현물환을 매도하고 통화선물을 매입하면 환율변동에 대한 위험 없이 이익을 얻을 수 있으며, 반대로 베이시스가 적정 베이시스에 비하여 작아질수록 1개월 선물가격이 현물환율에 비하여 과대평가되어 현물환을 매입하고 통화선물을 매도하면 환율변동에 대한 위험 없이 이익을 얻을 수 있게 된다.

[표 9-10]은 베이시스변동에 따라 헷지하는 경우에 예상되는 손익결과를 요약한 것이다.

[표 9-10] 베이시스변동과 헷지 손익

	베이시스	매도헷지 (현물매도/선물매입)	매입헷지 (현물매입/선물매도)
컨탱고 시장	확대	손실	이익
	축소	이익	손실
백워데이션 시장	확대	이익	손실
	축소	손실	이익

주: 확대는 베이시스가 적정베이시스보다 큰 것을 의미하며 반대로 축소는 베이시스가 적정베이시스보다 작음을 나타낸다.

연 습 문 제

1. 다음 문장을 읽고 옳고그름을 밝히고, 그 이유를 설명하라.

(1) 선물거래 시 만기이전에 반대매매를 통하여 포지션을 정리하는 것을 청산(liquidation)이라고 한다.

(2) 설정된 매도포지션(short position)을 매입(long)을 통하여 청산하는 것을 short liquidation이라고 한다.

(3) 통화선물은 계약단위가 표준화되어 있지만 선물환은 고객의 요구에 따라 다양하다.

(4) 통화선물 계약은 대부분이 만기이전에 반대매매를 통하여 청산되지만 선물환은 계약대로 이행된다.

(5) 일일정산 결과 이익이 발생하면 유지증거금 이상의 증거금에 대하여 인출이 가능하지만 반대로 손실이 발생하면 유지증거금 수준으로 증거금을 추가로 입금해야 한다.

(6) 선물거래는 계약 불이행 위험을 방지하기 위한 제도로 일일정산제도를 실시하고 있다.

(7) 선물시장에서 초단기 매매를 전문으로 하는 투기거래자를 day trader라고 한다.

(8) 선물시장에서 투기거래자는 가격변동 위험을 전가하기 위하여 선물거래를 행한다.

(9) 선물매도헷지가 선물매입투기보다 많으면 정상 백워데이션의 상태가 발생한다.

(10) 현물가격과 선물가격의 차이를 스프레드라고 한다.

(11) 현재 원/달러환율이 1015.10원이고 9월물 선물환율은 1025.20원이라면 백워데이션(backwardation)시장이다.

(12) 선물가격이 보유비용모형에서 제시한 가격보다 낮을 때 선물을 매수하고 현물은 매도하는 거래는 차익거래에 해당한다.

(13) 강세스프레드는 근월물을 매입하고 원월물을 매도하여 이익을 취하

려는 거래이다.

(14) 컨탱고시장에서 베이시스가 적정 베이시스에 비하여 커질수록 현물환을 매도하고 통화선물을 매입하면 환율변동에 대한 위험 없이 이익을 얻을 수 있다.

2. 2007년 7월 8일 9월물 원/달러선물 1계약을 1015원에 매도하였다가 8월 8일 1020원에 환매수하였다. 계약당 개시증거금은 200만원이라면 거래결과 손익율을 계산하라.

3. 한국의 K은행은 2007년 3월 20일 현재 외화차입금 U$1,000,000을 6월1일에 상환해야 한다. K은행 6월1일까지 달러가치 상승에 대한 위험에 노출되어 있기 때문에 선물시장에서 선물계약을 통하여 헤지하고자 한다. 환율상황이 다음과 같은 경우 물음에 답하라.

일시	현물환율	선물환율
3/20	₩1,015	₩1,010.00
6/1	₩1,025	₩1,024.50

(1) 한국의 K은행이 취할 수 있는 선물 계약수와 헤지방법은 무엇인가?
(2) 선물헤지의 결과를 설명하라.
(3) 환율상황을 통하여 시장이 (정상시장, 비정상시장)이며, 이 경우에는 (매수, 매도)헤지를 할 경우에 항상 베이시스차이만큼의(이익, 손실)이 발생함을 알 수 있다.

4. 2007년 6월 2일 현재 S사는 7월 14일에 수출대금으로 U$1,500,000를 수취할 예정이다. 따라서 S사는 수출대금 수취예정일까지 달러가치 하락에 대한 위험에 노출되어 있다. 따라서 선물시장에서 7월물 선물계약을 통하여 헤지하고자 한다. 환율상황이 다음과 같은 경우 물음에 답하라.

일시	현물환율	선물환율
6/2	₩1,040.50	₩1,045.00
7/14	₩1,033.30	₩1,034.50

(1) 한국의 S사가 취할 수 있는 선물 계약수와 헤지방법은 무엇인가?

(2) 선물헤지의 결과를 설명하라.

(3) 환율상황을 통하여 시장이 (정상시장, 비정상시장)이며, 이 경우에 (매수, 매도)헤지는 항상 베이시스 차이만큼의 (이익, 손실)이 발생한다.

5. 미국의 수입업자가 2005년 3월 1일 스위스로부터 시계를 수입하고 그 수입대금 CHF 5,000,000을 3개월 후에 지급하기로 하였다. 2005년 3월 1일 현재 미국 달러화와 스위스 프랑간의 현물환율은 $0.6404/CHF, 6월물 통화선물가격은 $0.6442/CHF이다.

(1) 미국 수입업자가 예상치 못한 환율변동위험에 대처하기 위하여 취해야 할 선물계약은 무엇인가?

(2) 2005년 6월 1일에 미국 달러화와 스위스 프랑간의 현물환율이 $0.6571/CHF이라면 현물환시장에서 CHF 5,000,000을 확보하는 데 필요한 달러화 비용은 얼마인가?

(3) 한편 2005년 6월 1일에 통화선물시장에서 6월물 SF통화선물가격이 $0.6578/CHF이다. 이 시점에서 (1)에서 계약한 통화선물을 반대매매 청산한다면 선물거래 손익은 얼마인가?

(4) 미국의 수입업자는 헤징으로 얼마만큼의 손실커버 또는 이익을 얻게 되었는가?

제10장

통화옵션

옵션은 앞에서 다룬 선물환, 선물, 스왑거래와는 성격이 조금 다르지만 가장 기본적인 금융수단 중 하나로서 오랜 역사를 갖고 있다. 통화옵션은 1978년 암스테르담의 유럽옵션거래소(European Options Exchange)에 처음 소개되었을 당시에는 별로 호응을 받지 못했다. 그러나 1980년대 이후에 급격한 환율변동, 규제완화, 금융시장의 범세계적 통합 및 정보통신의 혁신적 발전에 따른 금융혁신 등 국제금융환경의 급격한 변화에 따라 옵션거래는 빠른 속도로 활성화되기 시작하였다.

이는 옵션이 앞에서 다룬 선물환, 선물, 스왑 등과 결합되어 다양한 상품개발이 가능하기 때문에 단순한 선물상품에 비해 폭넓은 헷징 및 투자기회를 제공하고 있기 때문이다.

제 1 절 통화옵션의 개요에서는 통화옵션의 개념, 통화옵션거래의 특징과 종류, 통화옵션의 경제적 기능 및 통화옵션시장에 대하여 설명한다. 제 2 절에서 가장 기본적인 통화옵션거래의 손익구조를 살펴본 후 제 3 절에서 통화옵션의 가격을 설명한다. 먼저 옵션가격의 의의와 구성에 대하여 설명한 후 콜-풋-선물환 평가관계와 통화옵션가격에 영향을 미치는 요인들과 이들의 민감성에 대하여 살펴본다. 마지막으로 제 4 절에서는 다양한 통화옵션의 투자전략과 이에 따른 손익구조에 대하여 살펴보기로 한다.

10
chapter

통화옵션

제1절 통화옵션의 개요

1. 통화옵션의 개념

우리는 앞장에서 환율변동에 따른 위험을 헷지하는 수단으로 선물환거래와 통화선물거래를 배웠다. 선물환과 통화선물은 현재시점에서 미래환율을 확정시킴으로써 환율변동에 따른 불확실성을 제거하는데 목적이 있다. 그러나 미래환율의 확정은 환율이 불리하게 변동할 경우에 발생하는 손실을 제거해 주지만 반대로 환율이 유리하게 변동할 경우에 기대되는 이익의 기회까지도 제거해 버린다는 단점이 있다. 예를 들어 달러매입포지션을 보유한 수출업자가 환율하락을 예상하고 이에 따른 손실을 방지하기 위하여 선물환을 매도하였으나 예상과는 달리 환율이 상승하였다고 하자. 이 수출업자는 환율상승에 따라 현물환거래에서의 이익이 선물환거래에서의 손실과 서로 상쇄되어 이익의 규모가 축소되거나 오히려 손실을 볼 수도 있다.

통화옵션은 이러한 선물환과 통화선물의 단점을 보완하여 불리한 환율변동으로 인한 손실위험은 제거하면서 유리한 환율변동에 따른 이익의 기회를 유지시켜 주는 헷지수단이다.

옵션(option)이란 일반적으로 특정자산을 정해진 기일 내에 미리 정해진 가격으로 사거나 팔 수 있는 권리이다. 특정자산을 기초자산(underlying asset)이라고 하며 기초자산이 특정통화인 경우를 통화옵션이라고 한다.[1] 정해진 기일은 만기일(expiration date)이며 기초자산의 정해진 가격을 행사가격(exercise 또는 strike price)이라고 한다. 그리고 기초자산을 행사가격에 『살 수 있는 권리』를 콜옵션(call option)이라고 하며, 『팔 수 있는 권리』를 풋옵션(put option)이라고 한다. 따라서 옵션계약에는 기초자산, 만기일, 행사가격, 콜옵션 또는 풋옵션이 명시되어야 하며 이 중 어느 하나라도 다르면 별개의 옵션계약으로 분류한다. 예컨대 기초자산과 행사가격이 같은 콜옵션이라도 만기일이 다르면 별개의 종목으로 분류된다.

2. 통화옵션거래의 특징

(1) 거래대상이 실물(통화)이 아닌 행사권리 자체이다.

옵션거래의 대상은 기초자산 자체가 아니라 기초자산을 사거나 팔 수 있는 권리의 매매이다. 우리는 앞장에서 환율변동에 따른 위험 헷지수단으로 선물환거래와 통화선물거래를 배웠다. 이 두 거래는 매입자에게 유리하든 불리하든 상관없이 계약에 따라 실물을 인수도하거나 실물자산의 가격변동에 따라 차액결제를 이행해야 한다.

그러나 옵션매입자는 권리행사가 이로울 경우에만 계약대로 권리를 행사하며 불리할 경우에는 권리행사를 포기한다. 즉 옵션매입자의 권리

1) 파생상품의 의미에서 알 수 있듯이 옵션은 기초자산의 형태에 따라 다양한 상품개발이 가능하다. 통화옵션 이외에도 개별주식, 주가지수, 선물, 금리 등의 기초자산에 근거한 다양한 옵션상품이 거래되고 있다.

행사는 의무가 아니라는 점이다. 따라서 옵션매입자는 옵션 매도자로부터 권리를 사는 대가로 일정액을 지불해야 하는데 이를 옵션가격 또는 옵션프리미엄이라고 한다.

반면에 옵션매도자는 옵션가격인 프리미엄을 받고 권리를 매도하는 대신에 옵션 매입자의 권리행사에 이행의무를 진다. 그리고 옵션매도자는 프리미엄을 받고서 권리를 발행하여 매각한다는 의미에서 옵션발행자(option writer)라고도 한다.

(2) 옵션매입자의 잠재이익은 무한하나 손실은 제한되는 비대칭적인 보험의 성격을 갖는다.

통화옵션은 특정 환율로 한 통화를 사거나 팔수 있는 권리를 보장하는 것일 뿐 의무는 아니다. 따라서 옵션거래는 옵션행사 시에 현물환율이 옵션매입자에게 유리하면 매입자는 권리를 행사하여 현물환율과 행사가격의 차이에 해당하는 이익을 누릴 수 있으나 불리하게 움직이면 행사를 포기하게 되므로 손실은 옵션프리미엄에 국한된다.

이와 같이 통화옵션은 옵션 매입자에게 환율움직임에 따라 최악의 손실은 프리미엄으로 고정시키는 동시에 무한한 잠재이익의 기회를 제공하는 것이 마치 보험과 같기 때문에 옵션프리미엄은 보험프리미엄에 해당한다. 이에 반하여 선물환이나 선물거래는 현물거래에서 발생하는 손실을 커버할 수 있지만 반대로 현물가격이 유리하게 움직이면 오히려 손실이 발생하여 현물시장에서의 이익을 상쇄시키는 단점이 있다. 이러한 선물환 및 선물거래의 단점을 보완할 수 있는 파생금융상품의 하나가 통화옵션이다.

(3) 비대칭적 증거금제도

선물거래의 경우 선물매수자나 매도자는 대상품목의 매매를 반드시 이행할 의무가 있다. 즉 선물매입(도)자는 반드시 만기일 이전에 실물인수도나 선물매도(입) 등의 반대매매를 통하여 거래를 청산할 의무가 있다. 따라서 거래 당사자에게 불리한 경우에 발생할 수 있는 계약불이행 위험을 방지하기 위한 수단으로 엄격한 증거금제도를 실시하고 있다.

그러나 옵션계약에 따라 옵션매수자는 자신에게 유리하면 옵션을 행사하지만 반대로 불리하면 권리행사를 포기할 수 있다. 즉 옵션매수자는 계약이행의무가 없으므로 증거금을 납부할 필요가 없다. 반면 옵션매도자는 매입자에게 프리미엄을 받고 권리를 매각한 것이므로 매수자의 옵션행사에 반드시 응할 의무가 있다. 그런데 옵션매도자의 경우 가격이 불리하게 변동하면 큰 손실이 발생하므로 계약불이행 위험이 따른다. 이러한 계약불이행 위험을 방지하기 위하여 옵션매도자는 소정의 증거금을 거래소에 납부해야 한다. [표 10-1]은 통화옵션과 통화선물과의 차이를 정리한 것이다.

[표 10-1] 통화옵션과 통화선물과의 차이

구분	통화옵션	통화선물
거래대상	팔거나 살수 있는 권리	통화
계약성격	불평등계약	평등계약
프리미엄	매입자: 프리미엄지급 매도자: 프리미엄수취	프리미엄 없음
손익구조	매입자: 손실제한(프리미엄), 이익 무한대 매도자: 이익제한(프리미엄) 손실무제한	매입자, 매도자 모두 무제한
위탁증거금	매도자에게만 부과	매입자, 매도자 모두에게 부과

3. 통화옵션의 종류

옵션은 기본적으로 권리형태, 권리행사 가능시기, 기초자산에 따른 분류, 거래장소, 행사가격과 현물가격의 차이 등 계약내용에 따라 여러 종류로 구별할 수 있다.

(1) 콜옵션과 풋옵션

앞에서 설명한 바와 같이 통화옵션은 권리형태에 따라 콜옵션과 풋옵션으로 구분한다. 콜옵션은 특정통화를 정해진 기간 내에 정해진 가격으로 살 수 있는 권리를 의미하며, 풋옵션은 팔 수 있는 권리를 의미한다.

(2) 유럽식 옵션과 미국식 옵션

권리행사 가능시기에 따라 유럽식 옵션과 미국식 옵션이 있다. 유럽식 옵션(European style option)은 만기일에만 권리행사를 할 수 있는 옵션이며, 미국식 옵션(American style option)은 옵션매입자가 만기일 이전 어느 때나 권리행사가 가능한 옵션이다. 따라서 미국식 옵션은 유럽식옵션에 비해 매수자에게 유리하므로 일반적으로 다른 조건이 동일하다면 미국식옵션의 프리미엄이 더 높다. 그러나 만기일 이전에 권리를 행사하는 경우보다 중도 청산하는 경우가 많기 때문에 두 옵션의 차이는 별로 크지 않다. 옵션계약을 중도청산하기 위해서는 기초자산, 만기일, 행사가격이 동일한 옵션의 반대포지션을 취해야 한다. 예컨대 2008년 5월물 달러옵션의 행사가격이 1000인 콜옵션의 매입포지션을 청산하려면 만기월과 행사가격이 동일한 즉 5월물 행사가격이 1000인 콜옵션을 매도해야 한다.

(3) 장내옵션과 장외옵션

거래장소에 따라 장내옵션과 장외옵션으로 구분한다. 장내옵션(floor option)이란 필라델피아 증권거래소(Philadelphia Stock Exchange), 시카고 상품거래소(CME)의 IMM, 암스테르담의 유럽옵션거래소 등과 같이 조직화된 거래소에 상장되어 거래되는 표준화된 옵션 즉 상장옵션(listed option)을 의미한다. 상장옵션의 특징은 행사가격, 만기일, 거래계약단위 등이 표준화되어 있으며, 거래비용이 비교적 저렴하고 거래량이 많다. 거래소는 권리의 이행을 책임지며, 옵션매도자에게 증거금을 징구한다.

장외옵션(OTC option)은 장외시장에서 거래되는 옵션을 말하며, 행사가격, 만기일, 거래계약단위 등이 표준화되어 있지 않고 당사자 간 합의에 의하여 거래가 이루어진다. 따라서 거래비용이 상대적으로 비싸고 거래 상대방을 찾기가 어려우므로 거래량도 상장옵션에 비하여 많지 않다. 장외옵션은 대부분이 현물환거래이며 유럽식 옵션이다. 장외옵션거래에서는 만기 시 계약불이행 위험에 대비하기 위하여 지급보증신용장을 징구하거나 또는 신용한도(credit line)가 설정되어 있는 상대방끼리 거래하는 것이 일반적이다.

(4) 현물환옵션, 통화선물옵션, 선물형 옵션

옵션행사 시 대상이 되는 기초외환의 종류에 따라 현물환옵션(cash option, options on spot)과 통화선물옵션(currency futures option 또는 option on currency futures), 선물형 옵션(futures-style option) 등으로 구분한다.

① 현물환 옵션

현물환 옵션은 특정통화가 옵션행사의 대상이다. 따라서 현물환 콜매입자가 옵션을 행사하면 현물환을 인수하고 대금을 지급하며, 콜옵션 발행자는 현물환을 인도하고 대금을 영수하게 된다. 현물환 풋옵션의 경우에는 풋매입자가 옵션행사를 하면 현물환을 인도하고 대금을 영수하며, 풋옵션 발행자는 현물환을 인수하고 대금을 지급하게 된다.

그러나 현물인도에 따른 번거로움을 덜기 위하여 만기일 또는 행사일 현재 현물가격과 행사가격의 차이를 현금으로 정산하는 경우도 있다.

② 통화선물옵션

통화선물옵션은 통화선물과 옵션을 결합한 것으로 통화선물계약이 옵션행사의 대상이다. 즉 통화선물의 콜옵션 계약이란 콜매입자가 옵션

발행자에게 프리미엄을 지불하고 통화선물계약을 살 수 있는 권리를 매입하는 것이다. 따라서 콜 매입자가 옵션을 행사하면 매입자는 행사가격의 통화선물 매입(long)포지션을 갖게 되고, 콜옵션 발행자는 통화선물의 매도(short)포지션을 갖게 된다.

통화선물의 풋옵션 계약은 풋매입자가 옵션발행자에게 프리미엄을 지불하고 통화선물계약을 팔 수 있는 권리를 매입하는 것이다. 따라서 풋매입자가 옵션을 행사하면 매입자는 행사가격의 통화선물 매도포지션을 가지며 반대로 콜옵션 발행자는 통화선물계약의 매입포지션을 갖는다.

통화선물옵션을 행사할 경우 일일정산은 행사가격에서부터 시작된다. 즉 행사 당일 해당 통화선물의 종가와 행사가격의 차액결제가 이루어지며 그 차액은 다음날 증거금 계좌에서 정산된다. 선물옵션 행사 시 주의할 점은 옵션행사가 장중에 이루어지더라도 장 종료 시 행사한 것으로 간주한다는 사실이다. 예를 들면 4월 19일 오전에 5월물 달러선물가격이 달러당 1008.10원이어서 행사가격 1010인 풋옵션을 행사하였는데 선물종가가 1010.20이었다면 권리행사로 1달러 당 0.2원 손실을 보게 된다. 선물시장에 상장된 옵션은 대부분이 선물옵션이며 현물환옵션은 장외시장에서 많이 거래된다.

③ 선물형 옵션

옵션거래는 옵션을 행사하게 되면 옵션대상을 인수도해야 한다. 그러나 선물형 옵션은 옵션대상을 인수도하는 것이 아니라 단지 옵션가격 즉 옵션프리미엄의 변동에 따른 차익을 노리는 투자이다. 따라서 선물형 옵션의 매입자는 옵션매매 시 프리미엄을 지불하지 않고 선물거래에서와 같이 옵션 프리미엄의 변동에 따른 차액을 매일 정산한다. 그러므로 선물형 옵션의 경우 매입자와 매도자는 일정액의 증거금을 예치해야 한다. 예컨대 투자자 B가 4월 11일에 행사가격이 £당 U$1.9050인 선물형 콜옵션을 U$0.0492의 옵션프리미엄을 지불하고 5만 파운드 매입하였다. 그런데 다음날인 4월 12일에 옵션프리미엄이 U$0.0414로

0.0078 하락하였다면 콜옵션 매입자는 U$390(=0.0078×50000) 손실을 보고, 반대로 콜옵션 매도자는 U$390만큼 이익을 얻게 된다.

(5) 등가옵션, 외가옵션, 내가옵션

옵션은 권리행사 시 현물환율(S_t)과 행사가격(E)과의 차이에 따라 [표 10-2]와 같이 등가옵션, 내가옵션, 외가옵션으로 구분한다. 등가옵션(at-the-money option: ATM)은 현물환율이 옵션매입자에게 이익도 손실도 발생하지 않는 옵션이며, 내가옵션(in-the-money option: ITM)은 이익이, 외가옵션(out-of-the-money option: OTM)은 손실이 발생하는 옵션이다.

따라서 콜옵션의 경우 행사가격이 현물환율보다 높으면 외가옵션(OTM), 반대로 행사가격이 현물환율보다 낮으면 내가옵션(ITM) 그리고 둘이 일치하면 등가옵션(ATM)이 된다. 반대로 풋옵션의 경우 행사가격이 현물환율보다 낮은 옵션을 외가옵션(OTM), 행사가격이 현물환율보다 높으면 내가옵션이 된다. 이와 같이 풋옵션은 콜옵션과는 반대이다. 예를 들면 행사가격이 현물환율보다 높은 풋옵션은 내가옵션이 되지만 콜옵션은 외가옵션이 된다.

[표 10-2] 내가옵션 · 등가옵션 · 외가옵션

	콜옵션	풋옵션	옵션행사여부	손익
내가옵션	$E<S_t$	$E>S_t$	O	무한대 이익
등가옵션	$E=S_t$	$E=S_t$	X	프레미엄 손실
외가옵션	$E>S_t$	$E<S_t$	X	프레미엄 손실

4. 통화옵션의 경제적 기능

옵션거래는 저렴한 비용으로 높은 레버리지효과를 제공할 뿐 아니라 다양한 합성옵션의 개발을 통하여 투자자들의 수요에 부응함으로써 시장에 풍부한 유동성을 제공하는 등의 경제적 기능을 제공하고 있다.

(1) 투자의 레버리지 확대

레버리지(leverage)는 적은 비용으로 손익을 확대하는 것을 의미한다. 통화옵션은 선물과 달리 투자대상인 기초자산의 가치에 비해 훨씬 적은 비용 즉 옵션프리미엄을 지불하지만 효과는 기초자산에 대한 투자수익을 기대할 수 있기 때문에 높은 레버리지효과를 얻는다. 특히 선물과 달리 옵션은 손실을 옵션프리미엄으로 한정시키는 반면, 이익은 무한하기 때문에 상대적으로 적은 위험으로 레버리지효과를 극대화할 수 있기 때문에 많이 활용되고 있다.

(2) 저렴한 헷징 기능

통화옵션은 상대적으로 저렴한 비용으로 투자자에게 미래에 발생할 외환거래의 환위험을 헷지하거나 미확정 외환거래에 대한 환위험을 헤징하는 기능을 제공한다. 먼저 수출입업자와 같은 헷저들은 옵션을 이용하여 기초자산의 위험을 제한하거나 헷지할 수 있다. 예를 들어 달러화 매입포지션에 있는 수출업자의 경우 환율하락 시 발생할 위험에 대비하여 풋옵션 매입헤지를 이용할 수 있다. 이 경우에 예상대로 환율이 행사가격 이하로 하락하면 풋옵션을 행사하여 이익을 얻을 수 있다. 반대로 환율이 행사가격 이상으로 상승하면 풋옵션 행사를 포기하고 직접 현물시장에서 높은 환율로 달러를 매도함으로써 이익을 얻을 수 있다.

한편 외국의 통화로 국제입찰을 할 경우 입찰여부가 불확실하다. 낙찰이 되면 외환이 필요하지만 그렇지 않은 경우에는 외환이 필요치 않다. 따라서 이 경우에 국제입찰과 함께 해당 외환의 콜옵션매입계약을 활용할 수 있다. 즉 낙찰이 되어 외환이 필요하면 콜옵션을 행사하고 실패하면 옵션을 포기하면 된다. 이 경우에 손실은 옵션매입에 필요한 프리미엄으로 선물환이나 선물을 용할 경우보다 비용이 훨씬 적기 때문에 많이 활용되고 있다.

(3) 다양한 투자기회의 제공 기능

옵션은 선물환, 선물, 스왑 등과 결합되어 다양한 상품개발이 가능하기 때문에 단순한 선물상품에 비해 폭넓은 헷징 및 투자기회를 제공하고 있다. 현물환이나 선물환 또는 통화선물은 환율변동에 따라 동일한 크기로 손실과 이익이 발생하는 대칭적 손익구조(symmetric payoff structure)를 갖고 있다.

이에 비해 통화옵션은 잠재적 이익은 무한대이지만 손실은 옵션프리미엄으로 제한되는 비대칭적 손익구조(asymmetric payoff structure)를 보이고 있다. 이러한 비대칭적 손익구조를 이용하여 손실을 일정수준으로 한정시킨 채 이익을 더 높일 수 있는 합성포지션의 개발을 통하여 다양한 투자기회를 제공한다. 이와 같이 옵션을 활용한 다양한 상품의 개발은 컴퓨터와 정보통신기술의 혁신적 발전을 통해 가능하게 되었다.

(4) 유동성 제고 및 균형가격 발견 기능

옵션의 레버리지효과나 위험헷지기능을 충족시킬 수 있는 새로운 상품의 개발로 옵션시장이 매우 빠른 속도로 발전함에 따라 시장의 유동성이 증대되고 있다. 특히 풍부한 시장의 유동성을 바탕으로 한 차익거래과정을 통하여 옵션의 균형가격을 발견할 수 있으며, 이 과정에서 옵션가격에 기초자산의 장래수요와 공급에 대한 투자자들의 예상이 반영됨으로써 미래 시장상황에 대한 정보를 제공한다.

5. 통화옵션시장

(1) 세계옵션시장

통화옵션은 1978년 암스테르담에 있는 유럽옵션거래소(European Options Exchange: EOE)에서 처음 거래가 시작되었을 당시에는 별로 호응을 얻지 못하였으나 이후 환율변동이 심해지면서 환위험 관리의 새로운 기법으로 통화옵션에 대한 관심이 높아지게 되었다.

대표적인 장내옵션시장은 1983년 미국 필라델피아 증권거래소(PHLX : Philadelphia Stock Exchange)에서 현물환을 기초자산으로 하는 통화옵션시장과 1984년 시카고상업거래소(CME)에서 통화선물을 기초자산으로 하는 통화선물옵션시장을 들 수 있다. 이들 시장에서 거래되는 대표적인 통화는 영국 파운드, 유로화, 스위스 프랑, 일본 엔과 캐나다 달러, 호주달러 등이다. [표 10-3]은 필라델피아 증권거래소에서 거래되고 있는 주요 통화옵션에 대한 거래조건이다.

[표 10-3] 주요 통화옵션에 대한 거래조건(PHLX)

	British pound	Canadian dollar	Japanese yen	Swiss franc	Australian dollar	Euro
거래단위	BP 31,250	CD 50,000	JY 62,500	SF 62,500	AD 50,000	EUR 62,500
가격고시	US $ per foreign currency					
행사가격간격	0.025	0.005	0.0001	0.01	0.01	0.02
최소가격변동폭	0.0001 =$3.125	0.0001 =$5.00	0.000001= $6.25	0.0001 =$6.25	0.0001 =$5.00	0.0001 =$6.25
결제월	3, 6, 9, 12월 주기+2개의 최근월물					
최종거래일	결제월 세 번째 수요일 전 금요일					
최종결제일	세 번째 수요일					

(2) 우리나라의 통화옵션

우리나라도 1999년 4월 23일 부산에 선물거래소를 개장하고 미국달러선물과 함께 달러현물에 대한 유럽형 옵션이 거래되고 있다. 즉 권리행사는 최종거래일에만 가능하며 권리행사기준가격은 최종거래일 12시 서울외국환중개(주)를 통한 미국달러 현물환거래에서 형성된 환율이 된다. 미국달러 옵션의 자세한 계약명세는 [표 10-4]와 같다. 특히 옵션거래 활성화를 도모하기 위하여 1999년 8월 9일 미국달러옵션의 행사간격을 25원에서 10원으로 축소하였다.

[표 10-4] 미국달러 옵션의 계약명세

계약단위	U$ 10,000
결제월주기	당월물 포함 연속 4개월+3, 6, 9, 12
상장결제월	6개월 이내의 4개 결제월
행사각격의 수 행사가격간격	신규결월 상장 시각 결제월별 ITM 3, ATM 권리행사가격 간격: 10원
최소가격변동폭	0.1원, 1 tick의 가치=1000원
일일가격제한폭	설정하지 않음
포지션한도	거래소가 필요하다고 판단할 경우 설정할 수 있음
거래시간	-월~금: 9:30~16:30, 최종거래일: 9:30~11:30
최종거래일	최종결제일 직전 2영업일
최종결제일	결제월 3번째 수요일(단, 당일이 휴일인 경우 익영업일로 순연)
최종결제방법	실물인수도(달러화와 원화를 교환함)
대금수수	거래일의 익영업일

제 2 절 통화옵션의 손익구조

앞에서 설명한바와 같이 통화옵션은 권리형태에 따라 단순히 콜옵션과 풋옵션으로 구분한다. 투자자들은 시장상황에 따라 개별적으로 가장 단순한 형태의 콜옵션을 매입 또는 매도하거나 풋옵션을 매입 또는 매도한다. 콜옵션매입은 『살 수 있는 권리』의 매입이며 콜옵션매도는 『살 수 있는 권리』의 매도이다. 마찬가지로 풋옵션매입은 『팔 수 있는 권리』의 매입이며 풋옵션매도는 『팔 수 있는 권리』의 매도이다. 다음은 각각의 거래형태에 따른 손익구조를 살펴보고자 한다.

1. 콜옵션의 손익구조

콜옵션은 특정통화를 정해진 만기일(expiration date) 내에 정해진 행사가격(exercise 또는 strike price)으로 『살 수 있는 권리』이다. 콜옵션거래에는 콜옵션매입과 콜옵션매도가 있다. 콜옵션매입은 『살 수 있는 권리』의 매입으로 옵션을 이용한 가장 기초적인 매입헷지의 방법이며, 콜옵션매도는 콜옵션매입자에게 『살 수 있는 권리』를 매도하는 것이다.

(1) 콜옵션매입의 손익구조

콜옵션매입자는 옵션가격인 프리미엄을 지불하고 행사가격으로 특정통화를 살 수 있는 권리를 매입한다. 즉 옵션매입자는 콜옵션매입을 통하여 행사가격에 해당하는 환율을 특정통화의 최고매입가격(maximum buying price)으로 설정한다. 이는 권리행사 시 환율이 행사가격보다 높으면 행사가격으로 매입 권리를 행사하지만 반대로 행사가격보다 낮으면 권리행사를 포기함을 의미한다.

콜옵션매입은 장래 환율상승이 예상되지만 하락 가능성 또한 배제할 수 없는 상황에서 환율하락 시 위험을 최소한으로 제한하고자 하는 투자자에게 적합하다. 즉 콜옵션매입은 환율상승 시의 이익에다 환율하락 시의 위험에 대한 보험을 결합한 거래로 볼 수 있다.

콜옵션매입자의 손익구조를 보면 [그림 10-1]과 같다. 콜옵션매입자는 만기 (또는 권리행사)시 시장환율이 행사가격보다 높으면 권리행사를 하며, 시장환율에서 행사가격과 옵션프레미엄의 합을 뺀 차이가 콜매입자의 이익이 된다. 시장환율이 행사가격과 옵셥프리미엄의 합과 같으면 콜옵션매입자의 손익은 0으로 손익분기점이다.

환율이 손익분기점 이상으로 상승할수록 콜매입자의 이익은 커진다. 그러나 예상과 달리 환율이 행사가격보다 낮을 경우에는 콜매입자는 권리행사를 포기하므로 최대손실은 옵션프리미엄으로 제한된다. 이러한 비대칭적인 손익구조 때문에 옵션매입이 옵션매도에 비하여 일방적으로 유리한 것처럼 생각할 수 있다. 그러나 옵션프리미엄은 이러한 요인을 고려하여 시장에서 결정되기 때문에 어느 쪽이 일방적으로 더 유리하다고 사전적으로 판단할 수는 없다.

[그림 10-1] 콜옵션매입의 손익구조

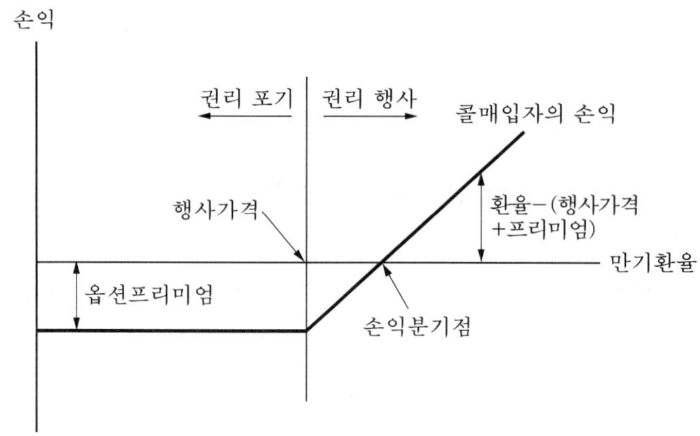

[사례 10-1] 콜옵션매입의 예 미국의 투자자 A는 11월 7일에 1억 엔을 12월 만기일에 행사가격 100엔당 U$0.8547에 매입할 수 있는 콜옵션을 100엔당 U$0.0241의 옵션프리미엄을 지불하고 유럽식 옵션을 매입하였다. 좀 더 구체적으로 설명하면 투자자 A는 12월 만기일에 $854,700 (=U$0.8547×100,000,000×0.01)으로 1억 엔을 매입할 수 있는 권리를 U$24100 (=U$0.0241×100,000,000×0.01)에 매입하여 보유하고 있다. 따라서 투자자 A의 만기 시 콜옵션 행사여부는 만기 시 현물환율(S_t)수준에 달려있다. 첫째, [표 10-5]에서 보는 바와 같이 S_t가 행사가격과 옵션프리미엄을 합한 U$0.8788 (=U$0.8547+U$0.0241)보다 높으면 투자자 A는 옵션을 행사함으로써 100엔 당 S_t에서 U$0.8788을 뺀 차이만큼의 이익을 얻을 수 있다. 예컨대 St=U$0.8880이라면 투자자 A는 U$0.8547에 매입할 수 있으므로 ¥100 당 U$0.0333 즉 1억 엔에 33,300달러의 환차익을 얻게 되지만 순이익은 옵션프리미엄으로 지불한 U$24,100을 제외한 9200달러가 된다. 둘째, U$0.8547< S_t <U$0.8788인 S_t =U$0.8700이라면 투자자 A

는 옵션행사를 통하여 ¥100 당 U$0.0153 즉 1억 엔에 15,300달러의 환차익을 얻는다. 그러나 옵션프리미엄으로 U$24,100을 지불하기 때문에 결과적으로 8800달러의 손실이 발생한다. 따라서 투자자 A는 옵션을 행사함으로써 옵션행사를 포기했을 경우에 발생하는 옵션프리미엄 손실크기인 24,100달러를 8800달러로 줄일 수 있다. 셋째 S_t=U$0.8547 이면 옵션을 행사하든 포기하든 옵션프리미엄으로 지불한 U$24,100의 손실을 본다. 마지막으로 S_t <U$0.8547 이면 옵션행사를 포기하며, 포기에 따른 손실크기는 만기 시 현물환율수준에 관계없이 옵션프리미엄으로 지불한 U$24,100으로 국한된다.

[표 10-5] 콜옵션매입의 손익(U$)

100엔 당	만기 또는 옵션행사시 환율수준	옵션행사여부	100엔당 손익
행사가격 =$0.8547	St=U$0.8788 이상	행사	St - $0.8788 > 0
옵션가격=$0.0241	U$0.8547 < St <U$0.8788	행사	St - $0.8788 < 0 (프리미엄 일부 회수)
손익분기=$0.8788	St=U$0.8547 이하	포기	-$0.0241

(2) 콜옵션의 매도전략에 따른 손익구조

콜옵션매도자는 프리미엄을 받고 행사가격으로 특정통화를 살 수 있는 권리를 매도한 것이므로 옵션 매입자가 권리를 행사하면 반드시 행사가격으로 특정통화를 팔아야 한다. 콜옵션매도는 옵션 만기일까지 환율이 하락할 것으로 예상하는 투자자가 일정한 프리미엄 수입을 목적으로 활용한다. 콜매도자의 예상대로 옵션 만기일에 환율이 하락하여 시장가격이 행사가격과 같거나 낮으면 콜매입자는 권리행사를 포기하므로 콜매도자의 계약이행의무도 소멸된다. 따라서 [그림 10-2]와 같이 콜옵션매도자는 옵션프리미엄에 해당하는 이익을 얻게 된다. 그러나 콜매도자의 예상과 달리 환율이 행사가격 이상으로 상승하면 콜매입자는 권리를 행사하게 된다. 따라서 콜매도자는 시장환율 이하로 콜매입자에게 통화를 매도해야 하므로 콜매입자의 이익에 해당하는 손실을 입게 된다. 즉 콜옵션매입자의 이익은 콜옵션발행자(매도자)의 손실이고, 반대로 콜옵션매입자의 손실은 콜옵션발행자(매도자)의 이익이 되는 제로섬게임(zero-sum game)이다.

[그림 10-2] 콜옵션매도의 손익구조

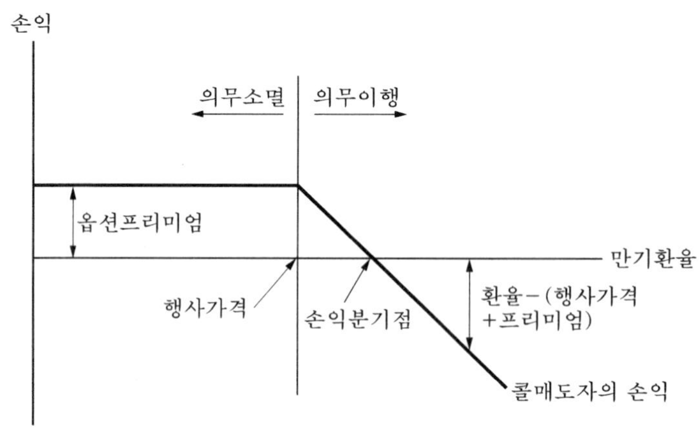

2. 풋옵션의 손익구조

풋옵션은 옵션발행자가 특정통화를 만기일(expiration date) 또는 만기일 이전에 미리 정해진 행사가격(exercise 또는 strike price)으로 『팔 수 있는 권리』를 풋옵션 매입자에게 부여하는 계약이다. 풋옵션매입은 『팔 수 있는 권리』의 매입으로 옵션을 이용한 가장 기초적인 매도헷지의 방법이다.

(1) 풋옵션의 매입전략에 따른 손익구조

풋옵션매입자는 옵션프리미엄을 지불하고 행사가격으로 특정통화를 『팔 수 있는 권리』를 매입한다. 즉 옵션매입자는 풋옵션매입을 통하여 행사가격에 해당하는 환율을 특정통화의 최저매도가격(minimum selling price)으로 설정한다. 이는 권리행사 시 환율이 행사가격보다 낮으면 행사가격으로 매도 권리를 행사하지만 반대로 행사가격보다 높으면 권리행사를 포기함을 의미한다. 따라서 풋옵션의 매입은 현재 현물 롱포지션을 취한 투자자가 장래 환율하락을 예상하면서 혹시 모를 환율상승에 따른 위험에 대비하려는 상황에 적합하다.

풋옵션매입자의 손익구조를 보면 [그림 10-3]과 같다. 풋옵션매입자는 만기 (또는 권리행사)시 시장환율이 행사가격보다 낮으면 권리행사를 하며, 행사가격에서 시장환율과 옵션프레미엄의 합을 뺀 차이가 풋매입자의 이익이 된다. 행사가격이 시장환율과 옵셥프리미엄의 합과 같으면 풋매입자의 손익은 0으로 손익분기점이다.

[그림 10-3]에서 보는 바와 같이 풋옵션의 경우 시장가격이 행사가격보다 낮을수록 풋매입자의 이익은 증가한다. 그러나 예상과 달리 환율이 행사가격 이상으로 상승하면 풋매입자는 권리행사를 포기하므로 손실은 풋 프리미엄으로 제한된다.

[그림 10-3] 풋옵션매입의 손익구조

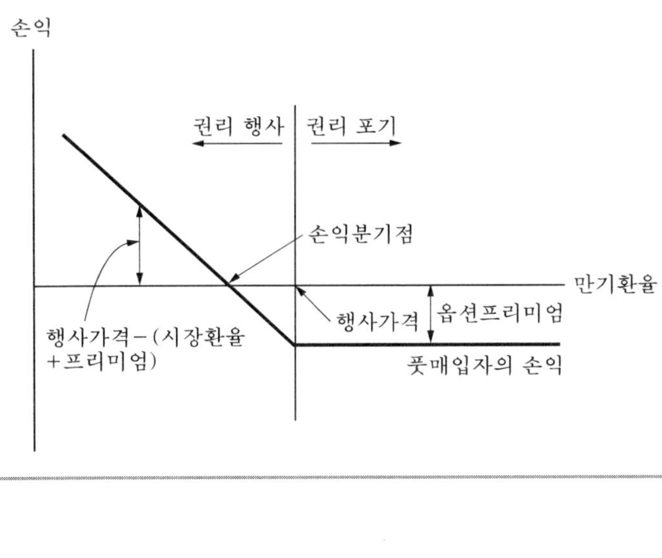

[사례 10-2] 풋옵션매입의 예 수출업자 G가 50만 유로를 12월 만기, 행사가격 유로 당 U$1.6452에 매도할 것을 유로 당 U$0.0052의 프리미엄을 지불하고 미국식 옵션을 4계약 매입하였다.2) 미국식 옵션은 옵션매입자가 만기일 이전, 언제라도 권리를 행사할 수 있으며, 옵션매도자는 만기일 이전, 언제라도 매입자의 권리행사에 반드시 응할 의무가 있다.

수출업자 G는 옵션프리미엄으로 $2600(=U$0.0052×500,000)를 지불하고 만기일 이전 언제라도 50만유로에 해당하는 $822,600를 매입할 수 있는 풋옵션 4계약을 매입하였다.

만기일 이전 어느 시점에서 유로화 현물환율이 폭락하여 U$1.6387이 되었다. 이 경우 유로당 U$1.6452에 유로화를 매도할 수 있는 풋옵션을 매입한 G가 옵션을 행사한 결과 유로당 0.0065달러의 환차익을 얻었다. 그러나 옵션프리미엄이 유로당 0.0052이므로 순이익은 0.0013달러 총 650달러(=U$0.0013×500,000)가 되었다.

수출업자 G의 손익분기 환율수준은 $1.64이므로 만기 이전의 현물환율($S_t$)이 U$1.64 이하로 떨어져야 풋옵션매입자는 옵션행사를 통하여 이익을 얻을 수 있다. 만일 U$0.64< S_t <U$0.6452인 경우에는 옵션행사를 통하여 프리미엄의 일부를 회수할 수 있으므로 두 경우 모두 풋매입자는 옵션행사를 한다. 그러나 S_t >U$0.6452가 되면 풋매입자는 현물시장에서 더 높은 환율로 매도할 수 있으므로 옵션프리미엄만큼의 손실을 감수하고 옵션행사를 포기한다.

---

2) 유로화의 옵션계약단위는 125,000유로이므로 500,000유로에 해당하는 4계약 매입함.

[표 10-6] 50만 유로 미국식 풋옵션 4계약 매입의 손익

유로당	만기 또는 옵션행사시 환율수준	손익
행사가격 =$1.6452	S_t=$1.6387 (옵션행사)	$1.6452-$1.6387-0.0052=$0.0013이익 ($0.0013×500000=$650 이익)
옵션가격 =$0.0052	S_t=$1.6420 (옵션행사)	$1.6452-$1.6420-0.0052=-$0.002손실 (프리미엄 $2600일부 $1600회수)
손익분기 =$1.6400	S_t=$0.6452 이상 (행사포기)	유로 당 -$0.0052 총 $2600손실

(2) 풋옵션의 매도전략에 따른 손익구조

풋옵션매도자는 프리미엄을 받고 행사가격으로 특정통화를 팔 수 있는 권리를 매도한 것이므로 옵션 매입자가 권리를 행사하면 반드시 행사가격으로 특정통화를 매입해야 한다.

풋옵션매도는 옵션 만기일까지 환율상승을 예상하여 일정한 프리미엄 수입을 목적으로 하는 거래이다. [그림 10-4]를 보면 풋매도자의 예상대로 만기일에 환율이 상승하여 행사가격보다 높은 경우에는 풋매입자가 권리이행을 포기하므로 풋매도자의 의무이행은 소멸되며 풋매도자의 이익은 옵션프리미엄에 해당된다. 그러나 풋매도자의 예상과 달리 환율이 행사가격 이하로 하락하면 풋매입자가 권리를 행사하므로 풋매도자는 시장환율보다 높은 행사가격으로 특정통화의 매입의무를 이행해야 한다. 이 경우에 환율이 행사가격 이하로 하락할수록 풋매도자의 손실이 커지며 풋매도자의 손실은 풋매입자의 이익이 되는 제로섬게임(zero-sum game)이다.

[그림 10-4] 풋옵션매도의 손익구조

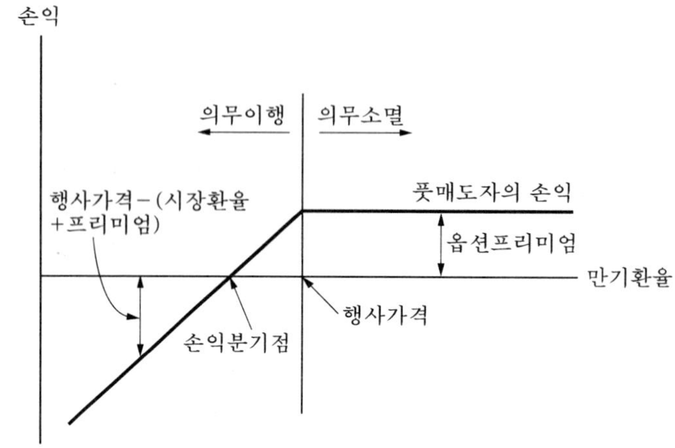

이와 같이 옵션의 장점은 콜이건 풋이건 매입자의 경제적 이익은 무제한인데 비하여 손실은 옵션프리미엄에 국한된다는 점이다. 이러한 이익과 손실의 비대칭성이 선물환이나 선물계약과는 다른 점이다. [표 10-7]은 만기 시 환율과 행사가격에 따라 옵션매입자의 옵션행사 여부와 이에 따른 손익의 크기를 정리한 표이다.

[표 10-7] 옵션의 손익

옵션매입자	내재가치	옵션행사여부	매입자의 손익
콜	$+(S_t > E)$	O	이익 = $S_t - E - P$
	$0(S_t = E)$	X	손실 = P(프리미엄)
	$0(S_t < E)$	X	손실 = P(프리미엄)
풋	$+(S_t < E)$	O	이익 = $E - S_t - P$
	$0(S_t = E)$	X	손실 = P(프리미엄)
	$0(S_t > E)$	X	손실 = P(프리미엄)

제 3 절 통화옵션의 가격결정

1. 통화옵션가격의 의의

원-달러환율이 현재 달러 당 1000원이라고 하자. 일주일 후에도 1달러를 현재 환율인 1000원에 매입할 수 있는 권리의 가치는 얼마나 될까? 지금 당장 매입한다면 현재 환율에서 매입할 수 있는 권리이므로 아무런 가치가 없다. 그러나 일주일 후 1달러를 1000원에 매입할 수 있는 권리라면 가치가 있다. 왜냐하면 일주일 후 환율이 1000원 이상으로 오른다면 이익을 얻을 수 있기 때문이다. 예를 들어 일주일 후 환율이 1010원으로 오를 확률이 30%라면 기대이익은 3원이 되므로 3원의 가치가 있다고 할 수 있다.

콜옵션의 만기 시 경제적 가치는 만기 시 환율과 행사가격에 따라 달라진다. 예를 들어 만기가 일주일 후인 원-달러 옵션거래에서 행사가격이 1000원일 경우 만기 시 예상되는 환율수준과 확률이 [표 10-8]과 같다고 하자.

[표 10-8] 예상환율과 확률

예상환율(원)	980	990	1000	1010	1020
확률(%)	10	25	30	25	10

일주일 후의 기대환율은 다음과 같이 예상환율에 확률을 곱한 것으로 현재 환율수준인 1000원과 같다.

$$980 \times 0.1 + 990 \times 0.25 + 1000 \times 0.3 + 1010 \times 0.25 + 1020 \times 0.1 = 1000$$

그러나 행사가격이 1000원인 콜옵션은 만기 시 환율이 1000원 이상인 1010원, 1020원이 되는 경우에만 행사될 것이다. 따라서 이 경우에 기대되는 이익은 4.5원(=10×0.25+20×0.1)이 된다. 만일 다른 사정이 일정하고 환율이 [표 10-8]과 같이 움직인다면 일주일 후 행사가격이 1000원인 콜옵션이 갖는 가치는 4.5원이 될 것이다.

2. 통화옵션가격의 구성

옵션의 가격은 여러 가지 요인에 의하여 결정되지만 근본적으로 옵션에 의하여 제한되는 손실의 크기와 옵션이 제공하는 잠재적 이익의 가능성에 의하여 결정된다고 볼 수 있다. 특히 옵션은 유리할 때만 행사하고 불리하면 행사를 포기하므로 옵션의 가치는 항상 (+)의 값을 갖는다.

옵션가격(또는 프리미엄)은 [그림 10-5]에서 보는 바와 같이 내재가치(intrinsic value)와 시간가치(time value)로 구성되어 있다. 내재가치란 옵션의 행사가격과 행사 시 현물환율(S_t)의 차이를 나타내며, 옵션 행사로 얻을 수 있는 이익이다. 따라서 콜옵션의 경우는 행사가격이 현물환율보다 낮을 때, 풋옵션의 경우는 행사가격이 현물환율보다 높을 때 내재가치를 갖는다. 즉 옵션의 내재가치는 행사가격과 옵션행사 시 현물환율(S_t)수준에 의하여 결정된다.

[그림 10-5] 옵션가격의 구성

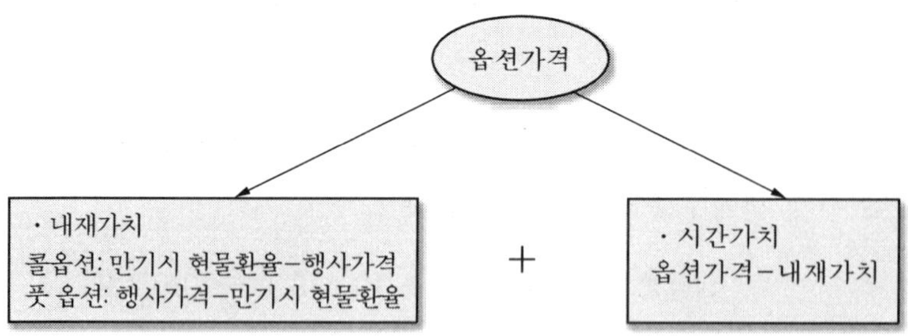

한편 옵션의 시간가치(time value)는 옵션프리미엄과 내재가치의 차

이이다. 옵션의 시간가치는 내재가치가 제로라 할지라도 만기이전에는 항상 (+)이다. 왜냐하면 현물환율이 옵션만기일 이전까지 옵션매입자에게 유리하게 변동할 가능성이 있기 때문이다. 즉 옵션의 시간가치는 만기일까지 내재가치의 상승가능성을 반영한다고 할 수 있다. 따라서 옵션의 시간가치는 일반적으로 만기까지 남은 기간이 길수록 커지고 짧을수록 작아지며 만기가 되면 0이 되는 잔존기간의 감소함수이다.

[그림 10-6]과 [그림 10-7]은 콜옵션과 풋옵션의 옵션프리미엄이 환율수준에 따라 변화되는 과정을 시간가치와 내재가치로 구분하여 보여주고 있다. 두 그림에서 세로축은 옵션프리미엄을, 가로축은 만기 또는 권리행사시 환율수준을 나타낸다.

[그림 10-6] 콜옵션의 프리미엄

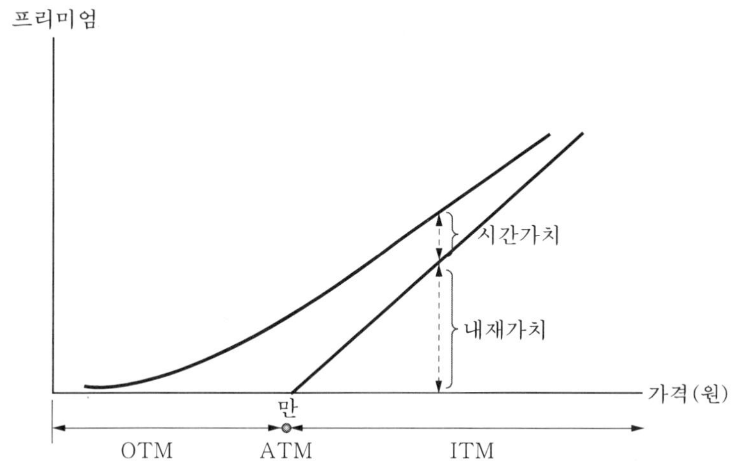

[그림 10-6]은 콜옵션의 경우로 시장환율이 행사가격보다 낮은 경우, 즉 외가옵션(out-of-the money option: OTM)에서는 내재가치가 0임에도 불구하고 환율상승에 따라 콜옵션프리미엄은 상승하는데 이는 모두 시간가치에 의한 상승이다. 시장환율이 행사가격과 같은 등가옵션(at-the-money option: ATM)에서도 내재가치는 0이므로 콜옵션프리미엄은 모두 시간가치에 해당한다. 그러나 환율이 행사가격보다 높은

내가옵션(in-the-money option: ITM)에서는 환율 상승에 따라 콜옵션 프리미엄은 상승하는데 이는 주로 내재가치의 상승에 의한 것이며 시간가치는 오히려 감소한다. 이는 시간이 흐름에 따라 환율이 추가로 상승할 수 있는 확률이 그만큼 줄어들기 때문이다. 따라서 환율상승에 따른 옵션의 시간가치는 OTM상태에서는 증가하며 ATM상태에서 최고가 된 이후 ITM 상태에서는 서서히 감소하다 옵션행사시에는 0이 된다.

[그림 10-7]은 풋옵션의 경우로 콜옵션과는 반대이다. 즉 환율이 행사가격보다 높은 OTM에서는 내재가치가 0임에도 불구하고 환율하락에 따라 풋프리미엄은 상승하는데 이는 모두 시간가치에 의한 상승이다. 시장가격이 행사가격과 같은 ATM에서도 내재가치는 0이므로 풋프리미엄은 모두 시간가치에 해당한다. 그러나 환율이 행사가격보다 낮은 ITM에서는 환율하락에 따라 풋프리미엄은 상승하는데 이는 주로 내재가치의 상승에 의한 것이며 시간가치는 오히려 감소한다. 이는 환율이 낮을수록 환율이 추가로 하락할 확률이 낮아지므로 시간가치가 감소하기 때문이다.

[그림 10-7] 풋옵션의 프리미엄

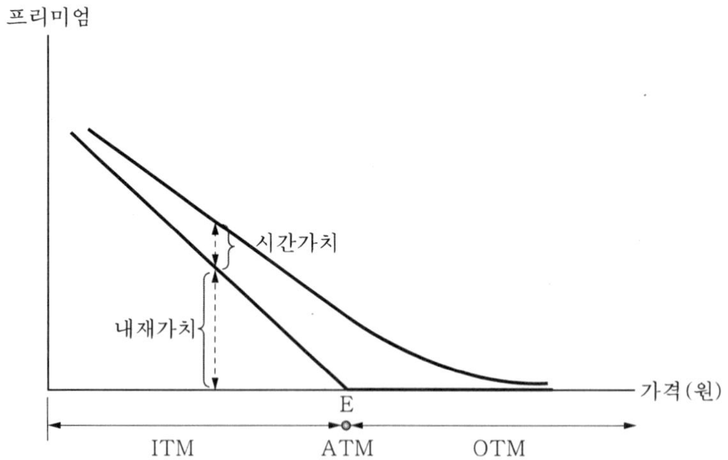

3. 풋-콜-선물환 평가관계

(1) 풋-콜-선물환 평가

이론적으로 옵션의 가격이론모형은 다양하고 매우 정교하지만 여기에서는 다른 금융상품들과의 재정거래 가능성 즉 통화옵션과 선물환과의 관계를 통하여 유도하고자 한다.

선물환의 손익구조는 대칭적인데 비해 통화옵션의 손익구조는 굴절되어 있다. 따라서 서로 다른 옵션을 결합함으로써 손익구조가 선물환계약과 같이 대칭적이 되도록 할 수 있다. 이를 풋-콜-선물환 평가(put-call-forward parity) 또는 옵션가격평가(Option price parity)라고 하며, 실제로 시장에서는 이 평가관계가 옵션과 선물환과의 재정거래를 통하여 유지된다.

유럽식 콜매입과 풋매도를 동일한 행사가격과 옵션가격으로 동시에 계약하면 두 옵션의 행사가격과 같은 환율에 선물환을 매입한 것과 동일한 결과를 얻을 수 있다. 따라서 환율이 선물환율보다 오르면 이익이 되고 떨어지면 손실을 보게 된다. 본다.

[그림 10-8]은 콜-풋-선물환 패리티를 나타내고 있다. 먼저 선물환율이 F일 경우 만기 시 현물환율(S_t)이 F보다 높으면 두 환율의 차이가 선물환 매입자의 이익이 되며, 반대로 $F > S_t$이면 손실을 본다.

[그림 10-8]에서 볼 수 있는 바와 같이 콜옵션과 풋옵션의 행사가격이 X로 같고, 콜과 풋옵션의 프리미엄이 각각 c와 p라 하자. 이 경우에 콜옵션을 1계약을 매입하고 풋옵션 1계약을 매도하는 경우의 손익은 다음과 같다. 먼저 만기 시 현물환율(S_t)이 행사가격보다 낮으면 콜매입은 권리행사를 포기하므로 c 만큼 손실을 본다. 이에 비해 풋옵션은 매입자가 권리를 행사하므로 풋매도자는 현물환율보다 높은 X로 매입해야 하므로 $(-X+S_t+p)$만큼 손실을 입는다. 따라서 콜매입과

풋매도에 따른 총손실은 $(-X+S_t+p-c)$이 된다. 여기서 $c=p$이면 총손실은 $(-X+S_t)<0$이 된다.

다음으로 만기 시 현물환율(S_t)이 행사가격보다 높으면 콜매입은 권리행사를 통하여 (S_t-X-c)만큼 이익을 본다. 그러나 풋옵션은 권리행사가 포기되므로 풋프리미엄인 p의 이익 발생하여 결과적으로 $(S_t-X-c+p)$만큼의 총이익이 발생한다. $c=p$이면 총이익은 $(S_t-X)>0$이다.

[그림 10-8] 콜–풋–선물환 패리티

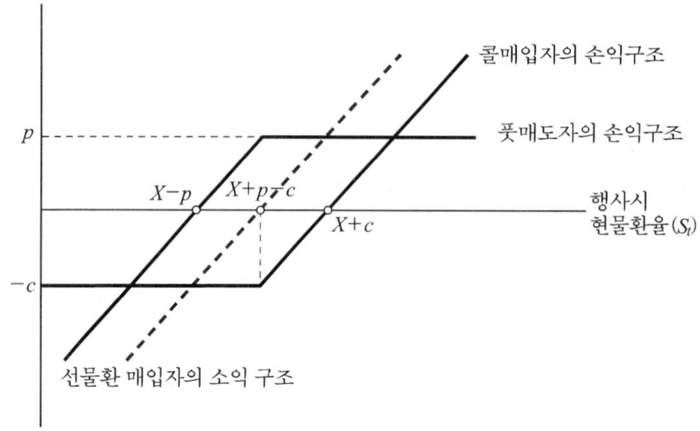

만기 시 현물환율(S_t)이 행사가격과 같은 경우에는 두 옵션의 권리행사에 관계없이 손익은 $(p-c)$이다. $c=p$이면 총이익은 0이고 [그림 10-8]에서 $X=F$가 된다. 따라서 두 옵션의 행사가격이 X인 콜매입과 풋매도의 합성은 선물환율이 $(X+p-c)$인 선물환 1계약을 매입한 것과 동일한 효과를 갖게 된다.

[그림 10-9]는 콜옵션과 풋옵션의 행사가격이 X로 같고, 콜옵션의 프리미엄이 c, 풋옵션의 프리미엄이 p이며, $c>p$인 콜옵션 1계약을 매도하고 풋옵션 1계약을 매입하는 경우의 손익구조이다. 이 경우에 콜매도 프리미엄수입은 c, 풋매입 프리미엄비용은 p이므로 두 옵션계약의 비용은 $(c-p)$이다. 이는 앞의 콜매입과 풋매도의 손익구조와 반대로

실제 선물환율이 $(X+c-p)$인 선물환 1계약을 매도한 것과 같은 손익구조를 갖게 된다.

[그림 10-9] 풋-콜-선물환 패리티

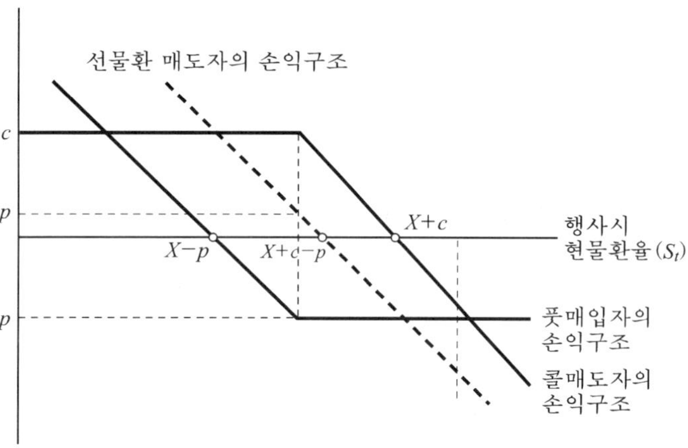

[그림 10-9]에서 보는 바와 같이 선물환율은 행사가격에 풋옵션과 콜옵션의 프리미엄차이를 더한 것과 같다. 그런데 선물환 계약에서는 현금흐름이 기말에 발생하지만 옵션계약에서는 현금흐름이 계약 시에 발생한다. 따라서 풋-콜-선물환 평가관계를 수식으로 나타내면 식 (10-1)과 같다.

$$F = X + (c-p) \cdot (1+i) \qquad (10\text{-}1)$$

이 식에서 F는 선물환율, X는 콜옵션과 풋옵션의 행사가격, c는 콜옵션의 가격, p는 풋옵션의 가격 그리고 i는 계약기간동안의 이자율이다.

한편 풋-콜-선물환 평가식을 옵션의 현재가치로 나타내면 식 (10-2)가 된다.

$$c-p = (F-X)/(1+i) \qquad (10\text{-}2)$$

식 (10-2)는 $c=p$이면 $F=X$임을 보여주고 있다.

앞에서 살펴본 풋-콜-선물환 평가관계로부터 다양한 투자전략을 구성할 수 있으며 이를 [표 10-9]에 정리하면 다음과 같다.

[표 10-9] 다양한 풋-콜-선물환 평가관계

합성	평가결과
콜매입 + 풋매도($-c+p$)	선물환 매입(F)
콜매도 + 풋매입($c-p$)	선물환 매도($-F$)
콜매입 + 선물매도($-c-F$)	풋매입($-P$)
풋매입 + 선물매입($-p+F$)	콜매입($-c$)

(2) 통화옵션을 이용한 차익거래

만일 위의 풋-콜-선물환 평가관계가 성립되지 않으면 통화옵션시장과 선물환시장 사이에 다음과 같은 차익거래가 가능하게 된다.

① $F > X + (c-p) \cdot (1+i)$일 경우

실제선물환율이 합성된 선물환계약의 균형선물환율보다 높으면 옵션시장에서 콜매도-풋매입의 합성선물환을 매입하고 선물환시장에서 실제 선물환을 매도하는 차익거래가 발생한다. 이 경우 [그림 10-9]에서 보는 바와 같이 옵션시장에서 발생한 프리미엄 손실과 이자는 선물환 만기일에 발생한 선물환 매도수입으로 상쇄하고도 이익이 발생한다.

② $F < X + (c-p) \cdot (1+i)$일 경우

옵션시장에서 콜매도-풋매입에 의한 합성선물환을 매도하고 선물환시장에서 선물환을 매입하는 차익거래가 발생한다. 이 경우 [그림 10-9]에서 보는 바와 같이 옵션시장에서 발생한 프리미엄 차액($c-p$)을 은행에 예치한 후, 선물환 만기일에 인출한 원리금은 선물환 매입비용으로 충당하고도 이익이 발생한다.

4. 통화옵션 가격결정에 영향을 미치는 요인

다른 상품의 가격결정원리와 마찬가지로 시장에서 통화옵션가격은 옵션매수자와 매도자에 의한 수요·공급으로 결정되며 수요·공급에 영향을 미치는 요인은 매우 다양하다.

이론적으로 통화옵션의 가격(프리미엄)결정에 영향을 미치는 요인은 내재가치에 영향을 미치는 요인으로 현물환율과 행사가격이 있으며, 시간가치에 영향을 미치는 요인은 옵션의 잔존만기, 변동성, 이자율차이 등이 있다.

① 권리행사 시 현물환율(S)

통화옵션의 프리미엄은 권리행사 시 현물환율이 상승할수록 콜옵션의 내재가치는 상승하고 풋옵션의 내재가치는 하락한다. 콜옵션은 계약통화를 행사가격에 살 수 있는 권리이므로 옵션행사 시 현물환율이 올라갈수록 행사가격과의 차이만큼 이익이 되므로 옵션가치는 당연히 상승한다. 반대로 풋옵션은 통화를 행사가격에 팔 수 있는 권리이므로 옵션행사 시 현물환율이 올라가면 옵션을 행사할 필요가 없어지므로 풋옵션가치는 떨어진다.

한편 콜옵션의 가치는 현물환율보다 높을 수 없으며 풋옵션의 가치는 행사가격보다 높을 수 없다. 따라서 행사가격이 0에 접근할수록 콜옵션 프리미엄은 현물환율에 비슷해지는 반면 풋프리미엄은 0이 된다. 반대로 행사가격이 높을수록 콜옵션프리미엄은 0에 접근하는 반면 풋프리미엄은 행사가격에 접근한다.

② 행사가격(X)

통화옵션의 가치는 만기 시의 환율과 행사가격 간의 차이에 의존한다. 따라서 콜옵션은 행사가격이 낮을수록 만기까지 환율이 상승할 가능성이 높기 때문에 내재가치가 증가하므로 옵션프리미엄(가격)이 상승한다. 반대로 풋옵션은 행사가격이 높을수록 만기까지 환율이 하락할 가능성이 높기 때문에 내재가치가 증가하므로 옵션가격이 상승한다.

③ 잔존만기(t)

일반적으로 만기까지 잔존기간이 많이 남아 있는 옵션일수록 옵션의 가치는 커진다. 이는 만기에 가까울수록 기초자산가격이 현재보다 유리하게 변동할 확률이 낮아지고 옵션프리미엄은 내재가치에 접근하기 때문이다. 반대로 잔존기간이 길수록 만기 시 기초자산의 가격이 변화될 가능성이 많고 그에 따라 옵션의 행사를 통하여 이익을 실현할 수 있는 확률이 높아지기 때문이다.

④ 환율의 변동성(σ)

환율의 변동성(volatility)이 클수록 장래에 환율이 큰 폭으로 상승하거나 하락할 가능성이 높기 때문에 옵션프리미엄은 증가한다. 왜냐하면 예컨대 콜매입자의 경우 환율이 행사가격을 초과하여 큰 폭으로 상승할수록 옵션매입자의 이익이 증가하며, 반대로 환율이 행사가격 이하로 하락하면 옵션행사를 포기하면 되므로 손실은 프리미엄에 국한된다. 따라서 환율변동 폭이 클수록 옵션매입자에게 유리하기 때문에 옵션프리미엄은 상승한다.

⑤ 무위험 이자율(r)

기초자산인 특정통화를 매입하게 되면 해당통화의 현금유출이 발생하나, 콜옵션을 매입할 경우 콜옵션프리미엄만 지급하면 된다. 따라서 옵션프리미엄을 뺀 나머지 자금을 무위험이자율로 투자한다고 하면 이자율이 높을수록 특정통화를 매입하는 것보다는 콜옵션을 보유하는 것이 유리하다. 따라서 콜옵션프리미엄은 무위험이자율이 높을수록 상승한다.

반대로 특정통화를 매도하는 경우에는 해당통화의 현금이 유입되므로 이로부터 무위험수익률을 얻을 수 있다. 그러나 특정통화를 그대로 보유하면서 풋옵션을 보유하고 있는 투자자는 특정통화의 매도에 따른 현금유입을 포기하게 되므로 이에 대하여 무위험이자율만큼의 기회비용이 발생한다. 따라서 무위험이자율이 올라갈수록 풋옵션 보유자는 불리하게 되므로 이자율이 상승할수록 풋옵션프리미엄은 하락한다.

[표 10-10]은 앞에서 설명한 통화옵션의 가격결정요인들의 변화가 콜옵션과 풋옵션의 가격에 미치는 영향을 요약한 것이다.

[표 10-10] 통화옵션의 가격결정요인과 옵션프리미엄과의 관계

변수	콜옵션	풋옵션
현물환율이 상승할수록	상승(↑)	하락(↓)
행사가격이 높을수록	하락(↓)	상승(↑)
잔존만기가 길수록	상승(↑)	상승(↑)
변동성이 클수록	상승(↑)	상승(↑)
무위험이자율이 상승할수록	상승(↑)	하락(↓)

5. 통화옵션의 가격민감도

앞에서 옵션프리미엄에 영향을 미치는 다섯 가지 요인들을 살펴보았다. 옵션프리미엄은 이들 중 행사가격을 제외한 네 가지 요인의 복합적인 변화에 의해 반응한다. 따라서 네 가지 요인 중 각각의 변화가 옵션프리미엄에 어떠한 영향을 미치는지를 파악하는 것이 중요하다. 옵션가격에 영향을 미치는 요인들 중 현물환율을 S, 옵션프리미엄을 C, 잔존만기는 t, 변동성을 σ, 이자율을 r이라고 하고, 각 요인들의 변화가 옵션가격의 변화에 영향을 미치는 민감도를 일반적으로 그리스문자들로 표현하기 때문에 이들을 option Greeks라고 하며 그 내용은 다음과 같다.

(1) 델타(δ)

델타(δ)는 옵션의 가장 기본적인 현물환율의 위험을 측정한다. 즉 특정통화의 환율이 한 단위 변할 때 옵션프리미엄이 얼마나 변하는가를 다음과 같이 측정한다.

$$\text{델타} = \frac{\text{옵션가치의 변화}}{\text{현물환율의 변화}} = \frac{\partial C}{\partial S}$$

델타는 분자와 분모가 모두 같은 가격단위로 표현되기 때문에 일반적으로 0과 1 사이이다. 예컨대, 델타가 0.5라고 하면 원-달러 환율이 1원 변동할 때 옵션 프리미엄은 0.5원만큼 변동한다는 의미이다.

따라서 델타는 옵션포지션을 헷지하기 위하여 특정통화가 얼마만큼 거래되어야 하는가를 나타내는 헷지비율(hedge ratio)로도 알려져 있다. 헷지비율(hedge ratio: HR)은 델타의 역수로 구하며 헷지에 필요한 옵션계약의 수를 나타낸다.

$$\text{헷지비율(HR)} = \frac{1}{\text{델타}(\delta)}$$

만약 델타가 0.5라면 헷지에 필요한 옵션계약의 수는 2계약이 된다. 즉 옵션 2계약을 이용하면 환율변동과 옵션프리미엄의 변동이 같게 되어 유효한 헷지가 이루어진다. 이러한 의미에서 델타 헷지(delta hedge)를 델타중립헷지(delta neutral hedge)라고 한다. 그러나 델타가 0.5일 경우 옵션 1계약만을 이용하여 헷지하면 환율변동의 절반만을 헷지하는 결과가 된다.

(2) 감마(γ)

감마(γ)는 기초자산의 가격이 한 단위 변할 때 델타도 따라서 변한다는 사실을 반영하는 2차 위험(second-order risk)을 측정한다. 따라서 감마는 현물가격이 변할 때 헷지되지 않는 정도를 나타낸다. 옵션을 보유하고 있는 상태를 long gamma, 옵션을 매도한 상태를 short gamma라고 표현한다.

$$\text{감마} = \frac{\text{델타의 변화}}{\text{현물환율의 변화}} = \frac{\partial \delta}{\partial S} = \frac{\partial^2 C}{\partial S^2}$$

(3) 베가(ν)

베가는 변동성이 한 단위(보통 1%) 변할 때 옵션프리미엄이 얼마나 변하는가를 측정한다. 옵션을 보유하고 있는 경우에는 변동성이 클수록 유리하며 이를 long vega라고 표현한다.

$$\text{베가} = \frac{\text{옵션가치의 변화}}{\text{변동성의 변화}} = \frac{\partial C}{\partial \sigma}$$

(4) 세타(θ)

세타(θ)는 잔존만기가 한 단위 변할 때(보통 1일 경과) 옵션프리미엄이 얼마나 변하는가를 측정한다. 만기에 가까울수록 옵션의 가치는 하락하므로 일반적으로 세타는 (-)이다.

$$\text{세타} = \frac{\text{옵션가치의 변화}}{\text{옵션 만기기간의 변화}} = \frac{\partial C}{\partial t}$$

(5) 로우(ρ)

로우(ρ)는 무위험이자율이 한 단위(보통 1%) 변할 때 옵션프리미엄이 얼마나 변하는가를 측정한다. 옵션은 손실을 제한하는 것을 제외하고는 선물환과 유사하므로 이자율의 변화는 옵션가격에 영향을 준다.

$$\text{로우} = \frac{\text{옵션가치의 변화}}{\text{이자율의 변화}} = \frac{\partial C}{\partial r}$$

제4절 통화옵션의 투자전략에 따른 손익구조

통화옵션의 투자전략은 앞에서 설명한 콜옵션이나 풋옵션의 매입 또는 매도와 같은 단순거래 뿐 아니라 이들의 합성방법에 따라 다양한 투자손익패턴을 만들어 낼 수 있는 특성이 있기 때문에 필요에 따라 여러 가지 형태의 투자전략을 활용할 수 있다.

일반적으로 많이 활용되는 투자전략에는 통화옵션의 행사가격이나 만기가 다른 옵션에 대하여 서로 상반되는 포지션을 취하는 스프레드(spread)거래와 환율변동성을 이용하여 동일한 계약조건의 콜옵션과 풋옵션을 동시에 매입하거나 매도하는 스트래들(straddle), 행사가격이 다른 콜옵션과 풋옵션을 동시에 매입하거나 매도하는 스트랭글(strangle) 투자전략 등이 있다.

1. 스프레드거래

기초자산이 동일한 옵션 중에서 행사가격이나 만기가 서로 다른 옵션에 대하여 서로 상반된 포지션을 취하는 전략이다. 스프레드거래는 시장가격이 예상대로 움직이면 이익을 얻을 수 있으나 반대로 예상이 빗나갔을 때에는 손실을 제한할 수 있는 전략이다. 행사가격이 서로 다른 스프레드를 수직스프레드, 만기가 서로 다른 경우를 수평스프레드라고 한다.

(1) 수직스프레드

옵션의 기초자산 및 만기일이 같고 행사가격이 서로 다른 두 옵션을 이용하여 하나는 매입하고 다른 하나는 매도하는 거래이다. 강세 스프레드는 기초자산의 환율이 상승할 때 이익이, 하락할 때 손실이 발생하며, 반대로 약세 스프레드는 기초자산의 환율이 하락할 때 이익이, 상승할 때 손실이 발생한다.

① 강세 콜스프레드전략에 따른 손익구조

시황이 상승세를 보일 것으로 예상될 때 유리한 전략으로 콜옵션을 이용한 강세 콜스프레드(bull call spread)전략과 풋옵션을 이용한 강세 풋스프레드전략이 있다. 강세 콜스프레드는 행사가격(X_1)이 낮은 콜옵션을 매입하고, 동시에 행사가격(X_2)이 높은 콜옵션을 매도하는 거래전략이다.

콜매입 가격이 c이고 콜매도 이익이 p, 만기 시 환율이 S_t인 경우에 만기 시 의 환율수준에 따라 강세 콜스프레드의 손익을 [그림 10-10]을 통하여 살펴보면 다음과 같다.

첫째, $S_t < X_1$, 즉 만기 시 환율이 낮은 행사가격보다 하락하면 콜매입자는 권리행사를 포기한다. 따라서 콜매입 가격인 c만큼의 손실을 본다. 그러나 동시에 행사가격이 X_2인 콜옵션을 p에 매도하였으나 거래상대방인 콜매입자가 권리행사를 포기하므로 결과적인 손익은 $(p-c)$와 같다.

[그림 10-10] 강세 콜스프레드의 손익구조

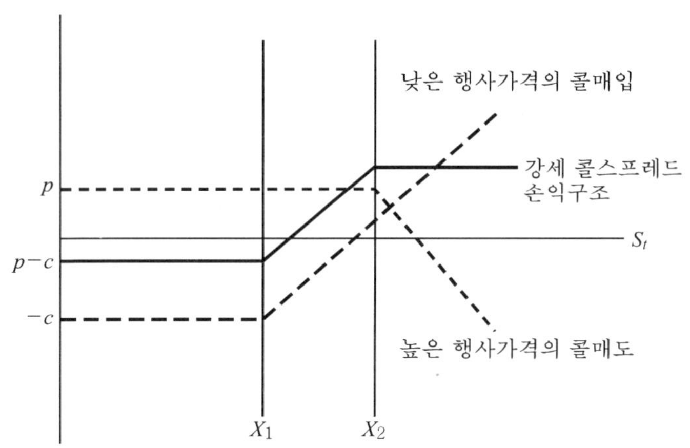

둘째, $X_1 < S_t < X_2$, 즉 만기 시 환율이 콜매입의 행사가격보다 높지만 콜매도의 행사가격보다 낮은 경우이다. 만기 시 환율이 콜매입의 행사가격보다 높으므로 콜매입의 권리행사를 통하여 $(S_t - X_1 - c)$만큼의 이익을 얻는다. 한편 행사가격 X_2에 매도한 콜옵션은 행사되지 않으므로 콜매도프리미엄인 p만큼의 이익이 발생한다. 따라서 총이익은

$(S_t - X_1 - c + p)$이 된다.

셋째, $X_2 < S_t$, 즉 만기 시 환율이 콜매도의 행사가격보다 높은 경우이다. 만기 시 환율이 콜매입의 행사가격보다 높으므로 콜매입의 권리행사를 통하여 $(S_t - X_1 + c)$만큼의 이익을 얻는다. 그러나 동시에 행사가격이 X_2인 콜옵션을 p에 매도하였으므로 행사가격이 X_2인 콜매입자가 권리행사를 한다. 따라서 콜매도 결과 $(S_t - X_2 + p)$만큼 손실이 발생하므로 콜매입에 따른 $(S_t - X_1 + c)$의 이익과 콜매도에 따른 $(S_t - X_2 + p)$만큼 손실을 합하면 순이익은 $(X_2 - X_1 + c - p)$가 된다.

이와 같이 강세스프레드는 환율이 상승할 경우에 얻을 수 있는 이익과 환율이 하락할 경우에 발생할 수 있는 손실을 모두 일정수준으로 제한하는 효과를 나타낸다.

② 강세 풋스프레드전략에 따른 손익구조

강세 풋스프레드 역시 낮은 행사가격(X_1)의 풋옵션을 매입하고, 높은 행사가격(X_2)의 풋옵션을 매도하는 거래전략이다. 풋매입 가격이 c, 풋매도 이익이 p, 만기 시 환율이 S_t인 경우에 만기 시 의 환율수준에 따라 강세 풋스프레드의 손익을 [그림 10-11]을 통하여 살펴보면 다음과 같다.

첫째, $S_t < X_1$, 즉 만기 시 환율이 낮은 행사가격보다 하락하면 풋매입자는 권리를 행사 하여 $(X_1 - S_t - c)$만큼의 이익을 얻는다. 그러나 동시에 행사가격이 X_2인 풋옵션을 p에 매도하였으므로(풋매입자가 권리행사하므로) $(X_2 - S_t + p)$만큼의 손실이 발생하여 결과적으로 손실규모는 $(X_1 - X_2 - p - c)$가 된다.

둘째, $X_1 < S_t < X_2$, 즉 만기 시 환율이 풋매입의 행사가격보다 높지만 풋매도의 행사가격보다 낮은 경우이다. 만기 시 환율이 풋매입의 행사가격보다 높으므로 풋매입의 권리행사를 포기하므로 c만큼의 손실이 발생한다. 한편 행사가격 X_2에 매도한 풋옵션은 행사되므로 풋매도로 $(X_2 - S_t + p)$만큼의 손실이 발생한다. 따라서 총손실은

[그림 10-11] 강세 풋스프레드의 손익구조

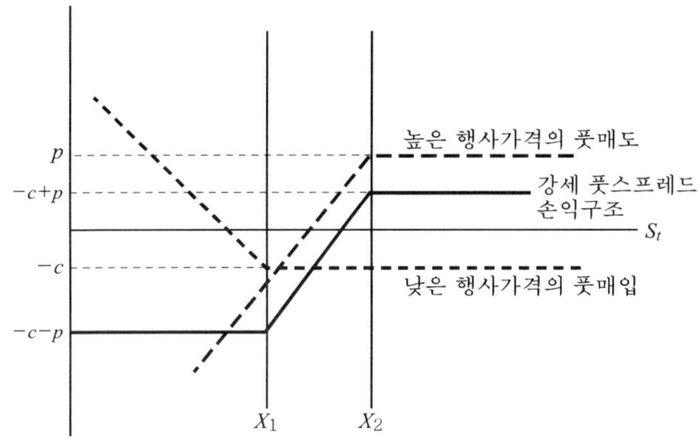

$(X_2 - S_t + p - c)$이 된다.

셋째, $X_2 < S_t$, 즉 만기 시 환율이 풋매도의 행사가격보다 높은 경우이다. 만기 시 환율이 높은 풋매입의 행사가격보다 높으므로 풋매입의 권리행사가 두 경우다 포기된다. 따라서 낮은 풋매입에 따른 c만큼의 손실과 높은 풋매도에 따른 이익 p의 차이인 $(-c+p)$의 이익이 발생한다.

이와 같이 강세풋스프레드 역시 환율이 상승할 경우에 얻을 수 있는 이익과 환율이 하락할 경우에 발생할 수 있는 손실을 $(-c+p)$와 $(X_1 - X_2 - c - p)$사이로 제한하는 효과를 나타낸다.

③ 약세 콜스프레드전략에 따른 손익구조

시황이 하락세를 보일 것으로 예상될 때 유리한 전략으로 강세스프레드전략과는 반대이다. 즉 약세 콜스프레드(bear call spread)는 낮은 행사가격(X_1)의 콜옵션을 p에 매도하고, 높은 행사가격(X_2)의 콜옵션을 c에 매입하는 거래전략으로 [그림 10-12]와 같이 강세 콜스프레드와는 X축을 중심으로 대칭적인 손익구조를 나타낸다.

첫째, $S_t < X_1$, 즉 만기 시 환율이 낮은 행사가격보다 하락하면 콜매입자는 권리를 행사 하지 않으므로 c만큼의 손실을 입지만 콜매도로 p

만큼 이익이 발생하므로 결과적으로 $p-c$만큼 이익이 발생한다.

둘째, $X_1 < S_t < X_2$인 경우 콜매입자가 권리를 행사하므로 X_1의 콜매도로 $(-S_t+X_1+p)$만큼의 손실이 발생한다. 그러나 X_2의 콜매입은 행사하지 않으므로 c만큼 손실이 발생하여 전체적인 손익은 $(-S_t+X_1+p-c)$가 된다.

셋째, $X_2 < S_t$인 경우에는 콜매입을 행사하므로 X_1의 콜매도로 $(-S_t+X_1+p)$만큼의 손실과 X_2의 콜매입으로 $(-S_t+X_2-c)$의 이익이 발생하므로 전체손실은 $-(X_2-X_1-p+c)$이 된다.

[그림 10-12] 약세 콜스프레드의 손익구조

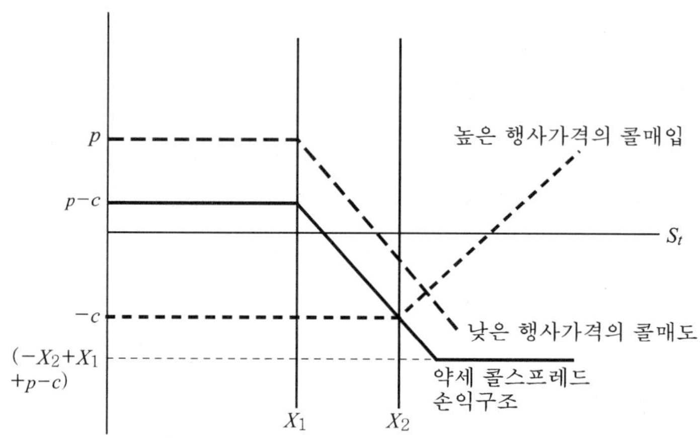

④ 약세 풋스프레드전략에 따른 손익구조

약세 풋스프레드는 낮은 행사가격(X_1)의 풋옵션을 매도하고, 높은 행사가격(X_2)의 풋옵션을 매입하는 거래전략으로 강세 풋스프레드와는 X축을 중심으로 대칭적인 손익구조를 나타낸다. 풋매입 가격이 c, 풋매도 이익이 p, 만기 시 환율이 S_t인 경우에 만기 시의 환율수준에 따라 약세 풋스프레드의 손익을 [그림 10-13]을 통하여 살펴보면 다음과 같다.

첫째, $S_t < X_1$, 즉 만기 시 환율이 낮은 행사가격보다 하락하면 풋매도자는 풋매입자의 권리행사에 따라 만기 시 환율보다 높은 X_1에 매입

의무를 이행해야 하므로 $(-X_1+S_t+p)$만큼 손실이 발생한다. 그러나 동시에 행사가격 X_2의 풋매입을 행사하므로 (X_2-S_t-c)만큼의 이익이 발생하여 결과적으로 (X_2-X_1+p-c)만큼의 이익을 얻는다.

[그림 10-13] 약세 풋스프레드의 손익구조

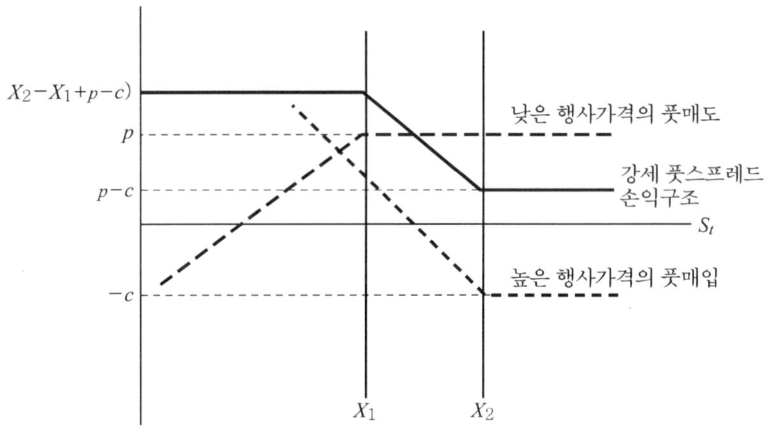

둘째, $X_1 < S_t < X_2$, 즉 만기 시 환율이 풋매도의 행사가격보다 높지만 풋매입의 행사가격보다 낮은 경우이다. 만기 시 환율이 풋매도의 행사가격(X_1)보다 높으므로 풋매도의 의무이행은 소멸되므로 p만큼의 이익이 발생한다. 한편 행사가격 X_2에 매입한 풋옵션은 행사되므로 (X_2-S_t-c)만큼의 이익이 발생하여 총이익은 (X_2-S_t+p-c)이 된다.

셋째, $X_2 < S_t$, 즉 만기 시 환율이 풋매도의 행사가격보다 높은 경우이다. 만기 시 환율이 높은 풋매입의 행사가격보다 높으므로 풋매입의 권리행사가 두 경우다 포기된다. 따라서 낮은 풋매입에 따른 c만큼의 손실과 높은 풋매도에 따른 이익 p의 차이인 $(p-c)$의 손실이 발생한다.[3)]

이와 같이 약세풋스프레드는 환율이 상승할 경우에 얻을 수 있는 이익과 환율이 하락할 경우에 발생할 수 있는 손실을 (X_2-X_1-p-c)

3) 그림에서는 풋매입가격이 풋매도가격보다 높기 때문에 손실이 발생하나 풋옵션을 매입하는 단순옵션거래와 비교하여 손실규모가 작음을 알 수 있다.

와 $(p-c)$사이로 제한하는 효과를 나타낸다.

(2) 수평스프레드

다른 조건은 모두 동일하고 만기일이 서로 다른 두 옵션을 동시에 하나는 매입하고 다른 하나는 매도하는 거래전략이다.

2. 변동성거래

콜옵션과 풋옵션을 함께 사용하는 합성(combination)전략으로 환율의 변동폭을 이용한 전략으로 스트래들(straddle)과 스트랭글(strangle) 등이 있다.

(1) 스트래들

환율변동성에 따라 만기와 행사가격이 동일한 콜옵션과 풋옵션을 동시에 매입 또는 매도하는 옵션전략이다. 환율변동성이 증가할 것으로 예상되면 매입스트래들을 반대로 환율변동성이 감소할 것으로 예상되면 매도스트래들 전략을 사용한다.

① 매입 스트래들전략에 따른 손익구조

매입스트래들은 만기와 행사가격이 동일한 콜옵션과 풋옵션을 동시에 매입하는 거래로 기초자산 가격이 큰 폭으로 상승하거나 하락하여 가격변동폭이 클 것으로 예상될 때 사용된다. 즉 환율의 방향보다는 환율의 변동폭에 초점을 맞춘 전략이다. 따라서 환율변동폭이 클수록 이익이 커진다.

[그림 10-14]는 콜옵션과 풋옵션의 행사가격이 X_1으로 같고, 콜 및 풋매입가격이 각각 c와 p인 경우의 매입스트래들의 손익구조이다. 콜매입과 풋매입의 거래비용은 $(c+p)$이므로 X_2는 행사가격에서 $(c+p)$를 뺀 값이며, X_3는 행사가격에 $(c+p)$를 더한 값으로 손익분기점이다.

첫째, $S_t < X_2$, 즉 만기 시 환율이 콜과 풋매입에 지불한 $(c+p)$이상으로 크게 하락한 경우이다. 만기 시 환율이 행사가격보다 낮으므로 콜매입은 권리행사를 포기하지만 풋매입은 권리를 행사하여 $(X_1 - S_t)$만큼의 이익이 발생한다. 그리고 환율하락폭이 커서 이익의 크기 $(X_1 - S_t)$는 콜과 풋매입에 지불한 $(c+p)$보다 크기 때문에 결과적으로 $(X_1 - S_t - p - c)$ 만큼의 이익이 발생한다.

둘째, $X_2 < S_t < X_1$, 즉 만기 시 환율이 X_2보다 높지만 행사가격 X_1보다 낮으면 콜매입은 포기하고 풋매입은 권리를 행사하여 $(X_1 - S_t)$만큼의 이익이 발생한다. 그러나 환율하락폭이 작아 이익의 크기가 콜과 풋매입에 지불한 $(c+p)$보다 작기 때문에 손실이 발생하되 최대손실의 크기는 만기 시 환율이 행사가격과 같아 두 권리를 모두 포기하는 경우의 손실인 $(c+p)$으로 제한된다.

셋째, $X_1 < S_t < X_3$, 즉 만기 시 환율이 X_1 이상으로 상승하였으나 상승폭이 거래비용보다 작은 경우로 풋매입은 권리행사를 포기하고 콜매입은 권리를 행사하여 $(S_t - X_1)$만큼의 이익이 발생한다. 그러나 환율상승폭이 작아 이익의 크기가 콜과 풋매입에 지불한 $(c+p)$보다 작기 때문에 손실이 발생하되 최대손실의 크기는 앞의 경우와 마찬가지로 만기 시 환율이 행사가격과 같아 두 권리를 모두 포기하는 경우의 손실인 $(c+p)$으로 제한된다.

넷째, $X_3 < S_t$, 즉 만기 시 환율이 거래비용보다 크게 상승하여 X_3보다 높은 경우로 풋매입은 권리행사를 포기하고 콜매입은 권리를 행사하여 $(S_t - X_1)$만큼의 이익이 발생한다. 그리고 환율상승폭이 $(c+p)$보다 크기 때문에 이익의 크기 $(S_t - X_1 - p - c)$이 된다.

[그림 10-14] 매입 스트래들의 손익구조

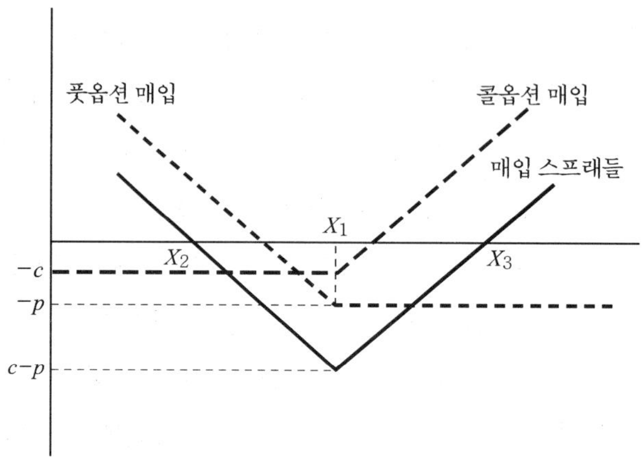

② 매도 스트래들전략에 따른 손익구조

매도스트래들은 매입스트래들과는 반대로 동일한 계약조건을 가진 콜옵션과 풋옵션을 동시에 매도하는 거래로 환율변동폭이 행사가격에서 크게 벗어나지 않을 것으로 예상될 때 사용한다. 따라서 예상대로 환율변동폭이 행사가격에서 크게 벗어나지 않으면 이익이 발생하지만 반대로 행사가격에서 크게 벗어나 환율변동폭이 커질수록 손실이 커지는 거래이다.

[그림 10-15]에서 보는 바와 같이 만기 시 환율이 예상대로 행사가격을 중심으로 콜과 풋의 매도로 얻은 $(c+p)$보다 크게 하락하거나 상승하지 않으면 이익이 발생하며, 최대이익은 $(c+p)$으로 제한된다. 그러나 예상과 달리 만기 시 환율이 $(c+p)$보다 큰 폭으로 하락하거나 상승하면 손실이 발생하는데 손실규모는 환율상승 시에는 $(S_t - X_1 + c + p)$며, 하락 시에는 $(X_1 - S_t + c + p)$이 된다.

[그림 10-15] 매도 스트래들의 손익구조

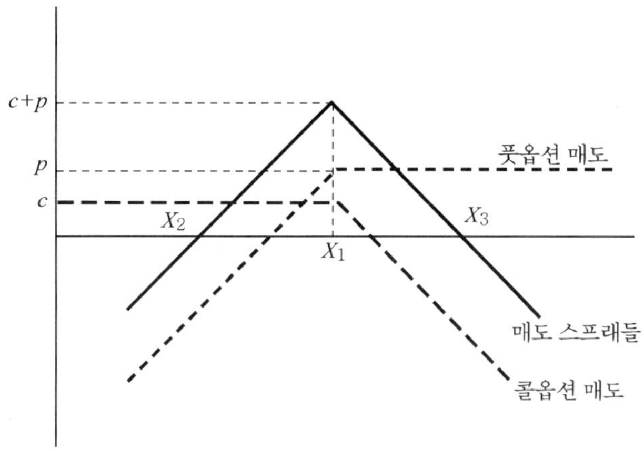

(2) 스트랭글

환율변동성을 이용한 또 다른 옵션전략으로 스트랭글이 있다. 스트랭글은 다른 조건은 모두 동일하고 행사가격이 다른 콜옵션과 풋옵션을 동시에 매입 또는 매도하는 거래로 외가격 콜옵션과 외가격 풋옵션을 이용하기 때문에 프리미엄이 스트래들에 비하여 작아 보다 안전한 전략으로 매입스트랭글과 매도스트랭글이 있다.

스트랭글과 스트래들의 차이점은 스트랭글 매수의 경우 스트래들전략을 사용할 때보다 환율의 변동폭이 더 커야 이익을 취할 수 있으며, 반대로 환율의 변동폭이 작을 경우에는 스트랭글의 손실은 스트래들보다 작다.

① 매입 스트랭글전략에 따른 손익구조

매입 스트랭글은 외가격 콜옵션과 외가격 풋옵션을 매입하는 거래로 [그림 10-16]에서 보는 바와 같이 가격변동폭이 클수록 이익이 발생하며, 반대로 가격변동폭이 작은 경우에는 손실을 콜과 풋의 매입가격의 합인 $(c+p)$로 고정시킬 수 있다. [그림 10-16]에서 풋옵션의 행사가격은 X_1, 콜옵션의 행사가격은 X_2이며, X_3는 환율하락 시 손익분기점으로 $(X_1 - p - c)$이며, X_4는 환율상승 시 손익분기점으로 $(X_2 + p + c)$와 같다.

[그림 10-16] 매입 스트랭글의 손익구조

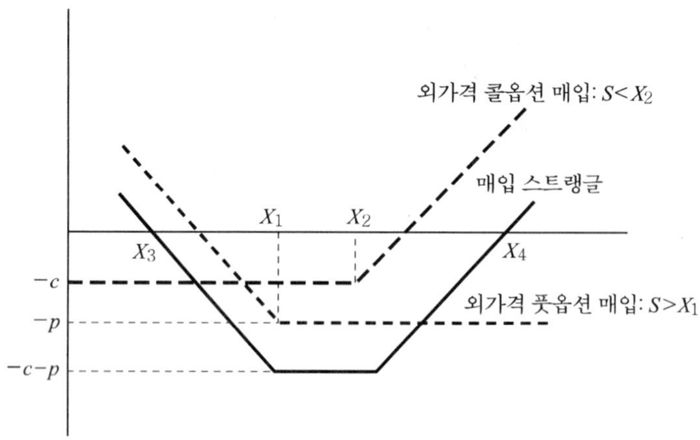

매입 스트랭글의 손익구조는 [그림 10-16]과 같다. 첫째, 만기 시 환율이 X_1이하로 하락하되 하락폭이 $(c+p)$보다 큰 경우에는 콜옵션의 권리행사는 포기하고 풋옵션의 권리행사를 통하여 $(X_1 - S_t - p - c)$만큼의 이익이 발생한다. 반대로 만기 시 환율이 X_4 이상으로 상승하여 상승폭이 $(c+p)$보다 큰 경우에는 풋옵션의 권리행사는 포기하고 콜옵션의 권리행사를 통하여 $(S_t - X_2 - p - c)$만큼의 이익이 발생한다.

둘째, 만기 시 환율이 $X_1 < S_t < X_2$인 경우에는 콜과 풋 두 옵션의 권리를 모두 포기하므로 최대한의 손실인 $(c+p)$가 발생한다.

셋째, 만기 시 환율이 $X_3 < S_t < X_1$인 경우에는 콜옵션의 권리는 포기하지만 풋옵션은 권리행사를 하여 $(X_1 - S_t)$만큼의 이익이 발생한다. 그러나 이익의 크기는 콜과 풋매입에 지불한 $(c+p)$보다 작으므로 $(X_1 - S_t - p - c)$만큼의 손실이 발생한다.

넷째, 만기 시 환율이 $X_2 < S_t < X_4$인 경우에는 풋옵션의 권리는 포

기하지만 콜옵션은 권리행사를 하여 $(S_t - X_2)$만큼의 이익이 발생한다. 그러나 이익의 크기는 콜과 풋매입에 지불한 $(c+p)$보다 작으므로 $(S_t - X_2 - p - c)$만큼의 손실이 발생한다.

② 매도 스트랭글전략에 따른 손익구조

매도스트랭글은 매입 스트랭글과 반대로 환율변동폭이 행사가격을 중심으로 크게 벗어나지 않을 것으로 예상되는 경우에 사용되는 전략이다. 매도 스트랭글은 외가격 콜옵션과 외가격 풋옵션을 매도하는 거래로 [그림 10-17]에서 보는 바와 같이 가격변동폭이 클수록 손실이 발생하며, 반대로 가격변동폭이 작은 경우에는 이익이 발생하지만 최대이익은 콜과 풋을 매도한 대가로 받은 $(c+p)$에 제한된다. 풋옵션의 행사가격은 X_1, 콜옵션의 행사가격은 X_2인 매도 스트랭글의 손익구조는 다음과 같다.

[그림 10-17] 매도 스트랭글의 손익구조

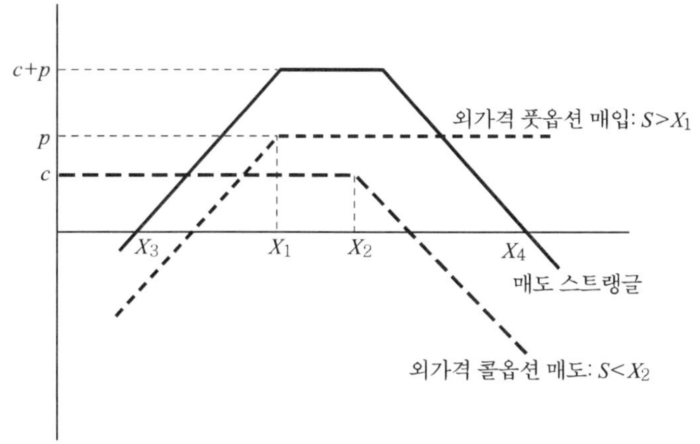

첫째, 만기 시 환율이 X_1 이하로 하락하되 하락폭이 $(c+p)$보다 큰 경우 즉 X_3 이하로 하락하는 경우에는 콜옵션의 매입자가 권리행사를 포기하므로 의무이행이 소멸되어 c만큼의 이익이 발생한다. 그러나 풋옵션은 풋매입자가 권리행사를 하므로 X_1에 매입해야 하므로 손실은

$(-X_1+S_t+p)$이 된다. 따라서 총손실은 $-(X_1-S_t-p-c)$이 된다. 반대로 만기 시 환율이 X_4 이상으로 상승하되 상승폭이 $(c+p)$보다 큰 경우에는 풋옵션의 의무이행은 소멸되고 콜옵션의 권리는 행사되므로 (S_t-X_2-p-c) 만큼의 손실이 발생한다.

둘째, 만기 시 환율이 $X_1 < S_t < X_2$인 경우에는 콜과 풋 두 옵션의 매입자가 권리를 모두 포기하므로 매도자의 이익은 $(c+p)$로 최대가 된다.

셋째, 만기 시 환율이 $X_3 < S_t < X_1$인 경우에는 콜옵션의 권리는 포기되지만 풋옵션의 매입자는 권리를 행사하므로 풋매도자는 (X_1-S_t) 만큼의 손실이 발생한다. 그러나 손실의 크기는 콜과 풋매도가격의 합인 $(c+p)$보다 작으므로 $(p+c-X_1+S_t)$만큼의 이익이 발생한다.

넷째, 만기 시 환율이 $X_2 < S_t < X_4$인 경우에는 풋매입자가 권리를 포기하므로 풋매도자는 p의 이익을 얻지만 콜옵션은 권리행사가 이루어지므로 콜매도자는 (S_t-X_2)만큼의 손실이 발생한다. 그러나 손실의 크기는 콜과 풋매도 대금의 합인 $(c+p)$보다 작으므로 (S_t-X_2+p+c) 만큼의 이익이 발생한다.

[그림 10-18]은 앞에서 설명한 합성옵션전략을 그림으로 정리한 것이다. 가로축은 환율움직임의 방향을 나타내며 세로축은 변동성을 나타낸다.

요약하면 환율상승(하락)이 예상될 때에는 단순히 콜 (풋)매입을 통하여 잠재이익의 기회를 극대화하는 반면에 손실은 콜 (풋)프리미엄으로 제한할 수 있으며, 스프레드전략은 이익과 손실을 일정범위 내로 제한할 수 있다는 특징이 있다. 한편 환율의 변동성이 확대될 것으로 예상되면 매입 스트래들과 매입스트랭글전략을 이용하면 손실을 옵션프리미엄으로 제한하면서 잠재이익을 극대화할 수 있다. 반대로 환율의 변동성이 축소될 것으로 예상되면 매도 스트래들과 매도스트랭글전략을 이용하여 옵션프리미엄만큼의 이익을 확보할 수 있다. 그러나 예상과 달리 변동성이 확대되면 손실은 무한히 커질 수 있는 위험도 고려해야 한다.

이와 같이 옵션은 환율변화나 변동성을 고려하여 적은 비용으로 투자자들의 다양한 투자성향에 부응하는 다양한 합성옵션상품의 개발이 가능하므로 폭넓은 활용도와 함께 빠른 성장세를 유지하고 있다.

[그림 10-18] 환율의 방향성과 변동성에 따른 옵션투자전략

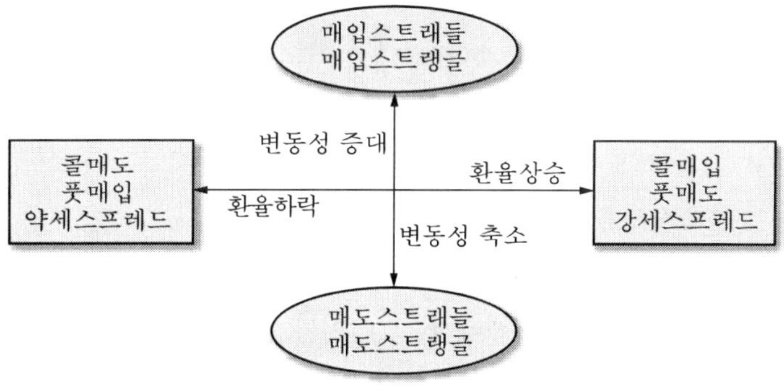

연 습 문 제

1. 다음 문장을 읽고 옳고 그름을 밝히고, 그 이유를 설명하라.
   (1) 콜옵션 매도자는 콜매입자가 권리행사를 할 경우 계약조건에 따라 반드시 행사가격으로 매입해야 한다.
   (2) 선물옵션의 경우 콜옵션 매입자가 옵션을 행사하면 콜옵션 매도자는 선물매도포지션을 갖게 된다.
   (3) 풋옵션 매도자의 최대이익은 옵션프리미엄으로 제한된다.
   (4) 콜옵션의 경우 일반적으로 현물환율이 행사가격에 비하여 낮을수록 콜옵션의 가치는 더 크다.
   (5) ITM옵션의 시간가치는 ATM옵션의 시간가치보다 크다.
   (6) OTM옵션에서 내재가치는 (-)이다.
   (7) 이자율이 낮을수록 풋옵션의 가치는 상승한다.
   (8) 풋옵션과 선물환을 동시에 매입하면 콜옵션매입과 같은 결과를 초래한다.
   (9) 원/달러 현재 환율이 1000원, 2005년 5월물 행사가격이 990원인 풋옵션은 ITM옵션이다.
   (10) 낮은 행사가격의 풋옵션을 매도함과 동시에 높은 행사가격의 풋옵션을 매입하는 전략이 약세 스프레드(bear spread)이다.
   (11) 매입스트래들전략은 환율변동폭이 행사가격수준에서 크게 벗어나지 않을 경우에 이익이 발생한다.
   (12) 시장에서 콜옵션을 매입함과 동시에 풋옵션을 매도하는 전략은 선물환매도의 효과와 같다.
   (13) 선물환율이 콜매입-풋매도의 합성선물가에 거래비용을 더한 값보다 클 경우에는 옵션시장에서 합성옵션을 거래하고 선물환시장에서 선물환을 매도함으로써 차익을 얻을 수 있다.
   (14) 특정통화에 대한 낮은 행사가격의 콜옵션 매입과 높은 행사가격의 콜옵션 매도를 동시에 행하는 옵션전략은 약세스프레드이다.

(15) 특정통화의 가격이 큰 폭으로 변동할 것으로 예상되지만 변동방향을 예측하기 어려운 경우에 적합한 옵션전략을 매입스트래들이다.

2. 미국의 투자자 A는 11월 7일에 1억 엔을 11월 만기일에 행사가격 100엔당 U$0.8050에 매입할 수 있는 콜옵션을 100엔당 U$0.0241의 옵션프리미엄을 지불하고 유럽식 옵션을 매입하였다.

(1) 만기 시 현물환율, S_t =U$0.8350이라면 투자자 A의 투자결과는 어떠한가?

(2) 만기 시 현물환율이 U$0.8035이면 투자자 A의 투자결과는 어떠한가?

3. (주)대박은 미국의 A사에게 4월 25일 30만달러어치 휴대폰을 인도하고 결제대금은 3개월 후에 받기로 하였다. 현재의 원/달러환율이 1000원이고, 7월물 선물환율은 990원이다. 옵션을 이용하여 위험을 헤지하고자 한다. 행사가격 995원인 콜옵션과 풋옵션의 프리미엄은 달러 당 10원이라고 한다.

(1) 대금 수취 시 실제환율이 985원으로 하락하였다. (주)대박이 선물옵션시장을 이용하지 않았다면 환차손익은 얼마인가?

(2) (주)대박은 환율하락을 예상하고 풋옵션 매입헤지를 취하였다. 결제시점에 (주)대박이 실제로 수취하게 될 금액은 얼마이며, 헤지하지 않은 경우와 비교하여 얼마의 손익이 발생하는가?

4. 수출업자 A가 25만 유로를 9월 만기, 행사가격 유로당 U$1.6820에 매도할 것을 유로당 U$0.0072의 프리미엄을 지불하고 미국식 옵션 2계약을 매입하였다.

(1) 그런데 9월 2일에 유로화가 U$1.6050로 폭락함에 따라 옵션의 권리행사를 하였다. 이 경우 수출업자 A의 이익은 얼마인가?

(2) 유로화의 가치가 등락을 거듭하면서 조금씩 상승하는 바람에 수출업자 A는 행사기회를 놓치고 마침내 9월 만기일에 1.6822가 되었다. 수출업사 A의 손익은 얼마인가?

5. 우리나라의 수출업체인 A사가 2008년 7월 7일 현재 미국의 best buy사와 100만 달러어치 휴대폰 수출계약을 하고 대금은 9월 9일에 받기로 하였다. 다음과 같은 상황을 가정하고 다음 물음에 답하라.

7월 7일 현재 원/달러환율 : $1=₩1020
2개월 선물환율 : ₩1035
미국 이자율 : 연 3%
한국 이자율 : 연 6%
9월9일 만기 U$화 풋옵션 : 계약단위 U$10,000
행사가격 : ₩1050
프리미엄 : 25원/U$
수수료 : 10,000/계약당

(1) 원-달러 환율을 볼 때 달러화는 선물환(프리미엄, 디스카운트)이다.
(2) 만일 S사가 선물환계약과 유사한 효과를 얻기 위하여 먼저 $100만을 2개월간 차입한다. 그리고 이 금액을 원화로 바꾸어 원화예금에 2개월간 투자를 한다면 2개월 후 원화의 원리금은 얼마인가?
(3) 이번에는 달러화 노출을 제거하기 위하여 달러화 풋옵션을 매입한다면 필요한 계약의 수는 얼마인가?
(4) 만약 9월9일 만기 달러화 풋옵션을 매입한다면 옵션 1계약 당 프리미엄과 수수료를 합한 총비용은 얼마인가?
(5) 만일 2개월 후의 현물환율이 ₩1030원이 되었다면 S사는 옵션행사를 할 것인가? 한다면 옵션행사의 결과는 어떠한가?
(6) S사가 선물환계약을 하는 경우와 (2)번과 (5)번의 결과를 비교하라. (선물환거래 시 거래비용은 없다고 가정)

제11장

환위험과 환위험 관리전략

제 1 절 환위험의 개념
제 2 절 환노출의 유형과 측정
제 3 절 환위험 관리전략

개방화 및 세계화의 진전으로 경상거래뿐 아니라 국제자본이동이 확대됨에 따라 외환거래가 급격히 증가하고 있다. 국제외환시장에서 각국의 환율은 변동환율제도의 도입 이후 외환의 수요와 공급에 의하여 결정될 뿐 아니라 외환의 수급변화에 따라 환율은 지속적으로 변동하고 있으며 그 변동 폭 또한 확대되고 있다. 이러한 환율의 심한 변동성은 국제거래에 참여하고 있는 기업, 금융기관, 개인 등 경제주체의 경제활동에 불확실성과 이에 따른 위험을 증대시키는 중요한 요인이 되고 있다.

본 장은 제 1절에서 환율변동에 따른 환위험의 개념을 설명한다. 환위험은 환율변동과 환노출의 정도에 따라 달라지는데 환율변동은 기업이 조절할 수 있는 변수가 아니지만 환노출은 기업이 관리할 수 있다. 따라서 제 2절에서는 국제거래에 참여하는 기업들이 직면하는 환노출의 종류와 이들을 측정하는 방법을 소개한다.

그리고 환율변동은 기업의 환노출의 정도에 따라 기업의 경영성과에 영향을 미친다. 제 3절에서는 기업들의 환노출 조절을 통한 환위험관리방법들을 다룬다. 즉 기업들이 사용할 수 있는 환위험관리전략의 방법과 특성을 살펴봄으로써 기업의 특성에 맞는 효율적인 환위험관리전략이 무엇인지를 설명하고자 한다.

11
chapter

환위험과 환위험 관리전략

제 1 절 환위험의 개념

환위험 또는 외환위험(foreign exchange risk)이란 예상하지 못한 환율변동으로 인해 외환거래 당사자들이 보유하고 있는 외화표시자산과 부채 또는 손익의 가치가 변화될 가능성을 나타낸다. 여기서 환율변동에 영향을 받는 외화표시 자산과 부채 또는 외화표시 현금흐름의 정도를 환노출(foreign exchange exposure)이라고 한다. 즉 환노출은 환율변동에 따라 경제주체의 자산가치가 실질적으로 얼마만큼 변할 것인지를 사전에 측정하여 수량화한 구체적 개념이다. 따라서 환위험은 식 (11-1)과 같이 환율변동성과 환노출에 의해 결정된다.

$$\text{환위험} = \text{환율변동성} \times \text{환노출} \qquad (11\text{-}1)$$

그리고 환노출은 노출된 자산 (또는 현금유입액)에서 노출된 부채 (또는 현금유출액)를 뺀 순노출(net exposure)의 개념으로 식 (11-2)와 같이 측정할 수 있다.

순노출 = 노출된 자산 - 노출된 부채

또는

순노출 = 노출된 현금유입액 - 노출된 현금유출액 (11-2)

식 (11-1)은 환율변동폭이 커지거나 환노출이 커지면 환위험 역시 커짐을 의미한다. 그러나 환위험은 환율의 불리한 변동에 따른 손실가능성 뿐 아니라 환율이 유리하게 변할 경우에 예상되는 환차익의 정도도 포함하고 있음을 알 수 있다. 예를 들어 A기업은 10만 달러 매도초과포지션(-순노출)을, B기업은 100만 달러의 매입초과포지션(순노출)을 유지하고 있다고 하자. 만일 환율이 10원 상승하면 A기업은 100만원의 환차손이 발생하지만 B기업은 1000만원의 환차익을 얻게 된다.

그리고 환위험의 정도를 결정하는 요인 중 환율변동성은 개별기업이나 은행 등이 통제할 수 있는 변수가 아닌 반면에 환노출은 통제 가능한 변수이다. 따라서 기업이나 은행 등은 환위험을 최소화하기 위하여 환노출의 정도를 정확히 파악하고 이에 대한 적절한 관리를 해야 한다. 이러한 이유로 기업입장에서 환위험관리는 환노출 관리를 의미하기 때문에 두 용어를 구분하지 않고 같은 개념으로 사용하기도 한다.

한편 환위험관리차원에서 개별 기업이나 은행은 환율변동성을 통제할 수는 없지만 이론이나 기술적 분석을 근거로 장래의 환율변동방향과 변동폭에 대해 어느 정도 예측할 수 있을 것이다.

제 2 절 환노출의 유형과 측정

환노출은 환위험의 발생원천이나 발생범위에 따라 환산 또는 회계적 노출(translation or accounting exposure), 거래노출(transaction exposure), 경제적 또는 운용노출(economic or operating exposure)로 구분할 수 있다.

1. 환산노출

(1) 환산노출의 개념

환산 또는 회계적 노출이란 외화표시 자산과 부채, 수익과 비용 등의 재무제표를 자국통화로 환산할 경우에 환율변동에 따라 발생 가능한 환차손 또는 환차익의 정도를 말한다. 예를 들어 다국적기업의 경영성과와 재무상태를 종합적으로 파악하기 위해서는 지사 및 모든 자회사의 재무제표를 본사의 재무제표와 연결시키는 연결재무제표를 작성해야 한다. 이 과정에서 본사와 다른 통화를 사용하는 자회사는 현지통화를 자국통화로 환산해야 한다.

환산노출이란 외국통화로 장부상에 기록되어 있는 자산 및 부채에 속하는 항목들의 가치를 자국통화로 환산하는 과정에서 환율변동에 따라 그 가치가 변화된 정도를 나타낸다.

(2) 환산노출의 측정

일반적으로 환산이익은 과세대상이 되고 환산손실은 세금공제의 대상이 되므로 기업들이 환산노출을 정확히 측정하고 관리하는 것이 중요하다. 환산노출은 이미 발생한 거래의 결과로 재무제표에 기록된 외화자산과 외화부채를 회계기준에 따라 자국통화가치로 환산할 때 적용되는 환율의 차이로 발생한다.

환산과정에 적용되는 환율에는 현행환율, 역사적 환율, 평균환율 등 세 가지가 있는데 이들의 특징을 살펴보면 다음과 같다.

첫째, 현행환율(current rate)은 결산일 당일의 현행환율을 말한다. 현행환율로 환산되는 자산 및 부채항목은 환위험에 노출되지만 적용이 간편하다는 장점이 있다.

둘째, 역사적 환율은 외화로 표시된 대차대조표의 각 항목에 대해 자산취득 시 또는 부채발생 시의 과거(또는 역사적)환율을 나타낸다. 역사적 환율로 환산되는 항목은 환위험에 노출되지 않는다. 그리고 환산노출은 이미 종결된 거래의 단순한 회계수치상의 변화이기 때문에 실질적인 현금포지션의 변화를 반영하지 못한다는 단점이 있다.

셋째, 평균환율(average rate)이다. 이는 대상회계기간 동안의 평균환율로 보통 손익계정의 환산에 사용된다.

이와 같이 환산노출을 측정하는데 있어 적용되는 환율에 따라 기업의 실제가치가 변할 수 있으므로 적용환율을 외화자산이나 외화부채의 취득일 기준으로 할 것인지 또는 환산시점의 현행환율로 할 것인지를 정해야 한다. 그런데 재무제표 상에 있는 각 항목들은 그 성격에 차이가 있기 때문에 외화자산이나 외화부채의 구체적인 성격에 따라 다른 환율을 적용하기도 한다. 하지만 환산노출을 측정하는 방법에 대한 통일된 기준이 없기 때문에 환산노출을 측정하는 목적에 따라 적용환율을 결정해야 한다.

일반적으로 환산노출을 측정하는 방법은 재무제표상의 각 항목에 적용되는 환율의 차이에 따라 현행환율법(current rate method), 유동성/비유동성법(current/noncurrent method), 화폐성/비화폐성법(monetary/nonmonetary method), 시제법(temporal method) 등으로 구분한다.

① 현행환율법

현행환율법(current rate method)은 예외적으로 역사적 환율을 적용하는 자본금을 제외하고 대차대조표와 손익계산서의 모든 항목을 현행환율로 환산하는 가장 간단한 방법이다.[1] 따라서 자회사의 재무제표상에 외화로 표시된 모든 항목이 환위험에 노출되며, 환산위험의 크기는 자산과 부채의 차이인 자본금에 따라 결정된다.

이 방법은 해외 자회사의 영업활동을 본사와는 별개의 독립된 실체로 간주하고 해외 자회사의 기업활동을 파악하고자 할 때 유용하다. 특

1) 원칙적으로 적용되는 현행환율은 각 항목들이 인식된 시점에서의 환율을 의미하지만 편의상 기간 중 평균환율을 사용하는 것이 일반적이다.

히 산출방법이 비교적 간단하고 자회사의 입장에서 환율변동의 영향을 파악할 수 있다는 장점이 있어 영국과 유럽 등에서 많이 사용되고 있다. 그러나 이 방법에서 지적되는 문제점은 크게 두 가지로 첫째, 외화환산이익이나 손실을 해당 자산 및 부채가 소멸된 시기의 손익으로 반영하지 않고 해외사업을 청산할 때까지 누적환산조정항목으로 누적시키므로 기간손익계산을 왜곡하는 결과를 초래할 수 있다는 것이다. 둘째, 본사와 해외자회사 전체를 포함하는 기업활동의 종합적 결과를 파악하기 위한 연결재무제표의 작성목적에는 부합하지 않다는 점이다.

② 유동성/비유동성법

외국통화로 표시된 해외자회사의 대차대조표 상의 모든 항목을 유동성 항목과 비유동성 항목으로 구분한 후 연결재무제표 작성 시 유동성 항목은 현행환율을, 비유동성 항목은 역사적 환율을 적용하여 환산한다.

유동성 자산에는 현금, 증권, 외상매출, 재고자산 및 선불금 등이 포함되고 유동성 부채는 외상매입, 선수금 등 단기부채가 포함된다. 한편 비유동성 자산에는 해외에 있는 건물, 기계 등 고정자산이 있으며, 비유동성 부채에는 외화표시 장기차입금 등의 고정부채가 포함되며, 비유동성 자산의 취득이나 부채발생 시점의 환율인 역사적 환율을 적용하여 환산한다.

이 방법에 의한 환위험노출은 유동자산과 유동부채의 차이인 순유동자산인 운전자본이 환산노출의 대상이다. 따라서 해당국 통화가 평가절상 되고 운전자본이 많을수록 환산이익은 커지고 반대로 해당국 통화가 평가절하 되고 운전자본이 적을수록 환산손실은 커진다. 이 방법은 자회사의 유동성을 분석하는데 편리하고 계산이 용이하다는 장점이 있지만, 유동성의 구분에 일관성이 없다는 단점이 있다.

③ 화폐성/비화폐성법

대차대조표의 자산항목과 부채항목들을 화폐성 항목과 비화폐성 항목으로 구분한 후 화폐성 자본과 화폐성 부채는 현행환율로, 비화폐성

자산 및 부채는 역사적 환율로 환산하는 방법이다. 대차대조표 상에서 화폐성 항목이란 외국통화의 일정금액으로 표시되고 화폐가치가 고정되어 있는 항목을 말한다. 따라서 화폐성 자산항목에는 현금, 예금, 외상매출, 받을 어음, 유가증권, 채권 등이 포함되며, 화폐성 부채항목에는 외상매출, 지불어음, 회사채, 장·단기 부채 등이 있다. 비화폐성 항목에는 해외소재의 토지, 건물, 시설재 등의 고정자산, 재고자산, 장기투자와 같이 현지의 물가변동에 따라 재무제표상의 화폐가치가 변하는 자산항목과 선수금, 판매보증 충당금 등과 같은 부채항목이 포함된다.

따라서 화폐성 자산과 부채는 외환노출의 대상이 되고, 비화폐성 자산과 부채는 외환노출의 대상이 되지 않는다. 이 방법은 항목의 속성에 따라 적절한 환율을 적용할 수 있으며, 현금흐름과 무관한 비화폐성 자산이 환율변동에 영향을 받지 않으므로 기업이익의 왜곡현상을 방지할 수 있다는 장점이 있다. 반면에 항목구분이 용이치 않다는 단점이 지적되고 있다.

④ 시제법

시제법은 화폐성/비화폐성법과 유사하지만 원가산정방법에 초점을 맞추어 재무제표를 작성할 당시의 취득원가를 기준으로 산정된 항목은 역사적 환율을 적용하고, 당시의 시가를 기준으로 산정된 항목은 현행환율을 적용한다. 이 방법이 화폐성/비화폐성법과 다른 점은 화폐성/비화폐성법에서는 재고자산과 투자자산에 역사적 환율을 적용하는데 비해 시제법에서는 대차대조표에 재고자산이 원가로 나타나 있으면 역사적 환율을 적용하고, 시장가치로 나타나 있으면 현행환율을 적용한다.

[표 11-1]은 지금까지 살펴본 환산노출을 측정하는 다양한 방법을 비교하여 정리한 것이다.

[표 11-1] 환산노출 측정방법에 따른 대차대조표상의 환율적용 비교

대차대조표 항목	현행환율법	유동성/비유동성법	화폐성/비화폐성법	시제법
자산				
현금, 증권, 외상매출	C	C	C	C
재고자산 (원가)	C	C	H	H
(시가)	C	C	H	C
선불금	C	C	H	H
고정자산	C	H	H	H
영업권	C	H	H	H
부채 및 자본금				
외상매입	C	C	C	C
단기부채	C	C	C	C
장기부채	C	H	C	C
이연소득세	C	H	C	C
자본금	H	H	H	H

주: C는 형행환율, H는 역사적 환율을 의미함.

2. 거래노출

(1) 거래노출의 개념

거래노출(transaction exposure)은 수출과 수입, 외화차입 또는 외화대출과 같이 외화표시 거래의 계약시점 환율이 결제시점의 환율과 다를 경우에 발생되는 손실과 이익의 정도를 말한다. 즉 계약시점과 결제시점이 다른 외화표시거래의 청산과정에서 환율변동에 따라 발생하는 환차익 또는 환차손의 정도를 나타낸다. 거래노출은 청산거래가 종결되지 않아 현금포지션에 영향을 주는 노출이다.

그리고 앞에서 설명한 환산노출은 재무제표상에 기록되는 항목의 노출만 측정하는데 비해 거래노출은 재무제표상에 기록되지 않는 부외거래(off-balance transaction)의 노출까지 측정하여야 한다. 예를 들면 선물환계약은 대차대조표상에 기록되지 않기 때문에 환산노출에는 포함되지 않지만 거래노출에는 포함된다. 이러한 의미에서 거래노출은 현재 진행 중인 거래와 관련이 있고 환산노출은 과거의 거래결과와 다음에 설명할 운용노출은 미래의 거래와 관련이 있다.

(2) 거래노출의 측정

거래노출은 외화표시 수출대금 또는 수입대금, 외화표시 채권이나 채무 등을 자국통화로 환산할 경우 계약시점과 비교하여 환율변동으로 결제시점의 자국통화표시 채권이나 채무의 가치가 변동하여 발생하는 이익이나 손실을 나타낸다.

수출거래에서는 계약 시보다 결제 시의 환율이 상승하면 환차익이 발생하고 반대의 경우에는 환차손이 발생한다. 수입거래는 수출거래와 반대로 계약 시보다 결제 시의 환율이 상승하면 환차손이 발생하고 하락하면 환차익이 발생한다.

예를 들어 우리나라의 K기업이 1개월 후 환율이 1000원이 될 것을 예상하고 미국의 A기업에게 휴대폰을 개당 80달러에 10,000개를 1개월 후에 인도함과 동시에 U$800,000를 수취하기로 하는 수출계약을 체결하였다. 만일 1개월 후 환율이 예상대로 1000원이 되면 K기업의 원화수입은 8억 원이 되지만 예상보다 하락하여 950원이 되면 7억6천만 원이 된다. 따라서 환율하락으로 4천만 원의 손실을 입게 되는데 이것이 거래노출로 발생하는 손실이다. 반대로 결제일에 환율이 1050원으로 상승한다면 예상보다 4천만 원의 이익을 더 얻게 된다.

[표 11-2] 수출거래 시 거래노출 및 환차손익

	계약시점	결제시점의 환율	
	환율U$=1000원	U$=1050	U$=950
수출대금	$800,000(8억 원)	84,000만 원	7억 6천만 원
거래노출 및 환차손익	$800,000	4천만 환차익	4천만 환차손

거래노출은 국제금융거래에도 수반된다. 예를 들어 우리나라의 K은행이 일본은행으로부터 연 1.6%의 이자율로 3개월 만기 1000만 엔을 차입한다면 3개월 후 상환해야할 엔화표시 원리금은 1004만 엔이며, 이것이 거래노출의 크기이다. 현재환율이 100엔당 1000원이면 K은행의 원화표시 차입액은 1억 원이 된다. 만일 3개월 후에도 현재와 같은 환

율이 적용된다면 K은행의 원화표시 상환액은 1억 40만 원으로 40만 원의 이자만 부담하면 된다. 그러나 환율이 1050원으로 상승한다면 원화표시 상환액은 1억 542만 원으로 502만 원을 추가로 더 부담해야 한다. 즉 환율상승으로 502만 원의 환차손이 발생한 것이다. 반대로 환율이 950원으로 하락한다면 원화표시 상환액은 9538만 원으로 502만 원의 환차익이 발생한다. 즉 환차손(익)의 크기는 거래노출에 환율변화를 곱한 것이다.

[표 11-3] 국제금융거래에 따른 거래노출 및 환차손익

	계약시점	결제시점의 환율	
	환율U$=1000원	U$=1050	U$=950
원 금 이 자	1000만 엔(1억 원) 4만 엔(40만 원)	1억 5백만 원 42만 원	9500만 원 38만 원
거래노출 및 환차손익	1004만 엔(1억 40만 원)	502만 원환차손	502만 원 환차익

3. 경제적 노출

경제적 노출(economic exposure)은 환율변동에 따른 기업가치의 변동정도를 나타내며 운용노출(operating exposure)이라고도 한다. 기업의 가치는 그 기업의 장래 현금흐름의 순현재가치(net present value)를 반영한다. 따라서 경제적 노출은 예상하지 못한 환율변동에 따라 기업의 매출액, 판매량, 가격, 비용 등 실질적으로 영업에 영향을 주는 기업의 가치 또는 기업의 장래 현금흐름의 변동가능성을 의미한다.

예를 들면 수입이나 수출에 종사하는 기업들의 경우, 환율변동은 수입품과 수출품의 가격변화로 이어지고 이는 다시 물량변화를 초래함으로써 기업의 수익 등 실질 영업에 영향을 미친다. 환율변화에 따른 기업의 실질적인 영업의 변화는 기업의 순현재가치의 변화를 초래한다. 수출입기업 뿐 아니라 국내에 진출한 외국기업과 경쟁하는 내수기업도

환율변동에 따라 경제적 위험에 노출될 수 있다. 즉 환율변동은 기업의 실질운영에 영향을 미치고 이는 다시 기업간 경쟁력에 변화를 초래할 수 있기 때문이다.

경제적 노출은 재무제표 상에는 계산되어 있지 않지만 기업의 장래 가치에 영향을 주기 때문에 기업의 위험관리차원에서 중요하게 다루어져야 할 것이다.

[그림 11-1]은 외환위험의 유형과 환율변동시점과의 관계를 나타내고 있다.

[그림 11-1] 환위험의 유형과 환율변동시점과의 관계

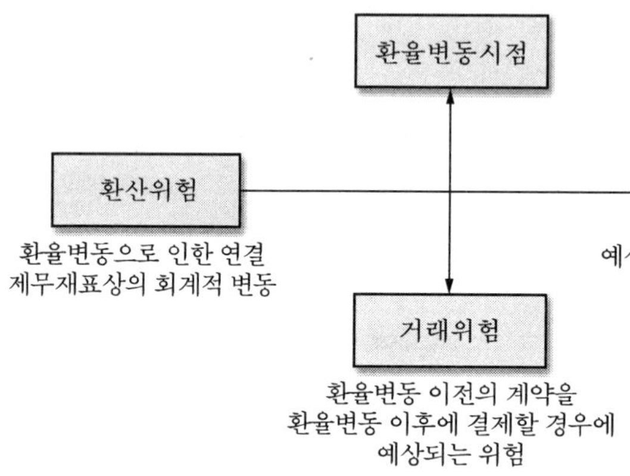

제 3 절 환위험 관리전략

환위험에 노출된 기업의 손익은 환율의 움직임에 따라 불규칙하게 변동한다. 환율이 불리하게 움직일 경우 기업의 이익은 환차손으로 인하여 감소할 수 있으며 심지어 적자로 반전할 수도 있다. 환율변동으로 인하여 기업의 매출액 또는 이익이 불확실해진다면 이는 기업의 안정적 성장을 저해하는 요인으로 작용하게 될 것이다. 따라서 기업은 환율

변동에 따른 불확실성과 위험을 회피하고 안정적 성장을 추구하기 위하여 적극적인 환위험관리 방법을 활용할 수 있어야 한다.

환위험 관리전략은 기업의 환위험을 헤지하는 기법으로 다음과 같이 구분할 수 있다. 첫째, 기업내부에서 스스로 관리할 수 있는 내부적 기법과 은행 및 선물거래소 등 외부거래를 통한 외부적 기법이 있다. 둘째, 외환위험관리의 성격에 따라 재무적 관리기법과 비재무적 관리기법으로 구분한다. 셋째, 환율변동에 대처하는 방법에 따라 소극적 기법과 적극적 기법으로 구분한다.

1. 내부적 기법과 외부적 기법

(1) 내부적 관리

내부적 기법에는 환산노출과 거래노출을 관리하는데 적절한 상계(netting)와 매칭(matching), 리딩과 래깅(leading & lagging), 팩토링(factoring), 할인 등이 있으며, 경제적 노출의 관리기법으로 가격정책(Pricing Policy) 및 자산/부채관리(Asset/Liability Management ; ALM), 포트폴리오 전략, 결제통화조정전략, 재송장전략, 환차손준비금전략 등이 있다.

① 상계

상계(netting)는 동일한 그룹 내의 기업간, 다국적 기업의 본사와 자회사간 그리고 자회사간에 발생하는 채권, 채무관계를 건별로 결제하지 않고 일정시점에 서로 상계한 후 차액만을 결제하는 방법이다. 즉 기업의 내부에서 발생하는 외화표시 채권・채무를 일정기간동안 유예시킨 후 이를 정기적으로 특정시점에 상계한 후 발생하는 차액만을 결제하는 방식이다. 차액만 결제하면 되므로 결제자금규모가 축소되어 비용절감의 효과가 있다.

상계는 한 통화로 된 노출에 대하여 동일한 통화나 환율변동이 유사한 다른 통화의 반대노출로 서로 상쇄시키거나 또는 환율변동이 음의 상관관계를 갖는 경우에는 두 통화의 동일한 포지션 (롱포지션 또는 숏포지션)으로 서로 상쇄할 수 있다.

상계는 [그림 11-2]와 같이 양자간 상계 이외에도 동일그룹에 속해 있는 3개 이상의 자회사간에 이루어지는 다자간 상계(multilateral netting)도 있다. 이 경우에는 그룹내에 중앙집중적인 자금관리기구(상계센터)가 조직되어 있어 자회사간의 채권, 채무의 상계금액을 총괄하여 관리하고 이를 해당 자회사에 통지한다. 다자간 상계제도는 기업전체의 입장에서 보면 자금 관리비용의 절감과 기업내부의 결제기능을 강화시키는 역할을 한다. 즉, 이 제도는 지급건수 및 결제자금의 감축을 통하여 유휴자금의 극소화와 유동성 관리의 효율화 그리고 거래비용의 절감을 동시에 도모할 수 있는 장점이 있다.

[그림 11-2] 양자간 상계

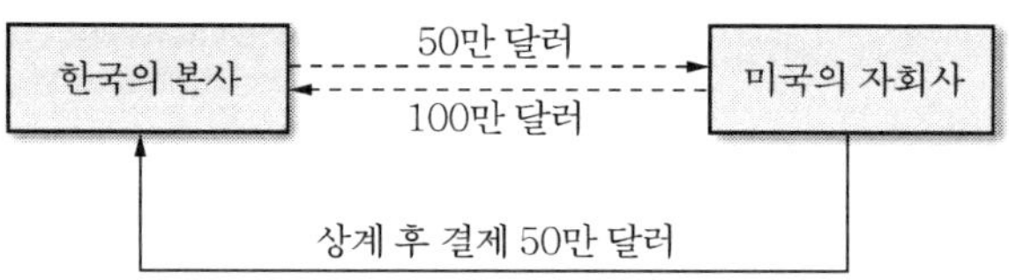

② 매칭

매칭(matching)은 상계와 달리 다른 기업과의 외화흐름에 적용되는 기법이다. 외화자금의 유입과 지급을 통화별, 만기별로 일치시킴으로써 외화자금의 유입과 지급간 차액을 최소화하여 환위험을 원천적으로 제거하고자 하는 방법이다. 매칭은 주로 다국적 기업, 무역회사의 본지사간 또는 제3자와의 환거래에서 이용되며, 거래 당사자간에 이종통화거래가 지속적으로 이루어지고 특히 환노출 관리체계가 중앙 집중관리형식을 취하고 있는 경우에 용이하게 활용될 수 있다.

매칭방법은 동일통화의 유입과 유출을 일치시키는 자연 매칭(natural matching)과 환율이 동일한 방향으로 움직일 것으로 예측되는 이종통화간의 자금흐름을 일치시키는 평행적 매칭(parallel matching)방법이 있다. 자연매칭은 환위험 헤징이 거의 완전하게 이루어질 수 있는 반면에 평행적 매칭은 두 환율간의 상관관계가 클수록 환위험 헤징효과가 크지만 그렇지 않은 경우에는 완전한 매칭은 불가능하다.

③ 리딩과 래깅

리딩(leading)과 래깅(laging)은 환율변동에 대비하여 외화표시 자금흐름의 결제시기를 의도적으로 조정함으로써 환위험에 대한 노출을 관리하는 기법이다. 이는 환율변동에 따라 결제시기를 앞당기거나(leading) 또는 지연(lagging)시킴으로써 환차손을 극소화하거나 환차익을 극대화하기 위해 사용하는 간단한 환위험관리기법으로 주로 그룹내 기업간에 기업전체의 이익을 추구하는 전략에서 보다 용이하게 활용되고 있다.

리딩과 래깅이 주로 그룹내 기업간에 이용되고 있는 이유는 제 3자와의 거래에서는 매매쌍방의 이해관계가 상충하여 어느 일방이 이익을 실현하면 상대방은 손실을 보기 때문이다.

리딩은 자국통화가치의 하락이 예상될 경우 즉 자국통화표시 환율상승이 예상될 때 외화지급의 결제시기를 앞당기는 것이고 래깅은 수출대금 회수 등 외화수취의 결제시기를 최대한 늦추는 방법이다. 예를 들어 환율상승이 예상될 때 수입업자는 수입대금의 지급시기를 가능한 앞당기는 리딩을, 수출업자는 수출대금 회수를 최대한 늦추려는 래깅을 통하여 환차손 감소와 환차익 확대를 기대하는 전략이다. 반대로 환율하락이 예상될 때 수출업자는 수출대금 회수를 최대한 앞당기려는 리딩을, 수입업자는 수입대금의 지급시기를 가능한 늦추려는 래깅전략을 이용할 것이다.

리딩과 래깅기법은 환율예측이 빗나갈 경우 환차손을 초래할 수 있는 투기적 요소를 내포하고 있으며 기업의 유동성사정 등에 따라 사용상 제약이 따른다.

[표 11-4] 리딩과 래깅전략

외환포지션	예상되는 자국통화가치 변동	래깅과 리딩
매입포지션(예:수출업자)	상승	리딩
	하락	래깅
매도포지션(예:수입업자)	상승	래깅
	하락	리딩

④ 가격정책

가격정책(pricing policy)은 기업의 판매관리와 구매관리의 일환으로 환노출과 환위험을 최소화하기 위한 전략으로 가격조정(price adjustment)과 결제통화조정(currency-of-invoicing)이 있다.

가격조정은 수출입 업체가 향후 환율 상승분 또는 하락분을 미리 고려해 가격에 반영하는 전략이다. 그러나 이 경우에는 상품의 시장지배력, 가격탄력성, 경쟁상품의 가격정책 등을 고려해야 한다.

결제통화조정은 통화가치의 변동에 따라 결제통화를 신축적으로 선택함으로써 환위험을 회피하는 전략이다. 먼저 적극적인 방법으로 수출의 경우 결제통화는 강세가 예상되는 통화를 사용하고 수입의 경우에는 약세가 예상되는 통화를 선택하는 것이다. 그러나 환율예측이 빗나갈 가능성이 있을 뿐 아니라 결제통화를 신축적으로 조정하기가 현실적으로 쉽지 않다는 점이 있다.

이에 비해 소극적 방법으로 수출과 수입의 결제 시 모두 자국통화를 결제통화로 사용하면 환율변동에 따른 위험을 제거할 수 있는 장점이 있다. 그러나 문제는 결제통화의 결정과정에서 수출·입업자 쌍방간의 이해관계가 서로 상충될 경우 거래성사 여부가 불투명할 수 있다는 점이다.

⑤ 자산·부채종합관리

환율예측에 따라 기업이 보유하고 있는 외화표시 자산과 부채항목의 포지션을 종합적으로 조정함으로써 환위험을 효율적으로 관리하는 기법이다. 이 전략은 주로 외화자산, 부채를 자국통화나 특정통화로 환산할 때 발생하는 환산위험(translation risk)이나 거래위험(transaction risk)을 관리하는데 주목적이 있다.

자산·부채관리 기법(Asset-Liability Management: ALM)에는 환차익의 극대화를 도모하기 위한 적극적인 기법과 환차손의 극소화를 위한, 즉 환산위험 회피를 위한 소극적인 자산·부채관리기법이 있다. 적극적인 ALM은 환율예측에 따라 강세가 예상되는 통화표시의 자산이나 현금포지션을 확대하고 강세예상 통화의 부채는 조기결제나 조기상환을 통해 축소시키는 전략이다. 반대로 특정통화의 약세가 예상되면 약세통화표시의 자산을 축소시키고 부채는 증대시켜야 한다. 이 방법 역시 투기적 요소를 포함하고 있으므로 환율예측이 빗나갈 경우 환차손을 초래할 수 있으며 기업의 유동성 사정 등에 따라 사용상 제약이 따른다.

한편 소극적인 ALM은 통화별, 만기별 외화표시통화의 자산과 부채, 현금수입과 지급의 규모를 일치시켜 즉 스퀘어포지션을 유지함으로써 환율변동에 따른 위험을 제거하는 방법이다.

[표 11-5] 자산·부채관리전략

예상되는 통화가치의 변동방향	외화표시 자산의 증감	외화표시 부채의 증감
가치상승 통화	증가	감소
가치하락 통화	감소	증가

⑥ 포트폴리오 전략

국제재무관리전략의 일환으로 다양한 거래통화로 포트폴리오를 구성하여 환위험을 줄이는 전략이다. 즉 거래통화간 상관관계가 (-)인 통화들로 포트폴리오를 구성할 경우 특정통화의 환율변동은 반대로 움직이는 다른 통화의 환율변동으로 상쇄될 수 있기 때문에 환위험의 총합은 개별 환위험의 절대적인 합보다 작아지게 되므로 환위험을 줄이는 효과가 있다.

포트폴리오전략의 가장 손쉬운 방법은 복합통화를 거래통화로 계약하는 것이며, 복합통화로는 유로화(12개국 통화로 구성)와 SDR(5개국 통화로 구성)이 있다.

⑦ 재송장전략

환위험을 관리하기 위하여 별도의 법인을 설립한 후 본점과 지사간에 이종통화표시 채권·채무를 이 법인과의 단일통화거래로 단순화하는 전략이다. 이 경우에 환위험관리는 법인내에서 집중적으로 이루어진다.

송장(invoice)이란 매매계약의 조건을 이행했음을 밝히는 수출업자가 수입업자에게 보내는 서류를 말하며, 일반적으로 이러한 송장은 제조회사가 판매자에게 곧바로 발송한다. 그러나 재송장전략 하에서는 [그림 11-3]에서 보는 바와 같이 송장을 직접 판매자에게 발송하지 않고 재송장법인으로 보낸다. 그러면 재송장법인은 이 송장을 판매자가 원하는 통화표시로 재발송하게 된다. 이러한 과정을 통하여 판매자는 외환거래시 환율변동에 따른 환위험을 벗어날 수 있으며 모든 환위험은 재송장법인으로 집중된다.

[그림 11-3] 재송장 과정

⑧ 환차손준비금전략

미래의 환차손 발생에 대비하여 영업이익의 일부를 환차손준비금으로 적립하고 실제 환차손이 발생하면 이 적립금을 환차손보전에 충당하는 전략이다. 이 전략은 환위험을 축소 또는 제거할 수 있는 사전적 환위험관리기법이 아니라 환차손이 발생한 경우에 이를 이연분산시킴으로써 경영성과의 왜곡을 막을 수 있는 방법에 불과하다.

(2) 외부적 관리

외부적 관리기법은 외환시장이나 금융시장의 상품을 이용해 환위험을 관리하는 기법으로 앞에서 설명한 선물환, 통화선물, 통화옵션, 외환스왑 등 파생금융상품을 이용하는 방법이 있으며 이외에도 할인, 팩토링, 환율변동 보험 등이 있다.

여기서는 선물환과 단기금융시장, 통화선물, 통화옵션을 이용한 헤징과 기타 할인, 팩토링, 환율변동 보험에 대하여 설명한다.

① 선물환 헷징

예를 들어 6월 9일 현재 L기업이 미국에 세탁기를 수출하고 수출대금 100만 달러를 3개월 후에 받기로 했다고 하자. 외환시장에서 현물환율은 달러당 1,000원이고 3개월 선물환율은 1,020원이다. 그런데 L기업은 3개월 후 현물환율이 1020원 이상 상승할 것으로 예상한다. 현재 미국이자율은 연 2.5%, 국내이자율은 5%이다.

L기업은 현재 달러매입포지션을 유지하고 있으므로 3개월 후 원화표시 수입액은 환율변동에 따라 달라진다. 만일 3개월 후 환율이 현재와 같다면 3개월 후 수입은 10억 원이 되지만 950원으로 하락한다면 9억 5천만 원의 수입이 예상된다. 그러나 환율이 1,050원으로 상승하면 수입은 10억 5천만 원이 된다. 즉 3개월 후에도 100만 달러의 가치는 변하지 않지만 원화가치는 환율변동에 따라 달라진다.

이 경우에 3개월물 달러선물환을 1,020원에 매도한다면 L기업은 3개월 후 수입은 환율수준에 관계없이 10억 2천만 원으로 고정된다. 이와 같이 선물환헷징은 환율변화에 따른 위험을 제거하고 안정적인 미래의 현금흐름을 보장해 주는 전략이다. 그러나 문제는 위의 예에서와 같이 3개월 후 현물환율이 선물환율과 다른 경우이다. 예컨대 3개월 후 현물환율이 1,050원으로 선물환율 1,020원보다 높은 경우에는 선물환헷징으로 오히려 손실을 보게 된다. 왜냐하면 L기업이 선물환매도헷싱을 하지 않았더라면 만기에 현물시장에서 100만 달러를 1050원에 매도하여 수입이 10억 5천만 원이 되기 때문이다. 따라서 선물환헷지를 이용할 경우에는 추가적인 이익의 가능성보다는 위험제거와 안정적인 현금흐름을 우선적으로 고려해야 한다.

② 단기금융시장 헷징

단기금융시장 헷징은 선물환거래를 이용할 수 없을 때 사용할 수 있는 대체전략으로 단기금융거래와 현물환거래를 동시에 이용하는 경우 선물환거래와 동일한 효과를 거둘 수 있다. 이 방법을 좀 더 구체적으로 설명하면 다음과 같다. 수출업자의 경우 수출계약과 동시에 선물환 매도헷징을 하는 대신에 금융시장에서 수출대금에 해당하는 외환을 미리 차입하여 현물환시장에서 매도, 자국통화로 전환한 후 이를 다시 채권이나 CD(양도성 예금증서) 등 단기금융상품에 투자하는 한편 만기에 수취한 수출대금으로 차입자금을 상환함으로써 환율변동에 따른 환위험을 회피하는 방법이다.

앞의 예에서 L기업이 선물환거래 대신 단기금융시장을 이용하는 경우를 살펴보자. 먼저 L기업은 미국은행으로부터 3개월 후 원리금이 100만 달러가 되도록 달러자금을 빌린 후 이를 현물환시장에서 원화로 바꾸어 국내 단기금융상품에 투자한다. 한편 L기업은 3개월 후 미국의 수입업자로부터 수출대금 100만 달러를 받아서 미국은행에 원리금을 상환하면 환율변동에 따른 위험을 완전히 제거할 수 있게 된다.

[그림 11-4]는 단기금융시장을 이용한 헷지의 과정을 보여주고 있다. 먼저 미국의 이자율이 연 2.5%이므로 3개월 후 원리금이 100달러에 해당하는 $993,788.82를 차입한 후 외환시장에서 현재환율 1,000원으로 원화를 매입하면 993,788,820원이 된다.[2] 이것을 연 5%의 이자율로 투자하면 3개월 후 원리금은 1,006,211,180원이 된다.

만일 3개월 선물환 프리미엄이 양국간 이자율 차이와 같다면 즉 커버된 이자율평가가 성립한다면 선물환을 매도하거나 단기자금시장을 이용하거나 결과는 같을 것이다. 그러나 앞의 예에서 3개월 선물환 프

2) $(1+0.025/4) \cdot x = 1000000$이므로 $x = 993788.82$임.

리미엄(=(1,020-1,000)/1,000)이 양국간 이자율 차이((0.05-0.025)/4)보다 크기 때문에 선물환계약을 이용하는 것이 더 유리함을 알 수 있다. 즉 선물환매도를 통하여 10억 2천만 원을 확보한데 비해 자금시장을 이용하면 약 10억 6백만 원에 불과하다.

③ 통화선물

통화선물을 이용한 헷지의 경우를 앞의 예를 들어 설명하면 다음과 같다. L기업은 6월 9일 현재 100만 달러의 수출계약을 체결한 후 9월물 달러선물 20계약을 1,020원에 매도 체결하였다. 그런데 선물계약체결 이후 정부의 개입으로 환율이 하락하여 7월 2일에는 980원이 되었다. L기업은 앞으로 환율상승을 예상하고 선물계약을 1,000원에 환매수하였다. 그 결과 달러당 20원을 이익을 얻었으며 이후 헤지를 위한 아무런 조치를 취하지 않았다. 다행히 L기업의 예상대로 환율이 다시 상승하기 시작하여 수출대금이 지급된 9월 12일에는 1,025원이 된다면 현물거래에서 달러당 25원의 기회이익을 얻을 수 있을 것이다.

[그림 11-4] 단기금융시장을 이용한 헷지

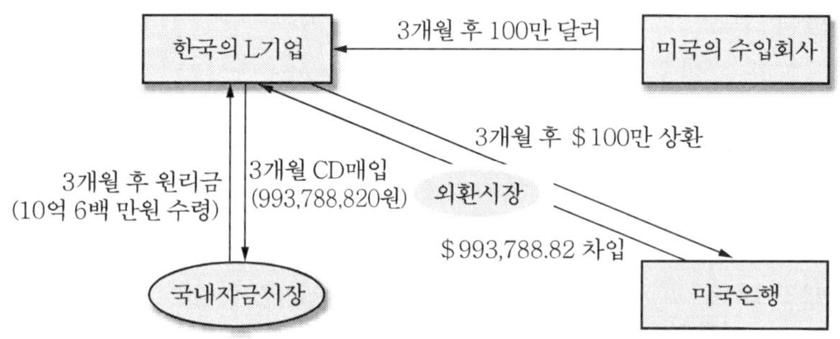

이와 같이 통화선물을 이용한 헷지는 선물환계약과 달리 만기 이전에라도 중도청산이 가능하므로 선물환거래에 비해 더 큰 이익을 얻을 수 있다. 그러나 반대로 6월 9일 이후 환율이 계속 상승하여 7월 2일에 현물환율과 선물환율이 각각 1,035원 1,040원이 되었다고 하자. 이러한 환율상승세가 지속될 것 같아 L기업이 선물거래에서 더 큰 손실을 우

려하여 1,040에 환매수 한다면 달러당 20원의 손실을 입게 된다. 그런데 환매수 후 환율이 계속 상승할 것으로 예상하여 아무런 헷지를 취하지 않았는데 예상이 빗나가 오히려 환율은 하락하여 9월 12일에 985원이 되었다고 하자. 이 경우에 L기업은 현물거래에서 달러 당 15원의 기회손실을 입게 된다. 이와 같이 환율예측이 빗나갈 경우에는 헷지를 통하여 오히려 손실을 입을 수도 있다.

[표 11-6] 통화선물 헷지의 예

	현물환율	선물가격	
6/9 (계약일) 7/2 9/12 (결제일)	1,000 980 1,025	1,020 1,000 1,027	달러선물 9월물 20계약 매도 환매수
손익	현물거래 : 기회이익 달러당 25원	선물거래 : 달러당 20원 이익	

④ 통화옵션

앞에서 설명한 선물환, 단기금융, 통화선물을 이용한 환위험 헷지는 현물환율이 유리하게 변동할 경우에 얻을 수 있는 이익의 기회를 허용하지 않는다. 이러한 이익의 기회를 누리며 손실위험은 일정 범위내로 제한하는 방법이 통화옵션이다.

L기업이 3개월 후에 수취할 수출대금 100만 달러를 헷징하기 위하여 이번에는 옵션시장에서 풋옵션을 매입한다고 하자. 행사가격은 $1=1020원이고 풋옵션프리미엄은 달러당 10원이다. L기업의 옵션행사여부는 3개월 후의 환율수준에 달려있고 3개월 후에 받을 원화금액도 확정되어 있지 않다. 만일 3개월 후의 환율이 $1=1020 이하라면 옵션을 행사하여 10억 2천만 원 중 옵션프리미엄 1,000만원(=10×100만)을 뺀 10억1천만 원의 확정금액을 얻게 된다. 하지만 환율이 $1=1,020 이상인 경우에는 옵션행사를 포기하고 현물시장에서 매도하는 것이 유리하다. 예컨대 환율이 $1=1,035이면 현물환시장에서 직접 100만 달러를 매도하여 10억 3,500만 원을 얻는다. 그러나 이 경우의 L기업의 실제 원화수

입은 옵션프리미엄을 제한 10억 2,500만 원이 된다.

[그림 11-5]는 선물환, 통화선물, 통화옵션을 이용한 매도헷지의 경우 손익구조를 비교한 것이다. 선물환과 통화선물의 매도헷지의 경우 만기 시 현물환율이 예상과 달리 상승하면 손실을 입게 되지만 옵션은 프리미엄을 제한 만큼의 이익을 보장한다. 그러나 예상대로 환율이 하락하는 경우에는 풋옵션매도전략은 선물환, 통화선물의 매도헷지에 비해 프리미엄만큼 이익이 줄어든다.

[그림 11-5]는 선물환, 통화선물, 통화옵션을 이용한 매도헷지의 경우 손익구조 비교

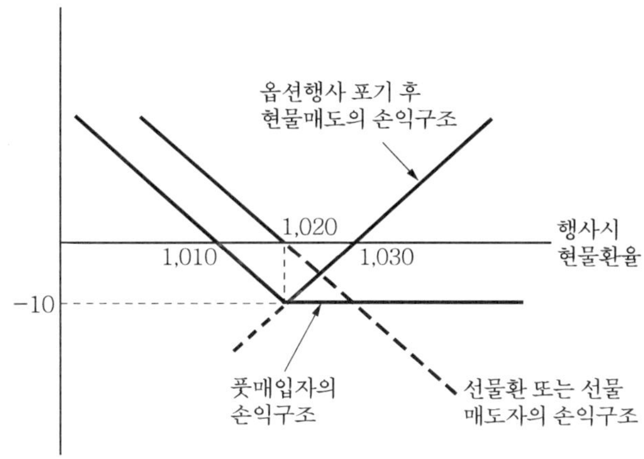

⑤ 할인

할인(discounting)은 수출거래가 수출환어음에 의하여 결제되는 경우에 어음만기일까지의 환율변동 위험을 피하기 위하여 어음의 만기일 이전에 은행에 할인·매각하여 수출대금을 조기에 회수할 수 있는 방법이다. 이는 자국통화의 평가절상이 예상되거나 또는 만기 전에 자금이 필요한 경우에 흔히 이용된다. 예를 들어 연불수출에 있어 수출업자가 선적 후 환어음을 매각하지 못하고 만기까지 보유하는 경우 이 기간중 발생할 환율변동위험을 회피하기 위하여 어음 만기일 전에 환어음을 은행에 매각하는 방법이다. 그러나 할인의 경우 할인료 등의 비용

이 소요되므로 수출업자는 이 비용과 환율변동에 따른 예상 환차손익 그리고 자금사정 등을 고려하여 할인이용여부를 결정해야 한다.

⑥ 팩토링

팩토링(factoring)이란 기업이 소유하고 있는 외상매출금인 매출채권을 상환청구권 없이 팩토링 업무를 담당하는 금융기관인 팩터(factor)에게 매각하여 결제기간 동안의 환위험을 회피할 수 있는 전략이다. 환위험관리를 위한 팩토링은 수출업자가 수출환어음을 은행에 매입 추심 결제하는 방법 대신에 팩터에게 외상매출채권을 매각하고 팩터가 이 금액을 수입상으로부터 직접 회수하는 방법이다. 이는 수출업자가 수출대금이 입금되기 전에 팩터로부터 단기금융을 이용함으로써 수출대금을 조기 이용하고 환위험을 회피할 수 있는 이점이 있으나 이 경우에도 환율변동에 따른 예상 환차손익과 팩토링비용 등을 비교하여 팩토링 이용여부를 결정해야 된다.

⑦ 환율변동 보험

환율변동보험(exchange risk insurance)은 결제기간이 1년 이상의 중장기수출에서 초래될 수 있는 환차손을 보상하기 위한 보험제도이다. 일반적으로 결제기간이 1년 미만의 단기 수출입거래에 수반된 환위험은 선물환이나 선물거래를 이용하여 쉽게 헷징할 수 있으나 중장기수출거래는 환율예측의 불확실성이 증대됨으로 단기선물환거래를 이용하기가 어렵다.

우리나라는 수출보험공사가 수출기업, 특히 환위험관리여건이 취약한 중소 수출기업들이 환위험을 헤지할 수 있도록 2000년 2월에 환율변동보험을 도입하였다. 이 제도는 기업 또는 금융기관이 환율변동으로 손실을 입으면 이를 보상하고 이익이 발생하면 환수하는 제도이다. 기본계약내용은 공사가 보장하는 환율(보장환율)과 결제시점의 환율(결제환율)과의 차이에 따라 손익을 정산하는 것으로 선물환거래와 유사하다. 즉 [표 11-7]에서 보는 바와 같이 수출거래의 경우 결제환율이 보장환율보다 낮으면 수출보험공사가 수출업체들에게 환차손에 대하여 보상을 해주며, 반대로 결제환율이 보장환율보다 높으면 공사는 환차익을 환수한다. 수입거래는 수출거래와 반대다.

수출기업들이 환변동보험을 이용하면 선물환시장에서 환리스크를 헤지하는 것보다 저렴한 비용과 증거금 및 담보부담 없이 간접적으로 위험부담을 줄일 수 있다. 이외에도 수출기업은 외화표시 계약금액을 원화로 고정시킴으로써 영업이익을 확보하고 환율변동에 따른 환차손익을 제거할 수 있다.

[표 11-7] 보장환율과 결제환율의 관계

	수출거래	수입거래
보장환율 > 결제환율	공사가 환차손에 대하여 보상	공사가 환차익 환수
보장환율 < 결제환율	공사가 환차익 환수	공사가 환차손에 대하여 보상

2. 재무적 관리기법과 비재무적 관리기법

기업의 환위험관리가 재무관리차원에서 이루어지는지 여부에 따라 재무적 관리기법과 비재무적 관리기법으로 구분된다. 앞에서 설명한 내부적 및 외부적 관리기법이 재무적 관리기법에 속한다. 즉 재무적 관리기법은 환산노출과 거래노출을 관리하는 데 유용한 기법이다.

그러나 경제적 노출은 환율변동으로 예상되는 기업의 판매량, 판매가격, 자금의 조달 및 운용 등 기업의 전반적인 미래경영활동에 대한 예측에 기초한다. 따라서 이미 거래가 종료된 환산노출과 거래노출과는 달리 경제적 노출관리는 장기적인 기업의 영업전략과 재무전략 등이 효과적으로 연계되어야 한다.

비재무적 관리기법은 경제적 노출을 관리하기 위한 전략으로 판매와 관련된 마케팅전략, 생산과 관련된 생산관리전략, 그리고 재무관리전략이 있다.

마케팅전략은 앞에서 설명한 가격정책 이외에 시장선택이 포함된다.

시장선택이란 환율변화로 인해 기업의 경쟁력이 강화될 수 있는 지역에 적극적으로 진출하는 것이다. 예를 들어 유로화 강세가 예상되는 경우 유로지역에서 우리상품의 가격경쟁력이 강화될 것이므로 판매량을 늘릴 수 있도록 적극적인 마케팅전략을 사용하는 것이다. 즉 강세통화가 예상되는 지역에 진출하는 것이다.

한편 소극적인 전략으로는 판매시장의 다변화전략이다. 이 전략은 환율변화로 인해 약세통화지역에서의 손실을 강세통화지역에서의 이익으로 상쇄시킴으로써 미래현금흐름의 변동성을 줄일 수 있기 때문이다. 즉 판매시장의 다변화전략은 경제적 노출을 중화시키게 된다. 생산관리전략은 환율변화에 따라 원자재와 부품의 공급처, 생산기지를 유리한 지역으로 이전하려는 적극적 전략이다. 이에 비해 마케팅전략과 같이 소극적 전략으로 원자재와 부품의 공급처, 생산기지의 다변화를 들 수 있다.

재무관리전략으로는 앞에서 설명한 내부적 및 외부적 기법을 사용할 수 있다.

3. 소극적 전략과 적극적 전략

소극적 전략이란 환율변화로 인한 손실을 최소화하려는 목적으로 환위험을 관리하는 전략이다. 앞에서 설명한 상계, 매칭, 포트폴리오의 다양화, 원자재와 부품의 공급처, 생산기지의 다변화 등은 소극적 전략에 속한다.

적극적 전략은 환율변화로 인한 손실을 최소화하려는 헤지뿐 아니라 환차익을 추구하려는 목적으로 환위험을 관리하는 전략이다. 앞에서 설명한 리딩과 래깅, 자산·부채관리 등은 적극적 전략에 속한다.

연 습 문 제

1. 다음 문장을 읽고 옳고 그름을 밝히고, 그 이유를 설명하라.
   (1) 원화가치 상승이 예상될 경우 미국 자회사는 한국본사로의 송금을 가능한 앞당기는 것이 바람직하다.
   (2) 현행환율법에서는 대차대조표 상의 모든 항목을 현행환율로 환산해야 한다.
   (3) 화폐성/비화폐성법에 의하면 자산항목 중 재고자산은 역사적 환율로 환산하고 부채항목은 현행환율로 환산해야 한다.
   (4) 3개월 후 수출대금으로 50만 달러를 수취할 예정이다. 이자율 상승이 예상될 경우 적절한 헤지방법은 달러선물매도이다.
   (5) 일본 엔화 대출이 많은 은행의 경우 엔화가치가 상승하면 환차손이 발생한다.
   (6) 상계, 리딩, 할인, 자산/부채관리 등은 내부적 환위험관리기법에 속한다.
   (7) 자산/부채관리기법은 환산노출과 경제적 노출을 모두 헷지할 수 있다.
   (8) 통화들 사이에 상관관계가 매우 높은 경우에는 다른 통화들 사이에 순매입과 순매도포지션을 반대로 취함으로써 환노출을 줄일 수 있다.

2. (주)아리랑은 내수위주의 영업에서 탈피하기 위하여 중국시장을 개척하고 주방용품을 수출하기 시작하였다. 수출단가는 원화표시이며, 중국의 위안화가치가 하락할수록 위안화표시 수출금액은 감소한다. 다음 물음에 답하라.
   (1) (주)아리랑은 기존의 부채 중 일부를 위안화표시 부채로 대체함으로써 환위험을 관리 할 수 (있다, 없다)
   (2) 선물환계약을 이용한 헤지전략은 위안화를 (매입, 매도)하면 된다.
   (3) 통화옵션을 활용한 헤지전략은 (콜, 풋)옵션을 (매입, 매도)하면 된다.

(4) (주)아리랑의 환노출은 (거래, 환산, 경제적)노출이다.

3. L기업의 미국에 있는 자회사의 대차대조표가 다음과 같다고 가정하자. 환율이 U$1=1,000원에서 1,100원으로 상승할 경우 현행환율법, 유동성/비유동성법, 화폐성/비화폐성법, 시제법 등에 의한 환산 순노출과 이에 따른 환산손익을 구하라.

자산	U$	부채 및 자본금	U$
현금	100	외상매입	200
외상매출	300	단기부채	300
재고자산 (원가)	200	장기부채	150
(시가)	250	이익잉여금	150
선불금	50	자본금	400
고정자산	600		
영업권	200		

4. L기업의 미국에 있는 자회사의 2007년 12월 31일 현재 대차대조표는 다음과 같다.

자산	U$	부채 및 자본금	U$
현금,	30,000	단기부채	20,000
외상매출	20,000	장기차입금	40,000
재고자산	30,000	보통주	70,000
영업자산	150,000	우선주	30,000
영업권	10,000	자본금	80,000

(1) 환율이 $1=930원에서 $1=1,000원으로 상승할 경우 현행환율법으로 연결재무제표를 작성할 경우 예상되는 외화환산손익은 얼마인가?

(2) 환율이 $1=930원에서 $1=1,000원으로 상승할 경우 화폐성/비화폐성법으로 연결재무제표를 작성할 경우 예상되는 외화환산손익은 얼마인가?

5. 세탁기를 수출하는 D기업은 7월 15일 현재 50만 달러의 수출계약을 체결한 후 9월물 달러선물 10계약을 1,020원에 매도 체결하였다. 그런데

선물계약 체결 이후 환율이 상승하기 시작하여 8월 13일 현물환율은 1,040원, 9월물 선물가격이 1,045원이 되자 손실이 커질 것을 우려하여 선물계약을 환매수하고 이후 헤지를 위한 아무런 조치를 취하지 않았다. 마침내 수출대금이 지급된 9월 17일에는 1,050원이 되었다고 하자. D기업의 통화선물을 이용한 헷징의 결과, 최종 손익은 얼마인가(7월 15일 현물환율은 1,015원임)?

찾아보기

[ㄴ]

[ㄷ]

[ㄹ]

[ㅁ]

[ㅂ]

[ㅇ]

[ㅈ]

[ㅍ]

[ㅎ]

〈기 타〉

[지은이 소개]

1977년 건국대학교 경제학과 졸업
1977-81년 한국개발연구원(KDI) 연구원 재직
1983-87년 미국 피츠버그대학교, 경제학박사
1988-91년 대유투자자문(주)
2006.8-2007.8 미국Andrew Young School of International Policy, Georgia State University, 객원교수
1996-현재 남서울대학교 국제통상학과 교수

[저서 및 논문]

『경제학의 이해』(1998, 청목출판사)

"한미, 한일간 무역수지 불균형의 거시경제적 결정요인에 대한 실증분석", 『국제경제연구』(2007)

"우리나라의 수출주도형 성장가설에 대한 실증분석", 『국제통상연구』(2007)

"The Effect of Exchange Rate Volatility on Korean Exports: An Empirical Investigation," *Journal of Global Business Network*, (2006) 외 다수

외환시장의 이해

2011년 2월 15일 중판인쇄
2011년 2월 20일 중판발행

저 자 김 애 영
발행인 유 성 열
발행처 **청목출판사**
서울특별시 영등포구 신길동 233-96
전화 (02) 849-6157(代)·2820
FAX (02) 849-0817
등록 제318-1994-000090호

파본은 바꾸어 드립니다. 값 18,000원

http://www.chongmok.co.kr

ISBN 978-89-5565-264-2